L'Archéologie philosophique

Séminaire du Collège de France
2013-2014

DU MÊME AUTEUR

Le Problème de l'être chez Maître Eckhart, Genève-Neuchâtel-Lausanne, 1980.
Ulrich de Strasbourg. De summo bono, II, 1-4, Hambourg, Felix Meiner, 1987.
Maître Eckhart. Sur l'humilité, traduction et postface, Paris, Arfuyen, 1988.
Maître Eckhart. Poème, Paris, Arfuyen, 1988, 1996.
La Philosophie médiévale, Paris, PUF, « Que sais-je ? », 1989, 1991, 1994, 2001.
Albert le Grand et la philosophie, Paris, Vrin, 1990.
Penser au Moyen Âge, Paris, Seuil, 1991, 1996.
La Philosophie médiévale, Paris, PUF, « Premier Cycle », 1992, 2001, 2004, 2014.
Maître Eckhart. Traités et Sermons, édition et traduction, Paris, « GF », 1993.
Thomas d'Aquin. Contre Averroès, traduction et édition, Paris, « GF », 1994.
La Mystique rhénane. D'Albert le Grand à Maître Eckhart, Paris, Seuil, 1994.
Eckhart, Suso, Tauler et la divinisation de l'homme, Paris, Bayard, 1996.
La Querelle des universaux. De Platon à la fin du Moyen Âge, Paris, Seuil, 1996, 2014.
Morgen Schtarbe (roman), Paris, Flammarion, 1999.
L'Art des généralités, Paris, Aubier, 1999.
Maître Eckhart et la mystique rhénane, Paris, Cerf, 1999.
La Référence vide. Théories de la proposition, Paris, PUF, 2002.
Raison et Foi. Archéologie d'une crise, Paris, Seuil, 2003.
L'Unité de l'intellect de Thomas d'Aquin, Paris, Vrin, 2004.
Métaphysique et Noétique. Albert le Grand, Paris, Vrin, 2005.
Archéologie du sujet I. *Naissance du sujet*, Paris, Vrin, 2007 [²2010], 2014.
Archéologie du sujet II. *La Quête de l'identité*, Paris, Vrin, 2008 [²2010].
Archéologie du sujet III.1. *L'Acte de penser. La Double Révolution,* Paris, Vrin, 2014.
Où va la philosophie médiévale ?, Paris, Fayard-Collège de France, 2014.
L'Invention du sujet moderne, Cours du Collège de France 2013-2014, Paris, Vrin, 2015.
Archéologie du sujet III.2. *L'Acte de penser. L'Empire du sujet*, en préparation.
Archéologie du sujet IV. *L'Expérience de la conscience*, en préparation.
Archéologie du sujet V. *Le Sujet divisé (Contre Averroès)*, en préparation.
Archéologie du sujet VI. *Le Sujet de l'action*, en préparation.
Archéologie du sujet VII. *L'Unité de l'homme*, en préparation.

EN COLLABORATION

Maître Eckhart. Métaphysique du Verbe et théologie négative, Paris, 1984.
Maître Eckhart. Commentaire de la Genèse, Paris, Cerf, 1984.
Celui qui est. Interprétations juives et chrétiennes d'Exode 3, 14, Paris, 1986.
Aux origines de la Logica Modernorum, Naples, Bibliopolis, 1987.
Maître Eckhart. Commentaire du prologue à l'Évangile de Jean, Paris, 1989.
Lectionum varietates. Hommage à Paul Vignaux (1904-1987), Paris, Vrin, 1991.
Porphyre. Isagoge, Paris, Vrin, 1995 [avec A.-Ph. Segonds †].
Averroès. Discours décisif, introduction par A. de Libera, Paris, « GF », 1996.
L'Être et l'Essence. Le vocabulaire médiéval de l'ontologie, Paris, Seuil, 1996.
Langages et Philosophies. Hommage à Jean Jolivet, Paris, Vrin, 1997.
« Pour Averroès », in *Averroès. L'Islam et la Raison*, Paris, « GF », 2000.
Dictionnaire du Moyen Âge, Paris, PUF, 2002.
Vocabulaire européen des philosophies, Paris, Seuil-Robert, 2004.
Les Grecs, les Arabes, et nous, Paris, Fayard, 2009.
Après la métaphysique, Augustin ?, Paris, Vrin, 2013.

ALAIN DE LIBERA

L'ARCHÉOLOGIE PHILOSOPHIQUE

SÉMINAIRE DU COLLÈGE DE FRANCE
2013-2014

PARIS
LIBRAIRIE PHILOSOPHIQUE J. VRIN
6, place de la Sorbonne, V^e^

—

2016

Alain DE LIBERA

COURS ET SÉMINAIRES DU COLLÈGE DE FRANCE

Cette série fait partie de la collection
« Bibliothèque d'histoire de la philosophie »

Avec la collaboration
de David Simonetta

Imprimé en France
ISSN 0249-7980
ISBN : 978-2-7116-2741-7

www.vrin.fr

Avant-Propos

Après la publication en février 2015 des douze cours donnés au Collège de France du 6 mars au 26 juin 2014, sous le titre de *L'Invention du sujet moderne*, on trouvera ici l'édition des dix séances de séminaire venues, à partir du 20 mars, comme une sorte de « deuxième heure », proposer un parcours destiné à définir et illustrer la nature et le sens de la démarche « archéologique » en philosophie et en histoire de la philosophie.

Si, pris ensemble, le séminaire et le cours offrent une sorte de dialogue critique avec Foucault et Heidegger, le texte que l'on va lire introduit aussi plus précisément à la pratique collingwoodienne de l'archéologie philosophique, au *Constructive Reenactment*, à la différence entre *History of ideas* et *Problemgeschichte*. On s'y attache, chemin faisant, à quelques grandes figures de l'*histoire philosophique* des philosophies ancienne, médiévale et moderne, de Morhof († 1691) et Brucker († 1770) à Cousin († 1867), Reid († 1796), Stewart († 1828), Lovejoy († 1962) et Ricœur. En fouillant trois archives, le dossier historiographique de la « Querelle des universaux », celui du statut ontologique du mal, celui du mode d'existence des fictions, on montre, textes à l'appui, comment se constituent, au long du temps, les scénarios, itinéraires, intrigues et récits divers, tracés par les philosophes et les historiens dans la masse dite « objective » des « données ».

Un élément nouveau vient enrichir le dossier proprement foucaldien : le dépouillement du contenu de la boîte XLVIII du fonds Foucault de la Bibliothèque nationale de France, par

David Simonetta, ATER de la chaire de philosophie médiévale. L'examen de ces documents acquis par la BNF en 2013 permet de jeter une lumière nouvelle sur une distinction fondamentale de l'*Archéologie du savoir* : la distinction entre *énoncé* et *proposition* ; de montrer l'ampleur et la précision des lectures effectuées par Foucault dans les années 1966-1968 dans le domaine de la philosophie dite « analytique » ; de tracer précisément les contours et les éléments du champ de présence russello-strawsonien encadrant et portant la réflexion foucaldienne sur le statut onto-logique et énonciatif des fictions comme la « Montagne d'Or », ses sources, ses enjeux. Le résultat de l'enquête de D. Simonetta achevée en juin 2016 est publié ici même en appendice.

Les séminaires étant, comme les cours, enregistrés, le texte n'a pas été reproduit tel quel, mais débarrassé des scories de l'oral et, ici ou là, complété. Les schémas représentant le triangle sémantique d'Aristote et ses avatars, ont été laissés de côté : le lecteur peut les retrouver dans les vidéos sur le site du Collège*.

Le texte final a été établi sur la base de mes notes préparatoires, des enregistrements publics et des transcriptions, relectures et mises au net effectuées avec le soin et le discernement qui le caractérisent par D. Simonetta. Je lui exprime ici toute ma reconnaissance. Que soient aussi remerciés Anne-Marie et Denis Arnaud, qui ont favorablement accueilli l'idée de ce volume ; Dominique de Libera, qui, au prix des difficultés que je sais, l'a réalisé ; le public, qui a suivi mon enseignement ; Sophie Grandsire-Rodriguez et Gilles Debonne, qui semaine après semaine, m'ont aidé à le donner.

ALAIN DE LIBERA
Paris, le 30 mai 2015-
Diamante, le 30 septembre 2016

* Les séances du séminaire sont accessibles en audio et vidéo sur http://www.college-de-france.fr/site/alain-de-libera

Séminaire du 20 mars 2014

Objet du séminaire. — Qu'est-ce que l'archéologie philosophique ? — A priori *historique et positivité du discours selon Foucault. — Conditions de réalité des énoncés et conditions de validité des jugements. — La* philosophische Archäologie *kantienne et sa redéfinition foucaldienne : « l'histoire de ce qui rend nécessaire une certaine forme de pensée ». —* De *Foucault à Collingwood. — Archéologie philosophique et histoire des problèmes* (Problemgeschichte). *— Deux outils collingwoodiens : les « complexes constitués de questions et de réponses » (CQR) ; la « ré-effectuation » (reenactment). — Redéfinition collingwoodienne de l'histoire : « All history is the history of thought. » « All history is a re-enactment of past thought as expressed in past action ». — La tâche de l'historien est de réeffectuer des questionnaires (CQR). — Réactiver un questionnaire, c'est en refaire un questionnement. — Collingwood et la logique des questions et des réponses. — L'idée d'archéologie du savoir : reprise des définitions foucaldiennes. — L'objectif de l'archéologue : identifier les règles de passage d'un événement de pensée à un autre. — Redéfinition de l'archive. L'archive n'est pas un dépôt mort, c'est une énergie fossile.*

Je vais vous proposer aujourd'hui le premier d'une série de séminaires destinés à clarifier, développer certains points du cours et autant que possible affiner notre réflexion sur la méthode en histoire de la philosophie.

Je commencerai par quelques remarques sur la notion d'« archéologie philosophique », à laquelle j'ai fait plusieurs allusions dans les premiers cours et que j'avais mentionnée dans la leçon inaugurale du 13 février [1]. C'est Kant qui a introduit l'expression « archéologie philosophique », dans un texte rédigé en 1793, mais publié seulement en 1804, en réponse à une question qui avait été mise au concours par l'Académie de Berlin en 1791. La question était : « Quels sont les progrès réels de la métaphysique en Allemagne depuis le temps de Leibniz et de Wolff ? » Dans cette réponse Kant risquait, comme je l'avais dit dans la leçon du 13 février, cet oxymore : une « histoire *a priori* » [2], dont Foucault a tiré la formule « *a priori* historique » [3]. Deux mots qui, juxtaposés, font – avouait-il lui-même dans *L'Archéologie du savoir* – « un effet un peu criant » [4]. Quoi qu'il en soit de l'effet qu'elle produit ou pas, la formule de Foucault, dont la première apparition remonte probablement à la *Naissance de la clinique* en 1963, notamment dans le passage évoquant la constitution de « l'*a priori* historique et concret du regard médical moderne » [5], existait avant lui. La formule, comme l'a montré Jean-François Courtine, figure dans *L'Origine de la géométrie* de Husserl. Texte qui, comme s'en souviennent ceux de ma génération, a été traduit par Derrida en 1962 – cela avait été un grand événement que la publication de ce texte. On y trouve la formule, mais dans un tout autre sens, dans un sens pour ainsi dire opposé à celui que l'expression a chez Foucault.

Telle que Foucault l'emploie dans *L'Archéologie du Savoir*, l'expression « *a priori* historique » a le sens qu'elle avait déjà dès 1966, dans *Les Mots et les Choses,* où elle figure sans y être précisément argumentée. Dans *Les Mots et les Choses*, elle correspond à une sorte de projet, de programme, qui, *dans L'Archéologie du savoir,* est enfin clairement défini et parfaitement explicité. Ce programme est fascinant pour l'historien de la philosophie et particulièrement pour le médiéviste : déterminer la « forme de positivité d'un discours », « définissant », à un moment donné, le « champ où peuvent éventuellement se déployer des identités formelles, des continuités thématiques, des translations de concepts » et « des jeux polémiques » [6].

Je veux attirer votre attention sur cette expression : « positivité d'un discours ». Ce qui fait le cœur de la découverte de Foucault pour l'historien de la philosophie et particulièrement pour l'historien de la philosophie médiévale, c'est selon moi la découverte de ce qu'il appelle la « positivité d'un discours ». Dans le chapitre de *l'Archéologie du savoir* intitulé « *l'a priori* historique et l'archive », Foucault définit ainsi la positivité d'un discours : ce qui en « caractérise l'unité à travers le temps », au-delà et même « bien au-delà des œuvres individuelles, des livres et des textes ». Comme exemple de discours, il donne « l'histoire naturelle, l'économie politique, et la médecine clinique », trois des chevaux de bataille de ses travaux antérieurs (les deux premiers dans *Les Mots et les Choses*[7], le troisième, dans *Naissance de la clinique*).

Livres et œuvres font partie des unités que « la mise en jeu des concepts de discontinuité, de rupture, de seuil, de limite, de série, de transformation » impose à l'analyse historique de « mettre en suspens »[8]. L'historien qui veut se mettre à l'école de Foucault, autrement dit pratiquer une histoire qui ne serait pas de type continuiste, et qui ferait toute sa place à la discontinuité, devrait d'emblée « mettre en suspens » ces catégories auxquelles nous recourons si spontanément, qui « s'imposent de la façon la plus immédiate », lorsque nous faisons de l'histoire : les livres, les œuvres.

Que cherche Foucault ? Une unité transtemporelle qui ne serait pas déterminée par les formes de continuité auxquelles se confie habituellement l'historien ; une unité qui ne permettrait pas de dire *si X ou Y dit vrai, raisonne juste ou est cohérent* ; une unité enfin qui ne permettrait pas même de dire laquelle des œuvres de *X* ou de *Y* réalise le mieux « le projet général d'une science » déterminée. C'est très scandaleux pour certains : « Comment ? Vous faites de l'histoire et vous n'allez même pas vous demander si ce que dit l'auteur dont vous parlez *dit vrai* ? si ses raisonnements sont *justes* ou même simplement *cohérents* ? » Ce n'est pas en effet ce qui est cherché. L'unité recherchée, et qui va être obtenue, permet de dire *dans quelle mesure X et Y parlent bien de la même chose,* elle définit un *espace limité de communication.* Chaque terme est à expliquer :

cet espace, dit Foucault, est « relativement restreint, puisqu'il est loin d'avoir l'ampleur d'une science prise dans tout son devenir historique, depuis sa plus lointaine origine jusqu'à son point actuel d'accomplissement », mais il est « plus étendu que le jeu des influences qui a pu s'exercer d'un auteur à l'autre, ou que le domaine des polémiques explicites »[9].

Pour le premier point, *dire dans quelle mesure X et Y parlent bien de la même chose*, je cite la page 166 de l'*Archéologie du savoir* :

> Cette unité ne permet certainement pas de décider qui disait vrai, qui raisonnait rigoureusement, qui se conformait le mieux à ses propres postulats, de Linné ou de Buffon, de Quesnay ou de Turgot, de Broussais ou de Bichat ; elle ne permet pas non plus de dire laquelle de ces œuvres était la plus proche d'une destination première, ou ultime, laquelle formulerait le plus radicalement le projet général d'une science. Mais ce qu'elle permet de faire apparaître, c'est la mesure selon laquelle Buffon et Linné (ou Turgot et Quesnay, Broussais et Bichat) parlaient de « la même chose », en se plaçant au « même niveau » ou à « la même distance », en déployant « le même champ conceptuel », en s'opposant sur « le même champ de bataille » ; et elle fait apparaître en revanche pourquoi on ne peut pas dire que Darwin parle de la même chose que Diderot.

Deuxième point : ce que Foucault cherche – et qui importe particulièrement pour le médiéviste – c'est cet « espace limité de communication ». C'est la quête de cet espace qui permet de dire que deux auteurs, deux acteurs, deux locuteurs, quel que soit ce qui par ailleurs les sépare, parlent bien de la même chose.

Dans ce que l'on vient de voir, il est question de niveaux, de champs, de concepts et de bataille ; l'*a priori* historique foucaldien singularise la démarche de l'archéologue par rapport aux trois types d'histoires couramment pratiquées. Plus précisément : la condition de possibilité d'une telle unité au long du temps singularise la démarche de l'archéologue par rapport à celle des trois autres sortes d'historiens qui interviennent dans les domaines qui nous sont proches : l'histoire des problèmes, l'histoire des idées, l'histoire des mentalités. Foucault, dans l'*Archéologie du savoir*, cherche à se démarquer de ces trois types d'histoires. Pour lui, l'*a priori* historique :

> 1° ... n'est pas constitué par un *équipement de problèmes constants* que les phénomènes concrets ne cesseraient de présenter comme autant d'énigmes à la curiosité des hommes ;
>
> 2° n'est pas fait non plus d'un certain *état des connaissances sédimentées* au cours des âges précédents et servant de sol aux progrès plus ou moins inégaux ou rapides de la rationalité.

Premier point : Foucault prend ses distances par rapport à l'histoire des problèmes en refusant la notion de problème récurrent (et vous devinez déjà pourquoi : ce qu'on appelle l'histoire des problèmes, c'est en réalité une histoire des réponses, des réponses que l'on apporte à un même problème qui revient au long du temps). Second point : Foucault se démarque de l'histoire des idées. En outre, l'*a priori* historique...

> 3° n'est sans doute même pas déterminé par ce qu'on appelle la *mentalité ou les « cadres de pensée » d'une époque donnée*, s'il faut entendre par là le profil historique des intérêts spéculatifs, des crédulités ou des grandes options théoriques
>
> 4° n'est pas « condition de validité pour des jugements, mais condition de réalité pour des énoncés ».

Ce que l'archéologue doit se donner comme objectif c'est de rendre raison, rendre compte, des *conditions de réalité* d'un certain nombre d'énoncés sur une période ; il ne s'agit pas de réfléchir sur les conditions de validité des jugements qui auraient été portés par tel ou tel philosophe ou savant au cours de l'histoire. La tâche de l'historien...

> ... n'est pas « de retrouver ce qui pourrait rendre légitime une assertion, mais d'isoler les conditions d'émergence des énoncés, la loi de leur coexistence avec d'autres, la forme spécifique de leur mode d'être, les principes selon lesquels ils subsistent, se transforment et disparaissent » [10].

On est un peu écrasé face à pareille tâche. Et pourtant c'est bien de cela qu'il s'agit dans l'archéologie du savoir. Ce qui est ici en cause n'est pas l'*a priori* de vérités « qui pourraient n'être jamais dites », « ni réellement données à l'expérience », mais bien celui d'une histoire « donnée », en tant qu'histoire « des choses effectivement dites ». Rendre compte des choses effectivement dites ; mais vous voyez ce que signifie « rendre compte » !

Remarque : « condition de réalité », « condition de validité » – on se dit : il manque les « conditions de possibilité », c'est bien curieux ; et effectivement, on les retrouve ailleurs. J'aurai l'occasion de revenir sur cette opposition entre *validité* et *réalité,* parce qu'une fois de plus il s'agit d'une opposition qui est, je pense, héritée du néokantisme. Mais je n'évoque pas cela tout de suite.

Ce qui est sûr, c'est que les propos foucaldiens rendent une tonalité kantienne. Ce n'est pas le fait du hasard. Foucault est un grand lecteur de Kant, et n'oublions pas que c'est aussi un traducteur de Kant – j'y reviendrai, mais vous le savez déjà : il a traduit *l'Anthropologie d'un point de vue pragmatique* dans sa thèse complémentaire [11]. C'est en référence expresse à Kant que, dans une célèbre polémique avec George Steiner [12], Foucault invoque l'idée d'une histoire philosophante ou philosophique de la philosophie, entendue comme *philosophische Archäologie* – il reprend l'expression de Kant. Dans la lecture qu'il en donne, l'archéologie philosophique, la *philosophische Archäologie* n'est rien d'autre que l'histoire de « ce qui rend nécessaire une certaine forme de pensée » [13].

Tout ce qu'on a dit tout à l'heure sur les conditions d'émergence, sur la loi de coexistence, etc. vous pouvez le ramasser dans cette formule : *ce qui rend nécessaire une certaine forme de pensée*.

La dimension authentiquement et originairement kantienne du propos de Foucault est confirmée par le fait que, dans cette polémique avec George Steiner – qu'il faut aller lire – l'histoire naturelle se retrouve immédiatement après l'archéologie philosophique, à propos de l'influence supposée d'Arthur Lovejoy, l'auteur de *La Grande Chaîne de l'Être (The Great Chain of Being)* [14], le maître livre de l'histoire des idées, sur *Les Mots et les Choses*, que Steiner pointe et que Foucault rejette. Il est intéressant de voir apparaître l'histoire naturelle dans cette polémique entre Steiner et Foucault : pourquoi apparaît-elle immédiatement après l'archéologie philosophique ? Parce que, dans l'usage kantien du mot *archéologie,* il y a bien sûr l'archéologie philosophique *(philosophische Archäologie)* dont je viens de parler, mais il y a aussi cette formule, de prime abord plus étonnante encore : *Archäologie der Natur*, « l'archéologie *de la nature* ». Ces deux expressions, *archéologie philosophique* et *archéologie de la nature*, ont un point commun, c'est le mot *histoire,* qui apparaît dans « histoire de la philosophie » et dans « histoire naturelle ». Toutes deux disent à leur manière une implication mutuelle de l'*arkhê* et du *telos*, du principe et de la fin. Cette circularité du principe et de la fin est une invention de Kant. C'est dans l'appendice de la *Critique de la faculté de juger* consacré à la « méthodologie de la faculté de juger téléologique », que Kant introduit l'idée d'archéologie de la nature. L'archéologie a une visée explicative, combinant mécanisme et finalité. C'est clair pour l'archéologie de la nature, mais ça l'est aussi pour l'histoire dite *philosophante* de la philosophie, qui contre « l'ergotage à propos de l'origine des opinions qui ont jailli *par hasard* ici ou là », prétend telle que l'entend Foucault, lecteur de Kant, s'attacher *en histoire* aux « conditions de possibilité »[15]. Vous voyez bien que les conditions de possibilité, ce sont les « conditions de réalité » des énoncés, et c'est de cela que va s'occuper l'archéologue.

Dans sa thèse complémentaire Foucault applique d'ailleurs à Kant l'archéologie philosophique, puisqu'il y évoque « l'archéologie du texte » (p. 13), dont il ne semble pas admettre la possibilité. Puis il parle de « l'archéologie d'un terme » – en l'occurrence, ce terme, c'est « anthropologie », dont « la forme, sinon le sort était déjà fixé au XVIe siècle » (p. 71) – avant de donner une analyse du rapport entre anthropologie et critique chez Kant, et une genèse de « l'illusion anthropologique » (p. 77) dont il faut, selon lui, nous déprendre.

C'est ce sens foucaldien de l'archéologie, combinant genèse et structure ou, comme il l'écrit lui-même dans son analyse du texte kantien, « perspective génétique » et « méthode structurale »[16], que je reprends dans mon propre travail, plus précisément : le projet, tracé par Foucault dès 1966, dans la « Préface » des *Mots et les Choses.*

Déterminer « à partir de quoi connaissances et théories ont été possibles ; selon quel espace d'ordre s'est constitué le savoir ; sur fond de quel *a priori* historique et dans l'élément de quelle positivité des idées ont pu apparaître, des sciences se constituer, des expériences se réfléchir dans des philosophies, des rationalités se former pour, peut-être, se dénouer et s'évanouir bientôt » [17].

Dans mes premiers travaux d'histoire de la logique j'ai suivi, autant que possible, le programme de la préface des *Mots et les Choses*, combinant perspective génétique et méthode structurale, parce que, en un sens, tout m'y poussait : la matière médiévale elle-même, mais aussi, chacun étant fils de son temps, mon propre parcours d'étudiant en philosophie, profondément marqué par le structuralisme du successeur de Gilson au Collège de France : Martial Guéroult. Les gens de ma génération, lorsqu'ils étudiaient à Paris, devaient choisir philosophiquement entre Alquié, en Sorbonne, et Guéroult, au Collège jusqu'en 1962 ; on ne pouvait pas suivre intérieurement les deux, être utraquiste et communier sous les deux espèces. Martial Guéroult, dont *L'Évolution et la Structure de la doctrine de la science chez Fichte* [18] avait été mon livre de chevet, puisque j'avais commencé mes études en travaillant sur Fichte ; Guéroult auquel Foucault a rendu une sorte d'hommage compliqué dans l'introduction de *L'Archéologie du savoir*. Hommage discret parce que, bien sûr, Foucault n'est pas guéroultien, mais tout de même : il rend hommage à Guéroult pour s'être occupé des « cohérences internes, des axiomes, des chaînes déductives, des compatibilités » plutôt que de « la description des influences, des traditions, des continuités culturelles » [19].

Reprendre le programme des *Mots et les Choses* dans un domaine comme celui de la logique médiévale pouvait sembler tout à fait absurde, mais j'ai mis un peu d'eau dans ce vin en cherchant – avec d'autres, à l'époque, bien qu'un peu isolé en France – à infléchir les notions d'« épistémè », de « champ de présence », d'« *a priori* historique » de Foucault, et cela grâce à la lecture d'un texte que je cite souvent, y compris dans ma leçon inaugurale, mais dont il faut dire des choses plus précises : l'autobiographie de Robin George Collingwood [20]. Ce philosophe anglais est à peu près totalement oublié en

France, mais il ne l'est pas partout (il ne l'est pas au Québec par exemple). Il a été professeur de philosophie métaphysique à Oxford pendant une courte période, de 1935 à 1941. Le texte de référence pour moi ici, aujourd'hui, et le point de départ de mes lectures, c'est cette *Autobiography* intellectuelle, qui a été traduite en français par Guy Le Gaufey, psychanalyste, sous le titre *Toute histoire est histoire d'une pensée. Autobiographie d'un philosophe archéologue* — en 2010 : vous voyez, c'est récent [21]. Cette œuvre m'a aidé à mieux comprendre mon activité ; elle m'a encouragé à poursuivre mes recherches dans le domaine de l'histoire des corpus ; elle m'a fourni plusieurs principes philosophiques de base de l'approche que je disais auparavant « épistémique » et dis aujourd'hui « archéologique ».

Au moment où je lisais l'*Autobiography*, je n'avais pas accès à l'*Essay on Metaphysics*, le grand texte où Collingwood développe sa théorie métaphysique la plus célèbre et la plus controversée : la théorie des « présuppositions absolues » *(absolute presuppositions)*, à laquelle on a pu reprocher de faire le lit du « relativisme » [22]. Le principe que je tirai de l'*Autobiographie* se contentait donc, si l'on peut dire, de définir le territoire de l'historien de la philosophie comme constitué non de « problèmes », mais de *« complexes of questions and answers »*. Collingwood rejetait l'existence de problèmes permanents, éternels : ce qui passait pour tel était à ses yeux constitué par « un nombre chaque fois variable de problèmes transitoires dont les particularités historiques étaient brouillées par la myopie de celui qui les assimilait » sous un même nom générique.

Abandonnant la notion de « problèmes » généraux éternels, supratemporels, supposés invariants de Platon à nos jours – comme « le » problème des universaux –, j'ai repris la notion de « complexes de questions et réponses » (en bref : les CQR) [23], exemplairement illustrée par la différence qui existe entre le « questionnaire de Porphyre » – point de départ antico-médiéval du problème des universaux – et « le problème des universaux » tel que nous le connaissons de nos jours. La principale différence entre l'histoire à la Collingwood et l'histoire des problèmes est le holisme. Comme je l'ai dit le 13 février, il ne suffit pas, en effet, d'exhumer des thèses pour faire œuvre d'archéologue de la philosophie, il faut aussi « réactiver » ou, comme l'écrit Ricœur, qui était un des rares philosophes et historiens à s'intéresser à Collingwood, « réeffectuer » le passé dans le présent [24]. Le travail d'un historien qui suit la méthode de Collingwood, qui voudrait faire œuvre d'archéologue de la philosophie, au sens où je l'entends, doit réeffectuer un questionnaire d'origine, qui comporte un certain nombre d'énoncés qui sont autant de réponses à autant de questions. Il faut prendre ensemble la réponse, la question, et le questionnaire dans lequel s'insèrent la réponse et sa question. C'est la méthode que Collingwood a appelée *Constructive Reenactment* [25], résumée par la formule de W. H. Dray : « *All history is a re-enactment of past thought as expressed in past action* » [26]. La formule de Dray combine deux idées majeures de Collingwood : le *Reenactment* et la thèse, récurrente, selon laquelle « *All history is the history of thought* ».

Réactiver un *questionnaire*, c'est en refaire un *questionnement.* J'ai dit dans ma leçon inaugurale que la seule façon de faire de l'histoire de la philosophie médiévale c'est de faire de la philosophie médiévale. Avant même d'avoir lu Collingwood, j'avais lu sous la plume de Claude Lévi-Strauss une distinction entre les objectifs respectifs de la sociologie (« faire la science sociale de l'observateur ») et de l'anthropologie (« élaborer la science sociale de l'observé ») [27] pour distinguer la tâche de l'historien de la philosophie médiévale de celle du philosophe : je plaçais l'historien au côté de l'anthropologue, et rappelais volontiers le principe méthodologique de l'historien des sciences John Murdoch : « to understand a medieval philosopher in his own terms » [28]. La notion de réactivation, de « *re-enactment* », va plus loin : elle réclame de faire siens non seulement les vocables d'un philosophe, mais aussi et d'abord ces « jeux de vérité » – expression foucaldienne – que sont, selon moi, les *complexes questions-réponses*, et, au-delà, leur articulation – leur « structure » selon le mot de Collingwood – dans le cadre d'une *logique des questions et réponses*. Quelques mots sur cette logique : avec les CQR on prolonge de manière remarquable ce que Rorty appelle la « contrainte de Skinner. » Dans son autobiographie, Collingwood raconte comment il en est venu à ces *complexes of questions and answers* :

> J'ai commencé par observer qu'il nous est impossible de découvrir ce qu'une personne veut dire en se limitant à l'étude de ce qu'elle énonce à l'oral ou à l'écrit, même si elle parle ou écrit avec une maîtrise parfaite de la langue et une véritable intention de dire la vérité. Afin de découvrir ce qu'elle veut dire, il nous faut aussi savoir quelle était la question (question qu'elle a à l'esprit, et qu'elle suppose que vous avez au vôtre) à laquelle était censé répondre ce qu'elle a dit ou écrit.

L'attention accordée à la question – ou plutôt à une série de questions articulées dans un « complexe », ce que Collingwood appelle le « principe de corrélativité entre questions et réponses » – et la tentative d'élaborer une logique nouvelle ont pour première cible, pour première raison d'être, le rejet par Collingwood de l'unité de base, l'entité obsédante (à l'époque), dans le travail du métaphysicien : la proposition.

> La proposition du logicien me paraissait être un double fantomatique de la phrase du grammairien, tout comme dans leurs spéculations primitives sur l'esprit certains l'imaginent être le double fantomatique du corps. La grammaire reconnaît une forme de discours, qu'elle nomme la phrase, et parmi les genres de phrase qui servent à l'expression verbale de questions, d'ordres, etc., celui qui sert à l'expression d'énoncés. Dans la phraséologie grammaticale ce sont des phrases indicatives ; et les logiciens ont à peu près toujours essayé de concevoir « l'unité de pensée », ou ce qui est vrai ou faux, comme une espèce d'« âme » logique dont le « corps » linguistique est la phrase indicative.

Rejeter grâce à la logique des questions et des réponses les erreurs philosophiques dues à « l'ancienne association entre la logique et la grammaire », voilà ce que ce philosophe développe dans les années que j'ai indiquées et qui va être balayé, rasé par les générations ultérieures. Le programme consistant à rompre la corrélation entre proposition logique et phrase des grammairiens pour arriver à cet objet nouveau que serait le binôme question-réponse va tout à fait à l'encontre de ce qui s'est imposé ensuite, qui allait au contraire dans le sens d'une association entre logique et grammaire (que l'on pense par exemple au titre du livre de Strawson : *Subject and Predicate in Logic and Grammar*)[29]. D'après Collingwood la tentative de corréler la proposition logique avec la phrase indicative des grammairiens n'a jamais été entièrement satisfaisante. Il y a toujours eu des gens pour remarquer que la véritable « unité de pensée » n'était pas la proposition, mais « une chose plus complexe au sein de laquelle la proposition sert de réponse à une question. » Le projet de Collingwood est clair :

> À la proposition je voulais substituer ce que j'appelais la logique des questions et réponses. Il me semblait que la vérité, si cela renvoyait à ce que j'avais l'habitude de rechercher dans mon travail habituel de philosophe ou d'historien – la vérité au sens où l'on qualifie de vrai une théorie philosophique ou un récit historique, ce qui me semblait être le sens même de ce mot –, était quelque chose qui n'appartenait à aucune proposition isolée, ni non plus, ainsi que le soutenaient les théoriciens de la cohérence, à un ensemble de propositions liées entre elles ; elle appartenait plutôt à un ensemble de questions et de réponses. La structure de cet ensemble n'avait bien sûr jamais été étudiée par la logique propositionnelle, mais avec l'aide de Bacon, Descartes et quelques autres, je pouvais risquer quelques affirmations à son sujet. Toute question ou réponse d'un ensemble donné devait être pertinente et appropriée, elle devait « appartenir » au tout et à la place qu'elle occupait dans le tout. Toute question devait « se présenter » d'elle-même ; il doit y avoir en elle cette qualité dont on condamne l'absence lorsque l'on refuse de répondre à une question en disant qu'elle « ne se présente pas »[30]. Toute réponse doit être « la bonne » réponse à la question à laquelle elle prétend répondre[31].

L'historien ne fait pas l'histoire des questions qui ne se posent pas, ni ne sauraient se poser ; il fait l'histoire de questions qui méritent de se poser, et se posent. Et toute réponse doit être la « bonne » *(right)* réponse, la réponse correcte à la question à laquelle elle prétend répondre. Mais « correcte », « appropriée », *right*, cela ne veut pas dire « vraie » ; vous pouvez donner une réponse fausse, vous pouvez vous tromper – Pierre Hadot a écrit un beau texte pour expliquer que l'histoire des contresens était au moins aussi importante que quoi que ce soit d'autre en histoire de la philosophie[32] – mais une réponse que l'on donne peut être à la fois correcte, c'est-à-dire correspondant à une question que l'on a comprise et à laquelle on essayait de répondre, et fausse. Vous voyez, c'est un autre travail que de dire : cette réponse est *fausse*. Où commence la délimitation du travail de l'historien par rapport au travail du philosophe en histoire de la philosophie ?

Il est assez vraisemblable que l'on va devoir accorder les deux violons : il serait un peu absurde de dire que l'histoire de la philosophie n'a d'autre intérêt et de visée que de nous expliquer pourquoi et comment certaines questions se sont posées, sans avoir aucune prétention à la vérité ni à nous apprendre quoi que ce soit. Peut-être, mais ne mettons pas la charrue avant les bœufs ; pour le moment, le cahier des charges de l'archéologue est le suivant : il doit s'occuper de CQR, s'il s'agit d'histoire de la pensée.

La double invocation de Foucault et Collingwood peut surprendre. Pour Collingwood, la question cruciale est de déterminer comment on passe d'un *complexe questions-réponses* à un autre : « the essence of history lies not in its consisting of individual facts, however valuable these facts may be, but in the process or development *leading from one to another*[33]. » La structure collingwoodienne – l'ensemble formé par les « présuppositions absolues » et les complexes questions-réponses – n'implique pas le déterminisme, mais elle oblige à se demander ce qui fait que, à un moment donné, des « propositions », des « énoncés », des « jugements », bref des « actes d'assertion de la pensée » (ou « ce qui est asserté dans ces actes ») pris « conjointement avec les questions auxquelles ils tentent de répondre », prennent le pas sur d'autres. C'est là que le lecteur de Collingwood rencontre celui de Foucault. Sommes-nous libres de poser les questions que nous posons ? D'où vient le choix de nos questions ? Pourquoi posons-nous une question plutôt qu'une autre ? On peut entendre ces interrogations de manière psychologique. Se demander, selon la description du tenant de la *Geistesgechichte* vu par Rorty[34] : « Quelles raisons ont bien pu inciter un penseur à donner une importance centrale à tel problème ? » Ou : « Pourquoi tel philosophe a-t-il pris au sérieux tel problème ? » La force de la réponse de Foucault est qu'elle suppose qu'il y a des *règles de passage d'un événement de pensée à un autre*, et qu'elles sont *partie intégrante de l'archive qui porte et dynamise le travail de l'historien*. L'archive, en effet...

> ... c'est d'abord la LOI DE CE QUI PEUT ÊTRE DIT, *le système qui régit l'apparition des énoncés comme événements singuliers* [...] ; c'est ce qui, à la racine même de l'énoncé-événement, et dans le corps où il se donne, définit d'entrée de jeu *le système de son énonçabilité* ; [...] c'est *ce qui définit le mode d'actualité de l'énoncé-chose* ; c'est *le système de son fonctionnement* ; [...] c'est ce qui différencie *les* discours dans leur existence multiple et les spécifie dans leur durée propre [35].

L'archive n'est pas un dépôt mort, c'est une énergie fossile. C'est là, dans ce que j'appelle *l'énergie de l'archive*, qu'il faut chercher « ce qui rend nécessaire », et d'abord simplement possible, puis réelle, « une certaine *forme de pensée* ».

NOTES

1. *Cf.* A. DE LIBERA, *Où va la philosophie médiévale ?*, Paris, Collège de France/Fayard (Collection « Leçons inaugurales du Collège de France », n° 244), juin 2014 ; nouv. éd. [en ligne], Paris, Collège de France, 2014. Disponible sur Internet : <http://books.openedition.org/cdf/3615>.

2. *Cf.* I. KANT, *Über die von der Königl. Akademie der Wissenschaften zu Berlin für das Jahr 1791 ausgesetzte Preisfrage : Welches sind die wirklichen Fortschritte, die die Metaphysik seit Leibnitzens und Wolf's Zeiten in Deutschland gemacht hat ?*, in *Gesammelte Schriften*, Berlin, Walter de Gruyter, t. XX, 1942, p. 341 ; trad. fr. *Quels sont les progrès de la métaphysique en Allemagne depuis le temps de Leibniz et de Wolf ?*, *Œuvres philosophiques*, III, Paris, Gallimard, Pléiade, 1986,

p. 1284. Sur ce texte, *cf.* G. Agamben, '*Signatura rerum'. Sur la méthode*, chap. III : *Archéologie philosophique*, Paris, Vrin, 2008, p. 94.

3. Sur cette notion, voir J.-F. Courtine, « Foucault lecteur de Husserl. L'*a priori* historique et le quasi-transcendantal », *Giornale di Metafisica*, 29 (2007), p. 211-232.

4. *Cf.* M. Foucault, *L'Archéologie du savoir*, V, « L'*a priori* historique et l'archive », Paris, Gallimard, 1969, p. 167.

5. M. Foucault, *Naissance de la clinique. Une archéologie du regard médical*, Paris, PUF, 1963, p. 197 : « Tout chez Broussais était donc à contre-courant de ce qu'on voyait à son époque, mais il avait fixé pour son époque le dernier élément de la *manière de voir.* Depuis 1816, l'œil du médecin peut s'adresser à un organisme malade. L'*a priori* historique et concret du regard médical moderne a achevé sa constitution. » 1816 est, rappelons-le, l'année de la publication de l'*Examen de la doctrine médicale généralement adoptée, et des systèmes modernes de nosologie, dans lequel on détermine, par les faits et par le raisonnement, leur influence sur le traitement et sur la terminaison des maladies*.

6. *Archéologie du savoir*, p. 167.

7. M. Foucault, *Les Mots et les Choses. Une archéologie des sciences humaines,* Paris, Gallimard (Bibliothèque des sciences humaines), 1966, p. 12-13 : « Il s'agit de montrer [...] quelles modalités de l'ordre ont été reconnues, posées, nouées avec l'espace et le temps, pour former le socle positif des connaissances telles qu'elles se déploient dans la grammaire et dans la philologie, *dans l'histoire naturelle* et dans la biologie, dans l'étude des richesses et dans *l'économie politique*. »

8. *L'Archéologie du savoir*, p. 33.

9. *L'Archéologie du savoir*, p. 167.

10. *L'Archéologie du savoir*, p. 167.

11. I. Kant, *Anthropologie du point de vue pragmatique*, trad. fr., précédé de M. Foucault, *Introduction à l'Anthropologie*, Paris, Vrin, 2008. Rappelons que la traduction, introduite et annotée constituait la « thèse complémentaire » de Foucault, soutenue en 1961, et éditée par Vrin en 1964 (sans l'*Introduction*). Sur ce texte, voir mes cours du 5 mars et du 26 juin 2014.

12. Voir, pour tout cela, « Foucault répond », *Dits et écrits*, II, 1976-1988, n° 100, Paris, Gallimard (Quarto), 2001, p. 219 *sq.*, qui réplique à G. Steiner, « The Mandarin of the Hour Michel Foucault », *The New York Times Book Review,* n° 8, 28 février 1971, p. 23-31. L'original a paru sous le titre « Monstrosities in Criticism » (trad. fr. F. Durand-Bogaert, « Les monstruosités de la critique »), *Diacritics*, t. I, n° 1, automne 1971, p 57-60.

13. M. Foucault, « Les monstruosités... », *Dits et écrits*, II, *ibid.*, p. 221.

14. *Cf.* A. Lovejoy, *The Great Chain of Being. A Study of the History of an Idea*, Cambridge (Mass.), Harvard UP, 1936. Sur ce texte, voir A. de Libera, *Où va la philosophie médiévale ?*, p. 55-56.

15. *Les Mots et les Choses,* Préface, p. 13 : « ... il ne sera donc pas question de connaissances décrites dans leur progrès vers une objectivité dans laquelle notre science d'aujourd'hui pourrait enfin se reconnaître ; ce qu'on voudrait mettre au jour, c'est [...] *une histoire qui n'est pas celle de leur perfection croissante, mais plutôt celle de leurs conditions de possibilité.* »

16. *Cf.* M. Foucault, *Introduction à l'Anthropologie* [I. Kant, *Anthropologie du point de vue pragmatique*, trad. fr.], Paris, Vrin (Bibliothèque des textes philosophiques), 2008, p. 14.

17. *Les Mots et les Choses,* Préface, p. 13.

18. M. Gueroult, *L'Évolution et la structure de la doctrine de la science chez Fichte*, 2 vol., Paris, Belles Lettres (Publ. de la faculté des lettres de l'université de Strasbourg, 1re série, fasc. 50 et 51), 1930.

19. *L'Archéologie du savoir*, « Introduction », p. 11-12 – hommage qu'il ne faut pas toutefois surestimer, car, même si Foucault reprend le terme gueroultien de « monuments » pour qualifier les « documents » qui constituent l'archive, « l'histoire donnée », l'*a priori* historique « ne constitue pas au-dessus des événements, et dans un ciel qui ne bougerait pas, une structure intemporelle ».

20. R.G. Collingwood, *An Autobiography*, Londres - Oxford - New York, OUP (Oxford Paperbacks), 1970.

21. *Cf.* R.G. Collingwood, *Toute histoire est histoire d'une pensée. Autobiographie d'un philosophe archéologue*, trad. fr. G. Le Gaufey, Paris, EPEL (Des sources), 2010. De G. Le Gaufey on lira avec profit : *C'est à quel sujet ?*, Paris, EPEL, 2009, et *Une archéologie de la toute-puissance. D'où vient A barré ?*, Paris, EPEL, 2014. Une nouvelle traduction française de l'*Autobiography* est annoncée par Mathieu Marion (UQAM) et Benoît Castelnérac (université de Sherbrooke). J'utilise ici cette version, dont les auteurs ont bien voulu me communiquer le premier état du chapitre qui concerne directement ce séminaire.

22. *Cf.* R.G. Collingwood, *An Essay on Metaphysics*, Oxford, Clarendon Press, 1940 (2e éd. révisée, 2002). Sur la philosophie de l'histoire de Collingwood et le relativisme, voir Ch. Kobayashi & M. Marion, « La philosophie de l'histoire de Collingwood : rationalité, objectivité et anti-réalisme », *in* C. Nadeau (éd.), *La Philosophie*

de l'histoire au XXe *siècle. Hommages offerts à Maurice Lagueux*, Québec, Presses de l'université Laval, 2007, p. 119-164 et M. MARION, « Some Remarks on Collingwood and Relativism », *Ethnographic Studies* (revue électronique), Manchester, vol. II (2009), p. 125-155.

23. Sur les CQR, *cf.* A. DE LIBERA, « Le relativisme historique : Théorie des "complexes questions-réponses" et "traçabilité" », *Les Études philosophiques*, 4/1999, p. 479-494.

24. *Cf.* P. RICŒUR, *La Mémoire, l'histoire, l'oubli*, Paris, Seuil (L'Ordre philosophique), 2000, p. 366 et 495-496 (sur Collingwood et la *réeffectuation* du passé dans le présent).

25. *Cf.* R.G. COLLINGWOOD, *The Idea of History*, ed. with an introd. by J. VAN DER DUSSEN, Oxford, OUP, 1993, p. 282-302. Sur le terme et le *"Principle of Constructive Re-Enactment"*, voir B. WILLIAMS, « Collingwood », in *The Sense of the Past. Essays in the History of Philosophy*, ed. with an introd. by M. BURNYEAT, Princeton & Oxford, Princeton University Press, p. 341-358 (spéc. p. 350).

26. *Cf.* W.H. DRAY, *History as Re-Enactment : R.G. Collingwood's Idea of History*, Oxford, Clarendon Press, 1999, p. 150.

27. *Cf.* Cl. LÉVI-STRAUSS, *Anthropologie structurale*, Paris, Plon, [1]1958, p. 397 : « Alors que la sociologie s'efforce de faire la science sociale de l'observateur, l'anthropologie cherche, elle, à élaborer la science sociale de l'observé : soit qu'elle vise à atteindre, dans sa description de sociétés étranges et lointaines, le point de vue de l'indigène lui-même ; soit qu'elle élargisse son objet jusqu'à y inclure la société de l'observateur, mais en tâchant alors de dégager un système de référence fondé sur l'expérience ethnographique et qui soit indépendant, à la fois, de l'observateur et de son objet. »

28. *Cf.* J. MURDOCH, « From Social into Intellectual Factors : An Aspect of the Unitary Character of Late Medieval Learning », *in* J. MURDOCH & E. SYLLA (éd.), *The Cultural Context of Medieval Learning. Proceedings of the First International Colloquium on the Philosophy of Science and Theology in the Middle Ages – September 1973*, Dordrecht-Boston, Springer 1975, p. 271-348.

29. P.F. STRAWSON, *Subject and Predicate in Logic and Grammar*, Londres, Methuen, 1974 (réimpr. Aldershot, Ashgate, 2004).

30. « Se présenter » est la traduction proposée pour « *arise* » par Marion et Castelnérac.

31. *Autobiography*, p. 37 : « It seemed to me that truth [...] was something that belonged not to any single proposition, nor even, as the coherence-theorists maintained, to a complex of propositions

taken together; but to a *complex consisting of questions and answers*. The *structure of this complex* had, of course, never been studied by propositional logic; but with help from Bacon, Descartes, and others I could hazard a few statements about it. Each question and each answer in a given complex had to be *relevant* or *appropriate*, had to *'belong'* both to the *whole* and to the *place* it occupied in the whole. Each question had to *'arise'*; there must be that about it whose absence we condemn when we refuse to answer a question on the ground that it 'doesn't arise'. Each answer must be *'the right'* answer to the question it professes to answer » ; trad. MARION et CASTELNÉRAC ; trad. LE GAUFEY, p. 60-61. Marion et Castelnérac rendent « *complex* » par « ensemble ». Je garde « complexe », qui s'est plus ou moins imposé en France.

32. *Cf.* P. HADOT, « Philosophie, exégèse et contresens » [1968], réimpr. dans *Études de philosophie ancienne*, Paris, Belles Lettres, 1998, p. 3-11.

33. *Cf.* R.G. COLLINGWOOD, *The Idea of History*, p. 169. La formule figure dans la partie consacrée à la critique de Rickert et de la *Problemgeschichte*.

34. *Cf.* R. RORTY, « Quatre manières d'écrire l'histoire de la philosophie », *in* G. VATTIMO (éd.), *Que peut faire la philosophie de son histoire ?*, Paris, Seuil, 1989, p. 68.

35. M. FOUCAULT, *L'Archéologie du savoir*, p. 170-171.

Séminaire du 27 mars 2014

*L'archive selon Foucault. L'histoire selon Collingwood. Rappels. — Un exemple test de l'analyse des « complexes questions-réponses » (CQR) : la « querelle des universaux ». — L'interdiction du nominalisme à Paris. L'édit de Senlis (1474). — La construction de la « querelle » comme objet historique : le rôle de Victor Cousin. — La thèse de Cousin : séparée de la théologie, la philosophie scolastique est « tout entière » dans la querelle du nominalisme, du réalisme et du conceptualisme. — Le « problème des universaux » est la continuation du « problème des Idées » (le « problème de Platon »), autrement dit du « problème de la philosophie ». — La lecture cousinienne de l'*Isagoge* de Porphyre, « Introduction » aux* Catégories *d'Aristote. — Réduction par Cousin des trois questions porphyriennes à la première question : les genres existent-ils réellement indépendamment des individus ou sont-ils de pures abstractions ? — Retour au texte original. — Différence entre le questionnaire original et l'énoncé du problème des universaux chez les commentateurs de Porphyre : les universaux sont-ils des mots, des concepts ou des choses ? — Deux faits archéologiques fondamentaux : 1. l'énoncé scolaire du problème des universaux est l'effet d'une projection rétrospective du problème du skopos (objet, thème) des* Catégories *sur l'*Isagoge. *— 2. L'origine du schème d'interprétation du skopos des* Catégories *est la distinction du* Peri hermeneias *(16a1-18) entre voix, affections de l'âme et choses. — La notion de «* feedback *textuel ».*

Nous sommes restés la semaine dernière sur ce que j'ai appelé l'énergie de l'archive ; sur l'idée que l'archive n'est pas un dépôt mort, mais, comme le pétrole, une énergie fossile ; sur l'hypothèse, enfin, qu'il y a des *règles de passage d'un événement de pensée à un autre*, et que ces règles sont *partie intégrante de l'archive qui porte et dynamise le travail de l'historien*. Cette hypothèse correspondait à la description foucaldienne de l'archive dans *l'Archéologie du savoir*, p. 170-171, selon laquelle, l'archive...

> ... c'est d'abord la LOI DE CE QUI PEUT ÊTRE DIT, *le système qui régit l'apparition des énoncés comme événements singuliers* [...] ; c'est ce qui, à la racine même de l'énoncé-événement, et dans le corps où il se donne, définit d'entrée de jeu *le système de son énonçabilité* ; [...] c'est *ce qui définit le mode d'actualité de l'énoncé-chose* ; c'est *le système de son fonctionnement* ; [...] c'est ce qui différencie *les* discours dans leur existence multiple et les spécifie dans leur durée propre [1].

Extraordinaire définition. Il faudrait peut-être une vie pour répondre à l'ensemble de ces exigences sur plus d'un objet. J'avais auparavant présenté la théorie collingwoodienne des complexes constitués de questions et de réponses (CQR) et souligné que le philosophe anglais partageait en un sens l'ambition foucaldienne dans la mesure où il assignait à l'historien la tâche de déterminer les « processus » conduisant d'un fait à un autre – dans le cas qui nous occupe : d'un CQR à un autre CQR :

> ... the essence of history lies not in its consisting of individual facts, however valuable these facts may be, but in the process or development *leading from one to another* [2].

Je voudrais aujourd'hui illustrer et justifier la thèse de Collingwood comme thèse archéologique, en montrant, sur un cas précis, comment le recours aux CQR permet de déterminer le *système régissant l'apparition d'une série d'énoncés* considérés dans l'historiographie comme constituant un seul et même « problème ».

L'exemple choisi pour tester la méthode des CQR est probablement le problème philosophique considéré comme le plus caractéristique du Moyen Âge, l'archiproblème par excellence, « le » problème des universaux, censé avoir traversé les siècles, identique, intact, ne variant qu'au niveau des réponses apportées[3]. Le statut paradigmatique de la « querelle des universaux » est patent dans la plupart des histoires de la philosophie[4] – j'évoquais dans ma leçon inaugurale l'édit de Senlis pris en 1474 par Louis XI pour empêcher, matériellement, par l'enchaînement des livres, la lecture des textes des Nominalistes ou « Nominaux »[5]. C'est ce qu'on appelle les « livres enchaînés » : *libri incatenati*. Remarque : j'avais signalé que cette procédure, extrême en apparence, n'était pas si extrême que cela, car les livres enchaînés existaient dans les bibliothèques universitaires, notamment dans la grande bibliothèque parisienne du collège de Sorbon. Les livres enchaînés étaient ceux qu'on appellerait aujourd'hui les « usuels », ceux qui ne sortent pas. On les enchaîne pour être sûr qu'on ne va pas partir avec ; ils sont retirés du prêt. Mais dans certains cas on appliquait aux ouvrages dont on voulait véritablement limiter la circulation la procédure de l'enchaînement[6]. L'édit de Senlis ajoute le fait de clouer les couvertures. Si un roi de France a pu prendre un édit, qui n'a été abrogé qu'au bout de sept ans, interdisant la consultation des livres des nominalistes, c'est qu'il y avait, comme on dit, « un problème » ! Je ne le nie pas, mais du XVIIe au XIXe la querelle norme la réception de la philosophie médiévale, entendue comme philosophie « scolastique ». Je prendrai ici l'exemple de Victor Cousin.

Victor Cousin est un personnage qu'il ne faut pas sous-estimer. Intéressant comme philosophe – à sa manière – il a joué un rôle capital dans l'histoire de l'enseignement français, y compris et d'abord de l'enseignement de la philosophie. Pour que vous puissiez par vous-mêmes en prendre une vue plus exacte, je vous recommande la lecture du livre de Derrida intitulé *Du droit à la philosophie* (1990). C'était la grande époque du GREPH *(Groupe de recherches sur l'enseignement philosophique)*, des rapports du Collège de France (mars 1985), puis Bourdieu-Gros et Derrida-Bouveresse, et de la réflexion sur l'introduction de la philosophie dans le secondaire. Derrida, qui était un des porteurs des projets de rénovation, parle de Victor Cousin : un « libéral vraiment persécuté (ne simplifions pas, n'oublions jamais, pas plus que dans le cas de Hegel), qui devint pair de France, conseiller d'État, directeur de l'École normale supérieure, recteur de l'Université, ministre de l'Instruction publique »[7]. Voilà Victor Cousin habillé, et même chaudement, pour l'hiver. Page 194, on trouve cette envolée merveilleuse où Cousin rappelle, en 1850, ce qu'est un professeur de philosophie :

> Un professeur de philosophie est un fonctionnaire de l'ordre moral, préposé par l'État à la culture des esprits et des âmes, au moyen des parties les plus *certaines* de la science philosophique.

Alors je vais essayer de me montrer à la hauteur ce matin. Dans le tome III des *Fragments philosophiques*, consacré à la Philosophie scholastique, dans la 4e édition publiée à Paris, chez Ladrange, en 1840, Victor Cousin écrit :

> Si dans la scholastique on écarte la théologie pour considérer seulement la philosophie proprement dite, cette philosophie est tout entière dans la querelle du nominalisme et du réalisme [8],

À quoi, toutefois, il faut ajouter la position d'Abélard, qui « combat[tant] à-la-fois les réalistes et les nominaux [...] expose cette opinion intermédiaire qui depuis a été appelée le conceptualisme »[9]. Quel bonheur, nous étions dans un fastidieux duo, et voilà le tiers qui sort de la coulisse : les conceptualistes. Les réalistes, les nominaux, les conceptualistes – les choses, les mots, les concepts, cela rappelle un peu la triade de tout à l'heure [10] – et vous allez voir que ce n'est pas tout à fait par hasard.

Cousin aime les formules totalisantes, et il donne une formulation à l'état pur de ce que j'appelle un « archiproblème ».

> Platon est tout entier dans la théorie des Idées, et l'on peut dire avec une rigueur parfaite que la Métaphysique d'Aristote est une polémique perpétuelle contre cette théorie. Ce n'est pas là une querelle de détail, c'est toute la différence qui sépare ces deux

> grands hommes, car c'est là le problème même de la philosophie. Les expressions de ce problème varient suivant les diverses époques de la philosophie et de la civilisation. Les données en sont plus ou moins nettement posées, les conséquences plus ou moins rigoureusement développées ; mais le problème est toujours celui qui à toutes les époques tourmente et féconde l'esprit humain, et, par les diverses solutions qu'il soulève, engendre toutes les écoles [11].

Cousin, qui est le saint patron de l'éclectisme en philosophie, a une vision de la philosophie qui impose et réclame d'avoir un contact intime et réfléchi avec le *système* de la philosophie et de la production des énoncés, des théories philosophiques et même de l'engendrement des écoles. C'est assez remarquable, c'est une série de réductions : si la philosophie c'est la querelle des idées (archiproblème, « problème même de la philosophie », débat Aristote-Platon), toute la philosophie scolastique – qui n'est qu'une des figures historiques de la philosophie – se ramène *ipso facto* à la querelle des universaux qui est un des épisodes de la querelle des idées. Il y a un archiproblème diversement habillé. Bien sûr, les expressions varient, les données sont plus ou moins précises, les conséquences plus ou moins bien tirées, mais c'est toujours le même problème qui tourmente et féconde.

Tout n'est pas faux, nous avons tous *un* problème, qui nous tourmente et qui parfois ne féconde rien du tout, mais ici il s'agit de l'humanité tout entière.

> Le problème de la philosophie se teint en quelque sorte de toutes les couleurs du temps où il se développe ; mais partout il est le fond duquel partent ou auquel aboutissent les recherches philosophiques. Il a l'air de n'être guère qu'un problème de psychologie et de logique, et en réalité il domine toutes les parties de la philosophie ; car il n'y a pas une seule question qui dans son sein ne contienne celle-ci : tout cela n'est-il qu'une combinaison de notre esprit faite par nous à notre usage, ou tout cela a-t-il en effet son fondement dans la nature des choses [12] ?

Mais d'où vient que « le » problème de la philosophie et la querelle médiévale des universaux se ramènent l'un à l'autre ?

Ce n'est pas un ukase. Victor Cousin, du haut des diverses fonctions qu'il occupe dans le système éducatif, ne prononce pas souverainement en disant : c'est comme ça et ce n'est pas autrement. Il y a des arguments, il y a des analyses et c'est bien pourquoi il faut encore lire ce genre d'auteurs ; parce qu'ils nous apprennent quelque chose sur la méthode en Histoire et sur la manière dont nous faisons de l'Histoire.

Le scénario est simple : tout part d'une phrase de Porphyre. On cherche ce qui va nous permettre de trouver un passage entre la querelle médiévale des universaux et la querelle des Idées ; il faut un moyen terme, un sas, une entrée. Qu'est-ce que c'est ? Ce pourrait être vingt-cinq volumes, trois siècles de réflexion ; non, c'est une phrase – une phrase de Porphyre. La phrase elle-même expose la grande alternative de la philosophie antique, de la philosophie scolastique et de la philosophie moderne : y a-t-il ou non des Idées ? De fait, « l'idéalisme a survécu à Platon », « il a traversé les âges », « il vit et vivra autant que l'esprit humain et la philosophie » ; la « théorie contraire n'est pas moins vivace ». Le conflit n'est pas près de s'éteindre, même si la philosophie scolastique, elle, a disparu. Nous sommes des accidents de l'Histoire, mais la substance de l'Histoire reste : ce problème, c'est le « problème même de la philosophie » [13].

Cette phrase unique, qui porte toute l'histoire, se trouve au début de l'*Isagoge*, l'*Introduction* rédigée par Porphyre aux *Catégories* d'Aristote, traduite au VIe siècle par Boèce, dans la période à peu près contemporaine de la fermeture de l'école néoplatonicienne d'Athènes par l'empereur Justinien (529) et de la conversion au christianisme des principaux philosophes de l'école d'Alexandrie [14], dans ce moment où commence la *translatio studiorum,* la migration des philosophes d'Athènes vers la cour de l'empereur de Perse [15], dans ce moment où commence aussi une christianisation de la philosophie alexandrine. Le scénario médiéval débute comme un *peplum* :

> Mais il faut supposer le monde ancien détruit, la philosophie ancienne ensevelie avec la civilisation dont elle faisait partie, et la longue et brillante polémique qui avait fait la vie même de cette philosophie, réduite à la phrase de Porphyre dans la

traduction latine de Boèce. C'est sur cette phrase et autour d'elle que va peu à peu se reformer une philosophie nouvelle. Les commencements de cette philosophie seront bien faibles, il est vrai, et se ressentiront de la profonde barbarie du temps ; mais une fois née, la puissance de l'éternel problème la développera et lui ouvrira une carrière immense [16].

Un monde dévasté, vide – il n'y a plus qu'une phrase. Et petit à petit va se réordonner autour de cette phrase, ce front, cet ordre de bataille, ce corps d'armée que va être la philosophie. Nous sourions, mais pensons à la description qu'Aristote donne de la pensée : une armée en déroute qui tout à coup se reforme parce que quelqu'un a eu le courage de s'arrêter, de faire front de toutes parts. Tout se rassemble autour de *cela*. Relisez l'admirable passage des *Analytiques* où Aristote compare la pensée qui se stabilise et s'arrête à une armée en fuite qui tout à coup se fixe et fait face : comme « dans une bataille (ἐν μάχῃ), au milieu d'une déroute, un soldat s'arrêtant, un autre s'arrête, puis un autre encore, jusqu'à ce que l'armée soit revenue à son ordre primitif » [17]. Là c'est un peu la même chose : toute la philosophie se reforme peu à peu, et même c'est une philosophie nouvelle, qui se forme en se reformant autour de la phrase qui a résisté à tout. La philosophie ancienne réduite à une phrase ; à un unique problème ; un problème éternel dont la puissance suffit à faire naître, renaître et croître une philosophie nouvelle. On brûle de connaître cette phrase.

En fait ce n'est pas une phrase, c'est un paragraphe ou, plutôt, deux paragraphes, dont Cousin privilégie une phrase, et même une partie de phrase.

Voici, écrit Cousin, p. 83, cette phrase, telle que la rencontra le Moyen Âge dans le latin de Boèce, avec ce qui la précède et ce qui la suit immédiatement.

En fait, il cite deux paragraphes en latin, puis en français, en imprimant en italiques la fameuse phrase, avant de la « mettre aussi sous les yeux du lecteur » seule, dans « le grec de Porphyre ». Voici la traduction française proposée par Cousin

– pour nous, il est extrêmement intéressant de voir comment un texte latin du VIe siècle, qui est lui-même la traduction d'un texte grec antérieur, se voit traduit dans la langue du philosophe éclectique qui est l'interlocuteur de Hegel et l'introducteur de la philosophie allemande en France.

> Chrysaore, puisqu'il est nécessaire pour comprendre la doctrine des catégories d'Aristote de savoir ce qu'est le genre, la différence, l'espèce, le propre et l'accident, et puisque cette connaissance est utile pour la définition, et en général pour la division et la démonstration, je vais essayer, dans un abrégé succinct et en forme d'introduction, de parcourir ce que nos devanciers ont dit à cet égard, m'abstenant des questions trop profondes et m'arrêtant même assez peu sur les plus faciles. *Par exemple, je ne rechercherai point* [1] *si les genres et les espèces existent par eux-mêmes ou seulement dans l'intelligence, ni* [2], *dans le cas où ils existeraient par eux-mêmes, s'ils sont corporels ou incorporels, ni* [3] *s'ils existent séparés des objets sensibles ou dans ces objets sensibles et en faisant partie [sic]* ; ce problème est trop difficile et demanderait des recherches plus étendues. Je me bornerai à indiquer ce que les anciens, et parmi eux les Péripatéticiens, ont dit de plus raisonnable sur ce point et sur les précédents [18].

Avant d'entrer dans le vif du sujet, je vous invite à remarquer que « l'archiproblème » transmis par Porphyre est posé par ce même Porphyre pour dire, précisément, qu'il ne va pas en parler. Pourquoi ? Parce que « cela réclamerait des recherches plus étendues » dit-il. En fait, ce n'est pas exclusivement cela : la difficulté, le temps, qui est à l'arrière-plan. C'est bien plutôt un principe fondamental de l'exégèse telle qu'elle est pratiquée dans les écoles néoplatoniciennes : on ne doit jamais expliquer une œuvre au-delà de son *skopos*. Le *skopos*, c'est le but, le thème, la visée, ce dont il s'agit, ce qui est en cause dans l'ouvrage en question. Vendons la mèche : le *skopos* de l'*Isagoge* n'est pas théologique, il est logique. Cette introduction aux *Catégories*, qui sont l'introduction au système d'Aristote, c'est la porte d'entrée en philosophie. Comment entre-t-on en philosophie ? On doit apprendre les rudiments de la logique [19]. Or les problèmes qui se posent là réclament une réponse que la logique ne peut pas fournir – ils relèvent d'une science plus élevée que la logique : la théologie. Bien sûr, ces questions sont importantes, mais ce n'est pas le moment de les poser. Singulier tour d'écriture qui consiste à dire : voilà, en fait, le problème de la philosophie – c'est ce que dit Cousin –, le vrai problème, ce pourquoi nous faisons tout ça ; mais on ne peut pas le poser tout de suite.

J'ai divisé en trois parties la « phrase », dont Cousin loue, prise en grec, « le langage harmonieux, la manière de s'exprimer nette et précise, et en même temps gracieuse encore ». Ces trois questions, qui s'enchaînent, forment à l'évidence ce que j'appelle, avec Collingwood, un CQR.

Avant de l'examiner de plus près, notons trois points.

Premier point : Cousin reformule quelques pages plus loin le questionnaire, en des termes sensiblement différents. La première question est rendue par « [1] s'ils existent par eux-mêmes ou s'ils ne sont que des conceptions de l'esprit », au lieu de « [1] *si les genres et les espèces existent par eux-mêmes ou seulement dans l'intelligence* ». La différence n'a l'air de rien, mais nous verrons qu'elle a son importance. La deuxième question est rendue par « [2] s'ils sont corporels ou incorporels » au lieu de « [2] *dans le cas où ils existeraient par eux-mêmes, s'ils sont corporels ou incorporels* ». La troisième, par « [3] s'ils existent seulement dans les objets sensibles ou s'ils en sont séparés » au lieu de « [3] *s'ils existent séparés des objets sensibles ou dans ces objets sensibles et en [en] faisant partie* »[20].

Deuxième point, Cousin souligne que Boèce applique ces questions non seulement au genre et à l'espèce, mais aussi à la différence, au propre et à l'accident.

Troisième point, il explique que les trois questions peuvent être ramenées à la première, et qu'à cette question telle qu'il l'a comprise, qui résume tout le questionnaire, Boèce fait une réponse positive :

> Sur *la première question, qui peut nous tenir lieu des deux autres*, Boèce déclare positivement que le genre, l'espèce, la différence, le propre, l'accident existent réellement ; et la raison qu'il en donne est que sans eux rien ne serait, puisqu'il n'y aurait ni accident ni propriété, ni différence ni genre.

Pour Cousin, Boèce n'a pas compris Porphyre, ou plus exactement il n'a pas compris la phrase où tout se joue, à savoir la première question de Porphyre :

> Porphyre se demande si les genres et les espèces, et non pas l'espèce et le genre, existent réellement : par exemple, si tel genre déterminé, à savoir l'humanité, existe indépendamment des individus qui le composent ou bien, si ces individus seuls existent, et si le genre humanité n'est pas une pure abstraction.
>
> Boèce n'a pas compris cela, et il a converti la grande et légitime question de la réalité des genres et des espèces, en la question insensée, et qui n'en fut jamais une, de la réalité du genre, de l'espèce, de la différence du propre et de l'accident [21].

Je ne commente pas philosophiquement, mais on pourrait le faire et dire que la question de la réalité de la différence n'est peut-être pas si insensée que le dit Cousin ; non plus que la question de la réalité du propre ni finalement celle de la réalité de l'accident ; mais passons.

Comment aborder le texte de Porphyre si on veut l'aborder autrement que Boèce ne l'a fait ? Comment comprendre Porphyre ? C'est la tâche de l'historien, et Cousin nous dit maintenant ce qu'il en est. Il faut noter deux préalables, qui nous conduiront à deux faits fondamentaux.

Premièrement, le « problème de Porphyre » est une aporie, en trois étapes ou paliers. L'énoncé complet du « problème » est :

> ... περὶ τῶν γενῶν τε καὶ εἰδῶν τὸ μὲν
> [1] εἴτε ὑφέστηκεν εἴτε καὶ ἐν μόναις ψιλαῖς ἐπινοίαις κεῖται
> [2] εἴτε καὶ ὑφεστηκότα σώματά ἐστιν ἢ σώματα
> καὶ [3] πότερον χωριστὰ ἢ ἐν τοῖς αἰσθητοῖς καὶ περὶ ταῦτα ὑφεστῶταί
>
> ... concernant les genres et les espèces, [la question de savoir]
> (1) s'ils existent ou bien s'ils ne consistent que dans de purs concepts,
> (2) ou, à supposer qu'ils existent, s'ils sont des corps ou des incorporels,

et, (3) en ce dernier cas, s'ils sont séparés ou bien s'ils existent dans les sensibles et en rapport avec eux ...

Deuxièmement, je vous l'ai déjà dit, Porphyre ne répond pas à sa question :

... voilà des questions dont j'éviterai de parler, parce qu'elles représentent une recherche très profonde et qu'elles réclament un autre examen, beaucoup plus long ; en revanche, concernant genres et espèces et les autres [termes] en question, comment les Anciens, et tout particulièrement ceux du Péripatos, en ont traité d'une manière plus logique, c'est ce que je vais m'efforcer de te montrer [22].

« D'une manière plus logique » (λογικώτερον), cette expression est déconcertante, mais elle dit bien ce qu'elle veut dire : « en parlant davantage en logicien » qu'autre chose. Les aristotéliciens parlent d'une manière plus logique que les autres écoles, et donc il faut comprendre que dans ce texte de logique qu'est l'*Isagoge*, qui introduit à un traité de logique : les *Catégories,* qui introduisent elles-mêmes à cet ouvrage d'ensemble qu'est l'*Organon* (qui réunit l'ensemble des traités de logique d'Aristote), si on veut parler dans les limites du *skopos* de l'œuvre, il va falloir parler en logicien.

Maintenant un mot sur cette expression : « ψιλαῖς ἐπινοίαις », dans εἴτε καὶ ἐν μόναις ψιλαῖς ἐπινοίαις κεῖται (« ou bien s'ils ne consistent que dans de purs concepts »). La *psilê epinoia* n'est pas *l'epinoia*. C'est clairement du vocabulaire technique, mais d'où vient-il ? Je ne vais pas me lancer dans deux siècles d'histoire du vocabulaire logique et psychologique de l'Antiquité tardive mais disons quand même que comme exemple d'*epinoia* – terme que l'on peut traduire par « conception » – on peut donner l'universel abstrait. Un universel en onto-logie, en onto-logique, en logique, c'est une abstraction, et cette abstraction nous est donnée, livrée, par l'*epinoia*. En revanche, la *psilê epinoia*, la « pure conception », c'est par exemple le bouc-cerf, le *tragelaphos*, en latin l'*hircocervus,* littéralement : l'hircocerf. Voilà un exemple d'entité qui n'existe pas. Le triangle abstrait, ou « l'Homme » cela a de l'être, d'une certaine manière, mais le bouc-cerf cela n'existe pas, cela ne peut pas être, puisque c'est constitué par des entités qui ne sont pas susceptibles d'être réunies. Ou bien : qui ne sont pas réunies. Qu'elles ne le soient pas, c'est ce que nous dit l'expérience, mais après tout, me direz-vous, elles pourraient bien l'être en quelque entité que nous ne connaissons pas encore. De fait, c'est ce qui s'est passé, puisque l'hircocerf a fait une entrée triomphale en zoologie sous les traits du Grand Kudu, une variété d'antilope africaine tardivement décrite par les zoologistes sous le nom de *Tragelaphus strepsiceros*. Nous y reviendrons. Pour le moment, ce qui nous intéresse c'est ce qui n'existe ni ne peut exister, alors prenons comme exemple le « cercle carré » : de cela on peut dire non seulement que ça n'existe pas, mais que c'est un *non-quelque chose*. Ce « non-quelque chose », il faut aller le chercher dans une autre dimension que purement aristotélicienne [23], et, de fait, la différence entre *epinoia* et *psilê epinoia* est une différence tardive, sur quoi nous reviendrons aussi. Un bon exemple nous en est donné par Élias, un des commentateurs de cette école passée au christianisme qu'était, au VIe siècle, l'école d'Alexandrie.

> Il y a une différence entre « concept » et « simple concept » en ce que le premier fait concevoir l'être d'une autre façon (par exemple en séparant du triangle de bronze la figure, et en concevant le triangle en lui-même), tandis que le « simple concept » est celui qui feint des choses impossibles par nature, comme le bouc-cerf et autres choses du même genre [24].

Pour Élias, le bouc-cerf est en toutes lettres *une chose impossible par nature*. Une même chose ne peut être en même temps un bouc et un cerf, sinon il n'y a plus de taxinomie, or tout l'*Isagoge* est une théorie des genres et des espèces, destinée à fonder une science qui classe. On ne peut admettre des mélanges comme le bouc-cerf au principe d'une logique classificatoire.

Venons en maintenant aux faits fondamentaux. Premier fait fondamental qui vient confirmer la thèse archéologique tirée de Collingwood et répondre en partie au défi lancé par Foucault : l'énoncé scolaire, courant, familier, du problème des universaux – les genres et les espèces sont-ils des mots, des concepts ou des choses ? – n'est pas l'aporie de Porphyre, mais un effet de la projection rétrospective du *skopos* des Catégories sur l'*Isagoge*.

Projection d'un questionnaire autre sur l'*Isagoge*. D'où vient ce questionnaire ? Il vient des questions que l'on pose au VIe siècle dans l'école néoplatonicienne quand on se demande, aussi bien à Alexandrie qu'à Athènes, quel est le but, le thème, le sujet des *Catégories* d'Aristote. Rien d'étonnant à cela : l'*Isagoge* introduit aux *Catégories*. Les *Catégories* traitent de la substance et des neuf genres de l'accident, et on peut demander si les *Catégories* portent sur des mots (pour essayer d'en définir les relations et d'organiser la signification de ces mots en système), ou bien sur des concepts (pour essayer de définir et d'organiser les mécanismes classificatoires de la pensée) ou sur des choses (et alors on doit admettre qu'il y a bien quelque chose comme « l'Homme » commun, au-delà des hommes particuliers pris séparément). On avait donc l'habitude dans les écoles néoplatoniciennes de s'interroger sur le *skopos*, sur le sujet des *Catégories*. Mais on a projeté ce *skopos* des *Catégories* sur l'introduction aux *Catégories* – l'*Isagoge*.

Les mots, les concepts, les choses. Mais, me direz-vous, d'où prennent-ils cela ? C'est simple : il y a l'*Isagoge*, il y a les *Catégories*, quel est l'ouvrage qui vient tout de suite après les *Catégories* dans l'*Organon* ? Le *Peri hermeneias* (*De interpretatione* en latin). Or quel est le contenu du premier chapitre du *Peri hermeneias* ? C'est la distinction entre les choses *(pragmata)*, les affects de l'âme *(pathêmata tês psukhês)* qu'on a pris l'habitude d'appeler ensuite « concepts », et les voix ou les mots *(phônai)*. Ce trio est posé au début du *De Interpretatione*.

Représentez-vous ces trois traités disposés l'un après l'autre : l'*Isagoge* qui introduit aux *Catégories*, les *Catégories* qui préfacent le *De Interpretatione* – puis toute la logique. Il se produit alors ce que j'appelle un « *feedback* textuel » en deux temps. Dans un premier temps, nous constatons que l'énoncé scolaire du problème des universaux n'est pas l'aporie originelle de Porphyre, mais un effet de la projection rétrospective du *skopos* des *Catégories* sur l'*Isagoge* (projection que l'on fait pendant le cours, en expliquant le texte – on se sert de cette notion de *skopos* et l'on s'appuie sur un certain nombre de principes d'interprétation). Dans un deuxième temps, nous nous demandons : comment a bien pu se former le *skopos* d'interprétation des *Catégories* ? Réponse : par la lecture du *De Interpretatione*. La détermination du *skopos* des *Catégories* est solidaire des éléments de sémantique mis en place par Aristote dans le chapitre premier du *Peri hermeneias*. L'ordre d'exposition des traités chez les Commentateurs est commandé en sous-main par un reflux des catégories fondamentales de la sémantique d'Aristote sur ses *Catégories* et des *Catégories* sur l'*Isagoge*, c'est-à-dire sur les universaux.

Voici le texte du *De interpretatione* (16a1-18) :

> Il faut d'abord établir la nature du nom et celle du verbe : ensuite celle de la négation et de l'affirmation, de la proposition et du discours. Les sons émis par la voix sont les symboles des états de l'âme, et les mots écrits, les symboles des mots émis par la voix. Et de même que l'écriture n'est pas la même chez tous les hommes, les mots parlés ne sont pas non plus les mêmes, bien que les états de l'âme dont ces expressions sont les signes immédiats soient identiques chez tous, comme sont identiques aussi les choses dont ces états sont les images (traduction Tricot, p. 89-90).

Vous avez ici un système complet : les choses sont les mêmes pour tout le monde ; les états mentaux qui leur correspondent – les *pathêmata tês psukhês* qui en sont les images – sont les mêmes pour tout le monde ; en revanche, les mots écrits et les mots émis par la voix sont différents chez tous les hommes. Voilà ce qu'on appelle le « triangle sémantique d'Aristote »[25]. Au sommet, vous mettez les pathêmes, à gauche les sons émis par la voix, à droite les choses. Les sons émis par la voix signifient les choses par l'intermédiaire des concepts/impressions mentales ; les mots et les choses n'ont donc pas de relation directe. La relation entre les mots et les concepts est conventionnelle, la relation entre les concepts et les choses est naturelle. Ici, la loi ; là, la nature.

C'est ce dispositif-là qui est rétrospectivement projeté sur *tout ce dont on peut s'enquérir*. Et de quoi peut-on bien s'enquérir au seuil de la construction d'une vaste entreprise philosophique ? Eh bien des catégories de choses qu'il y a, de choses qu'on pense, de choses qu'on peut signifier, et puis aussi des cinq chefs sous lesquels on peut regrouper tout ce que l'on catégorise, tout ce que l'on dit, à savoir ces fameux universaux : genre, espèce, différence, propre, accident.

Vous voyez donc qu'un système est là, mais que la manière dont nous est venue la question consignée dans la phrase de Porphyre n'a pas directement à voir avec ce qu'est devenu le problème de Porphyre dans la tradition interprétative ultérieure. Et ce que vous observez quand vous lisez des commentaires de l'*Isagoge*, à mesure que le temps passe, c'est qu'on surimpose de plus en plus nettement et violemment la seconde grille, celle héritée du *Peri hermeneias,* sur le questionnaire initial, au point que les incorporels, très vite, finissent par disparaître, ou en tout cas par perdre le sens qu'ils pouvaient bien avoir chez ceux qui y recouraient, à savoir les stoïciens et la tradition scolaire qui commence pour le péripatétisme avec Alexandre d'Aphrodise. Vous avez ici un schème interprétatif qui donne à penser ; il ne s'agit pas seulement d'interpréter un texte, mais bien de poser des problèmes nouveaux. Mais puisqu'il s'agit, malgré tout, au départ, d'un *skopos*, c'est-à-dire de l'interprétation d'un texte qu'on lit dans l'enseignement, il faut bien voir que l'on a aussi affaire à l'interprétation scolaire d'un texte. Les problèmes philosophiques sont liés à l'exégèse des textes fondateurs, dans une tradition scolaire particulière, *ici* celle qu'a mise en place l'école néoplatonicienne, que ce soit à Athènes ou à Alexandrie, où Aristote est le préalable indispensable à l'étude de Platon. N'oubliez jamais cela : il y a une structure qui articule toute cette démarche : Aristote pour Platon, Aristote en vue de Platon. « Aristote », c'est ce qu'on appelle les « Petits Mystères », « Platon », « les Grands Mystères ». L'exégèse des textes d'Aristote doit nous rendre capables de pratiquer l'exégèse des grands dialogues de Platon. Eh bien, regardez l'université médiévale : vous avez les arts du langage, partie des arts dits « libéraux », à la faculté des arts, qui sont placés en prolégomènes à l'étude de la théologie, à la faculté de théologie. *Le même dispositif, transposé* [26].

Notes

1. M. Foucault, *L'Archéologie du savoir*, p. 170-171.

2. R.G. Collingwood, *The Idea of History*, p. 169.

3. Pour tout ce qui suit, je me permets de renvoyer à la seconde édition de *La Querelle des universaux. De Platon à la fin du Moyen Âge*, Paris, Seuil (Des Travaux), [1]1996, (Point), [2]2014, avec une Postface inédite et une bibliographie actualisée. Pour la période considérée dans le séminaire, essentiellement l'Antiquité tardive et le XIIe siècle, les deux ouvrages de référence sont C. Erismann, *L'Homme commun. La Genèse du réalisme ontologique durant le haut Moyen Âge*, Paris, Vrin (Sic et Non), 2011, et I. Rosier-Catach (éd.), *Arts du langage et théologie aux confins des* XIe-XIIe *siècles. Textes, maîtres, débats*, Turnhout, Brepols, 2011 (Studia artistarum, 26), qui est une véritable somme.

4. À une exception près : François Picavet (1851-1921), le promoteur de l'histoire philosophique « comparée » (voir ses *Essais sur l'histoire générale et comparée des théologies et des philosophies médiévales*, parus chez Alcan en 1913), qui, tout au début du XXe siècle, oppose à une histoire de type cousinien, centrée sur les universaux et l'aristotélisme, une histoire fondée sur la réévaluation du néoplatonisme (« Plotin est le véritable maître des philosophes du Moyen Âge), de la philosophie arabe et de la philosophie juive (sans oublier la chrétienne), tout en reprochant aux héritiers de Cousin de *ramener les auteurs du passé aux préoccupations du présent*. La généalogie de l'historiographie médiéviste en philosophie sommairement décrite par Picavet autour de Cousin et de ses sources, qui reproche aux cousiniens d'avoir fait, dogmatiquement, ce que certains reprochent de faire aujourd'hui aux historiens analytiques, est l'un des objets du

travail archéologique de ce séminaire. *Cf.* F. PICAVET, *Esquisse d'une histoire générale et comparée des philosophies médiévales*, 2e éd., Paris, Félix Alcan, 1907 [1re éd. 1904], p. 148 : « Pas plus qu'on ne saurait continuer à faire d'Aristote le maître du Moyen Âge ou même des scolastiques occidentaux du IXe au XIIIe siècle, on ne saurait soutenir que les recherches des Arabes, des chrétiens et des juifs se réduisent à savoir quelle est la valeur des universaux. Qu'on l'ait affirmé longtemps, c'est ce qu'expliquent les préoccupations dogmatiques de ceux qui, les premiers, ont entrepris de faire l'histoire des idées au Moyen Âge. Les grandes discussions du XVIIe et du XVIIIe siècle, auxquelles prirent part Descartes, Gassendi et Hobbes, Arnauld, Nicole et Malebranche, Locke, Voltaire, Hume, Reid, Kant, Condillac et Destutt de Tracy, comme la campagne entreprise, par Royer-Collard et par Cousin, contre la philosophie dénommée chez eux *sensualiste*, ont porté principalement sur *l'origine et la valeur des idées ou sur les principes des connaissances humaines*. Tennemann, Degérando, Cousin estimèrent que les philosophes du Moyen Âge et même de toutes les époques *s'étaient occupés de ce qui pour eux était l'essence de la philosophie*. Or, si l'historien doit être attentif aux *solutions données autrefois pour des questions discutées aujourd'hui encore* (chap. I, 12), il se propose, avant tout, de voir *quels problèmes ont tenté de résoudre ceux dont il étudie la vie et les doctrines*. » Picavet est l'un des premiers à avoir opposé en France histoire des solutions et histoire des problèmes. Philosophe de l'histoire, antiquisant et médiéviste, Picavet, qui a écrit l'ouvrage de référence sur les Idéologues, était aussi kantien, comme philosophe et comme traducteur. Voir *La Philosophie de Kant en France de 1773 à 1814 : introduction à une nouvelle traduction de la Critique de la raison pratique*, Paris, Alcan, 1888 (l'année, où paraît, chez le même éditeur, la petite monographie sur *L'Histoire de la philosophie, ce qu'elle a été, ce qu'elle peut être*). On évoquera en temps voulu les études sur Abélard et sur Roscelin.

5. Sur l'édit de Senlis (1er mars 1474), *cf.* Z. KALUZA, « La crise des années 1474-1482 : L'interdiction du nominalisme par Louis XI », *in* M.J.F.M. HOENEN, J.H.J. SCHNEIDER, O. WIELAND (éd.), *Philosophy and Learning. Universities in the Middle Ages*, Leyde-New York-Cologne, E.J. Brill (Œducation and Society in the Middle Ages and Renaissance, 6), 1995, p. 293-327 ; « Les étapes d'une controverse. Les nominalistes et les réalistes parisiens de 1339 à 1482 », *in* A. LE BOULLUEC (éd.), *La Controverse religieuse et ses formes*, Paris, Cerf, 1995, p. 297-317.

6. Selon V. Le Clerc, *Discours sur l'état des Lettres*, *in* V. Le Clerc et E. Renan, *Histoire littéraire de la France au* XIVe *siècle*, vol. I, Paris, Michel Lévy, [2]1865, p. 358-359, l'enchaînement était à la fois une précaution contre le vol (« avec les fortes serrures et l'anathème ») et, « quelquefois » seulement, « une punition infligée aux ouvrages suspects. » Et de citer, outre l'édit de Senlis, « les franciscains d'Oxford, qui », deux siècles plus tôt, ayant « peur de ceux de leur confrère Roger Bacon, les attachèrent avec de longs clous, qui ne leur permettaient pas de les feuilleter, et n'en laissaient le libre accès qu'aux mites et à la poussière. » Sur les *libri incatenati*, *cf.* M.-H. Jullien de Pommerol, « Livres d'étudiants, bibliothèques de collèges et d'universités », *in* A. Vernet (dir.), *Histoire des bibliothèques françaises*, I, *Les Bibliothèques médiévales du* VIe *siècle à 1530*, Paris, Promodis, 1989, p. 93-111.

7. J. Derrida, *Du Droit à la philosophie*, Paris, Galilée, 1990, p. 194.

8. V. Cousin, *Fragments philosophiques*, III. *Philosophie scholastique*, Paris, Ladrange, [4]1840, p. 89.

9. V. Cousin, *Fragments philosophiques*, III, p. 20. Dans son édition d'Abélard, Cousin donne un résumé de la querelle des universaux (entendue comme roulant sur le « problème de Porphyre »), aboutissant à l'invention du « conceptualisme », présenté, en un savoureux et a-chronique collage, comme une synthèse de « psychologie » (discipline qui n'existe pas encore) et de « dialectique » (le nom altomédiéval de la logique), l'enseigne de la *psychologie*, en somme. Cf. V. Cousin, « Introduction », *Ouvrages inédits d'Abélard, pour servir à l'histoire de la philosophie scolastique en France*, Paris, Imprimerie royale (Collection de documents inédits sur l'histoire de France, publiés par ordre du Roi et par les soins du ministre de l'Instruction publique, 2e série. Histoire des sciences et des lettres), 1836, p. CLXXVIII : « On commence par répéter en bégayant les solutions équivoques qu'en avait laissées Boëce. Enfin Roscelin le soumet à une critique indépendante ; mais il est évident qu'il ne l'envisagea d'abord que sous le point de vue logique, puisqu'il arriva à une solution toute *grammaticale*. Guillaume de Champeaux le considéra sous un point de vue plus relevé. Sa première opinion est déjà *métaphysique* ; la seconde est presque *un retour à la psychologie et à la logique*. Abélard embrassa les différents points de vue de ses devanciers et les agrandit encore. La polémique [sur les universaux] est sans contredit le mot le plus avancé et le plus compréhensif du XIIe siècle et de la première époque de la philosophie scolastique. Toutes les manières d'envisager le problème fondamental sont, dans

Abélard, plus ou moins développées ; mais Abélard est de son siècle, et la face du problème de Porphyre qu'il a le plus considérée est sa face logique ; et la solution qu'il en a donnée, élevée à sa formule la plus générale, a reçu un nom qui témoigne assez de son caractère essentiel, un nom *psychologique* et *dialectique* en quelque sorte, le conceptualisme. »

10. Allusion au passage du cours du 27 mars 2014, évoquant la théorie « modiste » du parallélisme entre les modes d'être des choses *(modi essendi)*, les modes d'être de la pensée *(modi intelligendi)*, et les modes de signifier des expressions qui constituent le langage *(modi significandi)*. Sur les logiciens et grammairiens « modistes » *(modistae)*, *cf.* I. Rosier, *La Grammaire spéculative des modistes*, Publications de l'université de Lille III, PUL, 1983.

11. V. Cousin, *Fragments philosophiques*, III, p. 86.

12. *Ibid.*

13. *Ibid.*, p. 87.

14. Pour une mise au point philosophique sur les deux écoles, voir M. Rashed, « Des autorités concurrentes ? L'enseignement de la philosophie médiévale entre néoplatonisme et aristotélisme », in *Lumières de la Sagesse. Écoles médiévales d'Orient et d'Occident*, sous la direction d'E. Vallet, S. Aube et Th. Kouamé, Paris, 2013, p. 321-327 (catalogue de l'exposition organisée du 25 septembre 2013 au 5 janvier 2014, à l'Institut du monde arabe, Paris).

15. C'est Jules Quicherat qui, dès 1853, dans son édition des *Solutiones* de Priscien de Lydie, a donné le premier récit moderne de l'exil des philosophes athéniens à la cour de l'empereur perse Chosroès, en reprenant critiquement le témoignage des *Histoires* d'Agathias le Scolastique († v. 580). *Cf.* J. Quicherat, « Solution des problèmes proposés par Chosroës : traité inédit de Priscien le philosophe », *Bibliothèque de l'école des chartes*, tome 14, 1853, p. 248-263 : « Agathias raconte que, sous le règne de l'empereur Justinien, sept professeurs, qu'il appelle la fine fleur de la philosophie du temps, furent contraints de s'expatrier. Il donne les noms de ces martyrs de la pensée, qui étaient Damascius de Syrie, Simplicius de Cilicie, Eulamius de Phrygie, Priscien de Lydie, Isidore de Gaza, Hermias et Diogène de Phénicie [...]. Ne trouvant pas de leur goût, dit-il, les dogmes religieux qui prévalaient chez les Romains, et s'imaginant, d'après ce qu'ils entendaient répéter partout, qu'en Perse régnait cette union de l'autorité et de la philosophie que Platon donne pour base au gouvernement modèle, de sorte que dans leur idée tout devait aller à la perfection dans ce

pays ; considérant d'ailleurs que leur opposition à l'ordre établi les exposait chez eux à des alarmes continuelles, ils partirent pour la Perse, avec le dessein d'y vivre désormais. Quel ne fut pas leur désenchantement, lorsqu'ils virent là des magistrats violents et prévaricateurs ; des effondreurs de portes, des tireurs de manteaux, les petits opprimés par les grands, l'adultère dans toutes les maisons malgré la polygamie ? Les entretiens qu'ils eurent avec le roi achevèrent de les convaincre de leur erreur. Ils trouvèrent en lui un homme qui faisait parade de philosophie, mais qui n'avait aucune notion des maîtres, qui ne s'entendait avec eux sur aucun point et qui pratiquait une foule d'habitudes contraires à la morale. Tout cela les chagrina fort et leur donna l'envie de s'en aller au plus vite. Chosroès, qui les avait pris en affection, fit tout ce qu'il put pour les retenir ; mais plutôt que d'accepter ses offres magnifiques, ils aimèrent mieux retourner dans leur pays, dussent-ils, en y remettant les pieds, périr de mille morts. Leur voyage cependant ne fut pas sans profit pour eux. La paix ayant été conclue à peu de temps de là entre les Perses et les Romains, une clause du traité, qui fut dicté par Chosroès, portait que les philosophies pourraient vivre en sûreté dans l'empire, sans avoir à professer d'autres opinions que celles qui convenaient à leur conscience. » Ce récit d'Agathias, « c'est de la polémique, et non pas de l'histoire », écrit Quicherat. Le propos qu'il attribue aux philosophes n'est pas vraisemblable : ce qu'ils fuyaient, c'est « la persécution, non le spectacle de la corruption humaine » – comme les nestoriens réfugiés en Perse, « le bien qu'ils allaient chercher sur la terre étrangère était la liberté ». Quant à « Chosroès Nouschirwan », ce n'était pas le « personnage ridicule unissant à l'ignorance » du barbare la « sotte prétention de vouloir passer pour un penseur ». En fait, « le commerce des néoplatoniciens exilés avec Chosroès fut plus suivi » qu'Agathias ne le donne à entendre, et le roi assez intelligent pour être « pris au sérieux par ses hôtes » et « saisir les choses les plus subtiles du raisonnement ». Preuve en est l'ouvrage de Priscien de Lydie que Quicherat découvre « traduit en latin et incomplet dans le ms. n° 1314 du fonds de Saint-Germain à la Bibliothèque impériale », annoncé sous le titre : *Prisciani philosophi solutiones eorum de quibus dubitavit Chosroes Persarum rex*. Le texte de Priscien est également édité dans le *Supplementum Aristotelicum*, v. 1, pars 2. *Prisciani Lydi quae extant : Metaphrasis in Theophrastum et solutionum ad Chosroem liber* (Edidit I. Bywater, 1886).

16. V. Cousin, *Fragments philosophiques*, III, p. 88-89.

17. ARISTOTE, *Anal. Post.* II, 19, trad. TRICOT, p. 245 (οἷον ἐν μάχῃ τροπῆς γενομένης ἑνὸς στάντος ἕτερος ἔστη, εἶθ᾽ ἕτερος, ἕως ἐπὶ ἀρχὴν ἦλθεν).

18. V. COUSIN, *Fragments philosophiques*, III, p. 83-84.

19. Voir I. HADOT, « Troisième point du premier schéma introductif : par où commencer la lecture de l'œuvre d'Aristote ? », *in* I. HADOT, *Simplicius. Commentaire sur les Catégories*, Leiden, Brill, I, 1990, p. 94-96. Sur les prologues exégétiques, *cf.* L.G. WESTERINK, « The Alexandrian Commentators and the Introductions to Their Commentaries », *in* R. SORABJI (éd.), *Aristotle Transformed. The Ancient Commentators and Their Influence*, Londres, Duckworth, 1990, p. 325-348 ; I. HADOT, « Les introductions aux commentaires exégétiques chez les auteurs néoplatoniciens et les auteurs chrétiens », *in* M. TARDIEU (éd.), *Les règles de l'interprétation*, Paris, Cerf, 1987, p. 99-122 ; I. HADOT, « The Role of the Commentaries on Aristotle in the Teaching of Philosophy according to the Prefaces of the Neoplatonic Commentaries on the Categories », *in* J. ANNAS (éd.), *Oxford Studies in Ancient Philosophy, Supplementary Volume. Aristotle and the Later Tradition*, Oxford, Clarendon Press, 1991, p. 175-189 ; J. MANSFELD, *Prolegomena. Questions to be Settled before the Study of an Author, or a Text*, Leiden, Brill (Philosophia antiqua, 61), 1994.

20. V. COUSIN, *Fragments philosophiques*, III, p. 91.

21. *Ibid.*, p. 91-92.

22. Pour tout cela, texte grec de Porphyre, traduction latine de Boèce et traduction française du grec, *cf.* PORPHYRE, *Isagoge*, § 2, trad. fr. A. DE LIBERA & A.-Ph. SEGONDS (†), Paris, Vrin (Sic et Non), 1998, p. 1. Sur la conception porphyrienne des prédicables et la théorie des catégories, *cf.* C. EVANGELIOU, *Aristotle's Categories and Porphyry*, Leiden, Brill (Philosophia Antiqua, 48), 1988 ; « Aristotle's Doctrine of Predicables and Porphyry's *Isagoge* », *Journal of the History of Philosophy*, 23 (1985), p. 15-34 ; A.C. LLOYD, « Porphyrian Semantics » dans *The Anatomy of Neoplatonism* (chap. 11), Oxford, Clarendon Press, 1990. Sur Porphyre, Aristote et Plotin, *cf.* R. CHIARADONNA, « L'interpretazione della sostanza aristotelica in Porfirio », *Elenchos*, 17 (1996), p. 55–94 et « Essence et prédication chez Porphyre et Plotin », *Revue des sciences philosophiques et théologiques*, 82 (1998), p. 577–606.

23. Autrement dit : stoïcienne. On revient en détail sur ce point dans le séminaire du 12 juin 2014.

24. *Cf.* ÉLIAS, *In Porph.* éd. BUSSE, CAG, XVIII, 1, Berlin, Reimer, 1900, p. 49, 19-20. Sur David, Élias, le « Pseudo-David » et

le Pseudo-Élias, voir l'« Introduction » aux *Prolégomènes à la philosophie de Platon*, éd. L.G. WESTERINK, trad. fr. J. TROUILLARD, avec la collaboration d'A.-Ph. SEGONDS, Paris, Belles Lettres (CUF), 1990, p. XXXI-XLII.

25. J'appelle « triangle sémantique d'Aristote » l'application au *Peri hermeneias* du triangle articulant *Thoughts, Words and Things* dans l'ouvrage désormais classique de C.K. OGDEN & I.A. RICHARDS, *The Meaning of Meaning. A Study of the Influence of Language upon Thought and of The Science of Symbolism*, New York, Harcourt, Brace & World, [8]1946 ([1]1923), p. 11.

26. En fait, ce sont moins les dialogues qui sont les Grands Mystères que ce à quoi la dialectique platonicienne donne accès : leur époptie (vision). Disons qu'ils y conduisent le « myste » (élève). À propos de l'œuvre théologique (chrétienne) du traducteur d'Aristote qu'est Boèce, A. TISSERAND note : « Le cursus néoplatonicien païen supposait que l'on aille de l'étude des petits mystères (la logique d'Aristote comprise comme organon et propédeutique) aux grands mystères (l'interprétation des dialogues de Platon) : Boèce reprend la première phase, mais remplace l'exégèse de la théologie platonicienne par celle de la théologie chrétienne. » *cf.* A. TISSERAND, *Pars theologica. Logique et théologique chez Boèce*, Paris, Vrin (Sic et Non), 2008, p. 407. L'université médiévale est la continuation de la *translatio* boécienne, le geste de Boèce continué par d'autres moyens. Une « manière » institutionnelle « de tirer profit des lettres helléniques », pour reprendre le titre d'un célèbre ouvrage de BASILE DE CÉSARÉE. *Cf. Aux jeunes gens, sur la manière de tirer profit des lettres helléniques*, trad. fr. F. BOULENGER, Paris, Belles Lettres (CUF), [3]1965 ([1]1935). Sur l'ordre de lecture des *Dialogues* chez les néoplatoniciens, *cf.* Ph. HOFFMANN, « La fonction des prologues exégétiques dans la pensée pédagogique néoplatonicienne », *in* J.-D. DUBOIS & B. ROUSSEL (éd.), *Entrer en matière. Les prologues*, Paris, Cerf (Patrimoines. Religions du Livre), 1998, p. 209-245.

Séminaire du 3 avril 2014

Résumé des acquis. — Les mots, les concepts et les choses. Du triangle sémantique d'Aristote à la redistribution/reformulation du questionnaire de Porphyre. — La sémantique du Peri hermeneias. *— Deux schémas tripartites : voix, pathêmes, choses (Aristote) ;* φωναί, νοήματα, ὄντα *(Commentateurs néoplatoniciens). — Sur la relation entre voix et pathêmes. La traduction boécienne de* κατά συνθήκην *par* ad placitum*, et ses conséquences. — Analyse archéologique du* feedback *textuel* Isagoge-Catégories-Peri hermeneias. *— Le corpus logique médiéval :* logica vetus, logica nova, logica Modernorum. *— L'*ordo disciplinae *en logique médiévale : les* Summulae logicales. *— Le* Peri hermeneias *et la théorie de la* suppositio. *— Le skopos des* Catégories *chez les Commentateurs néoplatoniciens. — La formule de Simplicius : « Les catégories sont, dans le langage qui procède de l'âme humaine, les mots simples qui signifient les réalités simples (ou genres suprêmes) par la médiation des notions simples qui sont dans l'âme ». — Ammonius et la théorie des trois états de l'universel : avant le multiple (paradigme ou Idée), dans le multiple (forme participée), après le multiple (concept abstrait).— De la psychologie à la théologie : l'Odyssée de l'universel. — La caractérisation ammonienne des concepts abstraits comme « postérieurs dans l'ordre de l'être » reprend une formule du De anima : « [...] l'animal pris universellement ou bien n'est rien ou bien est postérieur ». — La christianisation syriaque du modèle d'Ammonius : Sergius de Reshaina († 536).*

Partant de la mise en intrigue philosophique de la querelle des universaux chez Victor Cousin, nous avions noté la semaine dernière deux nécessités. D'une part, confirmant la thèse archéologique tirée de Collingwood, la nécessité de substituer aux « Problèmes » et même aux « archiproblèmes », généraux, pérennes, voire « éternels » de l'historiographie traditionnelle, des complexes de questions et de réponses (CQR), transitoires et particuliers. D'autre part, répondant en partie au défi lancé par Foucault, la nécessité d'identifier une règle, ou plutôt un type de règle *de passage d'un événement de pensée à un autre*. J'avais expliqué que la remontée à la querelle des universaux allait nous permettre d'illustrer ce type de tâche d'un double point de vue : 1) déterminer dans une archive possédant une énergie propre le ou les processus conduisant d'un CQR à un autre CQR ; 2) déterminer le *système régissant l'apparition d'une série d'énoncés,* considérés dans l'historiographie comme constituant un seul et même « problème » : « le » problème des universaux.

En somme, en remontant à Victor Cousin et à sa présentation assez particulière de la querelle des universaux, j'avais annoncé vouloir montrer que l'on pouvait, dans ce cas précis, déterminer, en termes collingwoodiens : les processus réglant les transitions entre CQR ; en termes foucaldiens : les conditions de réalité d'un ensemble articulé d'énoncés.

Dans ce but, j'avais pointé deux « faits fondamentaux » impliqués dans le passage du « questionnaire de Porphyre » au « problème des universaux », qui me semblaient répondre à leur manière à certains critères avancés par Foucault dans sa description de l'archive comme « le système définissant l'énonçabilité d'un énoncé-événement à sa racine même et dans le corps où il se donne », et au-delà « son mode d'actualité et de fonctionnement, la différenciation des discours et la spécification des durées ».

Quels sont ces faits fondamentaux ?

Premier point, qu'il faut absolument garder présent à l'esprit : l'énoncé traditionnel du problème des universaux – « les genres et les espèces sont-ils des mots, des concepts ou des choses ? » – n'est pas l'aporie originale de Porphyre, mais un effet de la *projection rétrospective* du *skopos* des *Catégories* d'Aristote sur l'*Isagoge* [*Introduction*] aux *Catégories*. C'est le point central ; le problème des universaux tel qu'on le connaît n'est pas le questionnaire de Porphyre ; c'est un recodage.

Le second fait fondamental est que la détermination du *skopos* des *Catégories* d'Aristote chez les commentateurs néo-platoniciens d'Athènes et d'Alexandrie à la fin du Vᵉ et au début du VIᵉ siècle s'est effectuée sur la base du triangle sémantique mis en place dans le chapitre premier du *Peri hermeneias* (*De interpretatione* en latin), articulant *phônai, pathêmata tês psukhês, pragmata* [1], selon des relations définies respectivement, à partir de la traduction latine de Boèce, comme la relation conventionnelle instaurée entre symboles écrits et parlés (oraux), les *voces*, avec les *pathêmes*, et la relation dite naturelle – à la fois de ressemblance et de causalité – existant entre les choses et leurs signes immédiats (psychiques) : les pathêmes, affects, passions, impressions, devenus au fil des siècles et des traductions successives de *pathêmata tês psukhês* – que ces traductions soient inter- ou intra-linguistiques, c'est-à-dire qu'elles se fassent du grec au grec, ou bien du grec à l'arabe et de l'arabe au latin – les *intentiones animae*, les intentions de l'âme. Outre *intentio*, on a utilisé le terme de *passio* (*passiones animae*) ou celui de *conceptus*. Mais tout cela c'est la même série : au départ vous avez le mot *pathêma*, *pathêmata*. Le troisième élément : les *pragmata*, que l'on pourrait traduire par « pragmes », a lui-même plusieurs équivalents, puisque le mot *pragma*, comme l'a bien montré Pierre Hadot, ne signifie pas nécessairement en grec « choses individuelles », mais peut aussi vouloir dire « état de choses » [2], et *res*, « affaire en cause » (comme dans les *Verrines* de Cicéron : *rem vobis proponam* : « laissez-moi vous exposer l'affaire »). À la longue, les commentateurs néo-platoniciens ont substitué au mot *pragmata* le mot *onta* : les « étants », de même qu'ils ont substitué au mot *pathêmata* le mot *noêmata*, les « noèmes ».

Cette polysémie donne le vertige, et pourtant vous allez voir que c'est assez simple. Partons du texte d'Aristote. Vous avez ici les expressions grecques qui correspondent au triangle sémantique d'Aristote. À la base, côté gauche : les *phônai* ; au sommet : les *pathêmata tês psukhês* ; à la base, côté droit : les *pragmata*. Cette distinction est mise en place au chapitre premier du *Peri hermeneias*, où Aristote dit :

> Il faut d'abord établir la nature du nom et celle du verbe : ensuite celle de la négation et de l'affirmation, de la proposition et du discours (trad. Tricot, p. 89).

Remarque : c'est tout le programme des fondements de la logique, puisque si vous voulez faire une théorie du syllogisme, vous devez faire une théorie de l'inférence entre propositions, donc une théorie de la proposition, donc une théorie des différentes sortes de discours, une théorie des éléments qui sont constitutifs du discours, donc des noms et des verbes qui sont les constituants de base de l'énoncé. Les noms et les verbes ont eux-mêmes des éléments : les sons émis par la voix et les signes écrits.

> Les sons émis par la voix sont les symboles des états de l'âme, et les mots écrits, les symboles des mots émis par la voix. Et de même que l'écriture n'est pas la même chez tous les hommes, les mots parlés ne sont pas non plus les mêmes, bien que les états de l'âme dont ces expressions sont les signes immédiats soient identiques chez tous, comme sont identiques aussi les choses dont ces états sont les images [3].

Où est-il traité de la relation conventionnelle existant entre les mots parlés et les concepts et de la relation dite naturelle existant entre les concepts et les choses (concepts qui ressemblent aux choses et sont causés par elles) ? On aimerait une analyse de détail. Aristote se contente d'un renvoi.

> Ce sujet a été traité dans notre livre de l'Âme, car il intéresse une discipline différente. Et de même qu'il existe dans l'âme tantôt un concept indépendant du vrai ou du faux, et tantôt un concept à qui appartient nécessairement l'un ou l'autre, ainsi en est-il pour la parole ; car c'est dans la composition et la division que consistent le vrai et le faux. En eux-mêmes les noms et les verbes sont semblables à la notion qui n'a ni composition, ni division : tels sont l'homme, le blanc, quand on n'y ajoute rien, car ils ne sont encore ni vrais, ni faux (p. 89-90).

Remarque. Par eux-mêmes les éléments du discours ne sont ni vrais ni faux : « homme » ce n'est ni vrai ni faux, mais « homme est blanc » c'est vrai ou faux. Pourquoi ? Parce qu'on a ajouté quelque chose à homme, on a ajouté *est*. Du coup ce qui est vrai ou faux, c'est cette composition *homme* et *est*. Le discours, le *logos*, va être vrai ou faux parce qu'il est composé de notions – en l'occurrence on a tout de suite compris : un nom, un verbe. Mais il ne suffit pas de composer, il va falloir un certain type de composition. Si vous mettez bout à bout deux noms, vous n'obtenez rien. Même deux noms qui s'excluent mutuellement ne donnent pas du faux. En voici une preuve : « bouc-cerf » signifie bien quelque chose, « mais il n'est encore ni vrai, ni faux, à moins d'ajouter qu'*il est* ou qu'*il n'est pas*, absolument parlant ou avec référence au temps ».

Je reprendrai tous ces éléments au fur et à mesure, mais pour que ce soit à peu près clair, voici sous forme de schéma une des figurations possibles du triangle d'Aristote, ajoutant les *grammata*, les mots écrits, aux mots parlés :

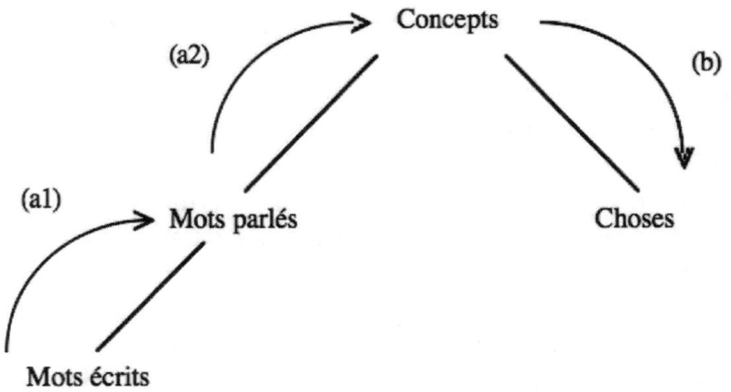

(a1) et (a2) sont des relations dites « conventionnelles », (b) est une relation dite « naturelle » : entre les concepts et les choses existent des relations de ressemblance et de causalité. Les concepts ressemblent aux choses et sont causés dans l'esprit par les choses.

Toutes sortes d'expressions peuvent figurer à la place de « mots parlés », de « concepts » et de « choses ». J'ai mis « mots », « concepts », « choses » pour que cela vous rappelle l'énoncé du *skopos* des *Catégories*, tel qu'il s'est fixé pour nous, et parce que nous en faisons un outil pour avancer dans notre archéologie de la querelle des universaux. Mais il est clair que vous pourriez revenir à la terminologie initiale : à la place de « mots parlés » avoir *phônai* ; à la place de « concepts » : *pathêmata tes psukhês* ; et à la place de « choses » : *pragmata*. Vous pourriez avoir aussi le trio qui s'est imposé petit à petit chez les commentateurs néoplatoniciens, qui met à la place des termes d'Aristote : *phônai, noêmata, onta*. Si vous trouvez cette triade vous êtes à peu près sûrs d'être chez un commentateur néoplatonicien d'Aristote. Bien sûr, vous pourriez aussi vous trouver au Moyen Âge latin et avoir à la place de *noêmata* le mot *intentiones*. Vous pourriez alors dater à peu près ce texte, parce que cela suppose que la traduction faite sur l'arabe, de textes d'Avicenne par exemple, ait été mise à disposition des locuteurs, philosophes et théologiens, latins – ce qui correspond en gros à la deuxième moitié du XIIe siècle. *Intentio* est la traduction d'un terme arabe : *ma'nâ*, qui traduisait *noêma*. Mais vous pouvez aussi, plus rarement, avoir *conceptus* ou bien conserver la série de Boèce et avoir *passiones*, qui rend bien les *pathêmata*. Selon le terme latin, vous allez pouvoir dater le moment philosophique auquel correspond le discours que vous êtes en train de lire. Est-on dans un âge gréco-latin, dans un âge arabo-latin, est-on avant la fin du XIIe, au XIIIe, au XIVe, au XVe siècle ? Les mots nous renseignent sur ce point : ce sont nos premiers historiens.

Je veux préciser une dernière chose sur la relation dite de naturalité, ou naturelle : (a1) et surtout (a2) – la relation qui lie les *phônai* aux *pathêmata*. Le grec est κατά συνθήκην [*kata sunthêken*]. Ce qui compte, pour ce qui va nous occuper maintenant, est la traduction latine de cette expression. Certains ont proposé : « par composition », ce qui expliquerait de manière additive et compositionnelle la structure même de tout le langage humain (les mots sont composés de lettres ; les lettres assemblées par composition – *kata sunthêken* – donnent un mot ; les mots assemblés donnent un discours ; les discours assemblés donnent une inférence ; trois discours assemblés donnent un syllogisme etc.). Ce serait une très belle architecture qui rendrait compte de tout le plan de l'*Organon*. C'est possible. Joseph Engels a écrit un article, dans *Vivarium,* la revue consacrée à l'histoire de la logique et de la sémantique antiques et médiévales, sur ce passage du *De interpretatione* où il défend cette interprétation [4]. Mais peu importe, d'une certaine manière, parce que l'historien fait l'histoire de l'histoire sanctionnée et pas de ce qui aurait pu être ; il ne fait pas de la *What if history* [5]. On parle de la *réalité des énoncés* et de *leurs conditions de réalité* et non de ce qu'ils auraient pu être s'ils n'étaient pas ce qu'ils sont.

La traduction de Boèce – qui est historiale, qui crée de l'histoire – rend *kata sunthêken* par *ad placitum*, littéralement « à plaisir », ou *ad beneplacitum*, « au bon plaisir. » Il y a une relation « à plaisir », qui dépend du plaisir, entre les *phônai* et les *noêmata*, ou les *pathêmata tes psukhês*. Cela signifie que cette relation dépend du locuteur, dépend du bon plaisir du locuteur ; ce n'est en rien contraint, dicté, normé, par la nature ; ça ne s'impose pas à lui, il fait ce qu'il veut. Ce locuteur peut être vous, pris individuellement, à tout instant où vous parlez, puisque, quand vous parlez, vous usez librement des mots et vous pouvez utiliser les mots en dehors de l'usage qui est le leur. Mais la thèse dominante pour rendre compte de la signification de l'expression *ad placitum*, telle que la transmet Boèce, c'est plutôt le sens de la convention, du pacte entre une pluralité d'individus.

À dire vrai, les deux sens conviennent bien : au départ une convention/pacte qui fixe un usage, et ensuite vous, qui vous y conformez ou pas [6]. Nous parlons librement, mais notre liberté consiste à utiliser ou pas les mots tels que nous les avons reçus de l'usage. C'est cela le *bene placitum* ; il est ce qui rend compte de la liberté d'un groupe de locuteurs qui instaure, met en place, un système de signes et de significations, et il est aussi une caractéristique de ce que fait chaque locuteur quand il parle. Nous ne sommes pas des machines parlantes.

En résumé : c'est du fait de ce que j'ai appelé un *feedback* textuel et conceptuel que le questionnaire de Porphyre s'est vu remplacé par un autre questionnaire : celui qui présidait au *skopos* des *Catégories*, lui-même articulé et rendu possible à partir des rudiments de sémantique mis en place dans le premier chapitre du *Peri hermeneias*. Textuel et conceptuel : cela veut dire « archéologique » – le *feedback* textuel relevant de ce que j'appelais naguère « l'histoire des corpus », et le *feedback* conceptuel, de ce que j'appelais « l'histoire des réseaux », les deux composant l'histoire « épistémique », que je tente à présent de développer sous le titre d'« archéologie philosophique ».

Je reprendrai archéologiquement certains aspects remarquables de cette trajectoire, qui, pour rendre possible la lecture d'un texte (l'*Isagoge*), suit, au niveau de la mise en place des structures, distinctions, outils fondamentaux, la trajectoire inverse de l'ordre de lecture effectivement suivi dans les écoles de l'Antiquité tardive, puis l'exégèse médiévale. Dans ces écoles, en effet, on lit et on explique en premier l'*Isagoge* – le premier cours porte sur l'*Isagoge*. Mais bien que tout parte de lui, la lumière qu'il va nous permettre de jeter sur ce qui suit vient de ce qui précède, à savoir du *Peri hermeneias*. À certaines exceptions près, le *Peri hermeneias* suit toujours, dans l'ordre de lecture, les *Catégories*, il est le troisième texte. À certaines exceptions près, dis-je, qui font venir au premier plan le *Peri hermeneias*. Ces exceptions sont donc dignes d'intérêt puisqu'elles font du *Peri hermeneias* le premier texte de l'*Organon*, et donc le premier texte de la philosophie tout court [7].

J'avais étudié cela il y a bien longtemps, dans un travail intitulé *Textualité logique et forme summuliste* [8]. Ce titre indique le moment où se constitue la logique que l'on appelait, à l'époque, « moderne » – les médiévaux ne sachant pas qu'ils vivaient au Moyen Âge, comme j'ai eu l'occasion de le dire après Gilson. À une certaine époque apparaît ce que l'on appelle *Logica Modernorum*, la « logique des modernes » [9], qui est en fait la logique des médiévaux à partir du moment où ils se distinguent, par leurs productions propres, de ce qu'on appelle à l'époque la *Logica vetus* : les deux premiers textes de l'*Organon*, qui ont toujours été à disposition des Latins depuis la fin de l'Antiquité jusqu'au Moyen Âge et de la *Logica nova*, c'est-à-dire les traductions du reste de l'*Organon*, qui sont arrivées vers la fin du XIIe siècle. La *Logica Modernorum* ce n'est pas du Aristote, c'est ce que l'on a ajouté à Aristote ; c'est ce que « nous, modernes » (*nos, Moderni* ou *moderni Latini*, comme ils s'appelaient eux-mêmes) avons su produire.

Ces « modernes » ont constitué une science, la logique, construite sur la recherche de l'ordre idéal d'exposition d'une science : *l'ordo disciplinae* – c'est l'expression de l'époque – qui caractérise toute la fin du XIIe et le début du XIIIe siècle. Cette quête de l'*ordo disciplinae* s'applique aux logiciens qui cherchent l'ordre idéal d'exposition des matières qui constituent la logique comme science. Mais, comme l'a bien montré Marie-Dominique Chenu dans une série d'ouvrages remarquables, l'*ordo disciplinae* c'est aussi le mot d'ordre de tous ceux qui vont essayer d'organiser le savoir théologique [10]. C'est ce qui explique que l'on va remettre en ordre le corpus d'Aristote mais aussi y ajouter ce qui n'y est pas et qui manque à la discipline, pour en faire non plus un corpus mais véritablement une science qu'on expose, développe et construit sur des bases nouvelles [11]. On passe de la réorganisation du corpus à la production de théories nouvelles qui comblent les manques de l'*Organon* et introduisent des développements nouveaux. Ces développements sont présentés dans un genre d'écrits que l'on appelle les « sommes de logique » *(Summulae logicales* ou *Summae logicae)*. Et, bien sûr, on peut faire le parallèle avec la théologie et les « sommes de théologie. » L'unité de travail en est l'article, l'article est une question, une question disputée. Parfois il s'agit d'une question que l'auteur dispute avec lui-même – ce qui fait qu'on pense à la fois avec soi-même et contre soi-même – mais la plupart du temps il s'agit de la reprise de discussions qui ont eu lieu dans l'université (c'est pourquoi je disais que l'université, à un moment, *devient son propre corpus* [12] et qu'il y a au fond deux corpus médiévaux : le corpus d'Aristote et ce qui vient s'y ajouter par le travail intellectuel des universités médiévales).

Dans certaines sommes de logique, la première chose que l'on remarque est que le *Peri hermeneias* vient en tête. Il est le premier texte que l'on explique, décortique et met sous forme de théorie. Pourquoi ? Parce que d'entrée de jeu on va avoir à formuler une sémantique nouvelle. Lorsque l'on écrit une somme, on doit se poser cette question : à quel endroit dois-je parler de la différence fondamentale que font les médiévaux « modernes » à la fin du XIIe siècle entre la *significatio* et la *suppositio* ? On traduit généralement *suppositio* par « référence », sur un modèle frégéen – ce qui rend bien la propriété sémantique, « référentielle », du terme, mais pas sa propriété syntaxique. Or la *suppositio* est une relation syntactico-sémantique [13]. « Supposer », c'est servir de sujet dans un énoncé pour y accomplir une certaine performance qui est de référer ou de renvoyer à des sujets qui sont le sujet du discours. Le discours porte sur des choses qui sont le sujet du discours (*de quoi* parle ce discours, cet énoncé ?).

On trouve alors *suppositio* et *supponere* à un croisement remarquable qui est très important pour l'archéologie du sujet : le sujet d'une proposition renvoie en même temps au sujet de la phrase, c'est-à-dire ce sur quoi porte la phrase, ce dont elle nous parle. C'est le même mot. *Supponere pro* : un mot *suppose*, c'est-à-dire fonctionne comme sujet dans une phrase, « *pro* » : en étant mis à la place de la chose qui est le sujet du discours. Par exemple : Homme, *homo*, signifie « animal raisonnable mortel ». Quelle est la supposition de « homme » ? C'est ce qui compose la liste totale de son extension : tous les hommes. « Un homme court » : puisque homme signifie « animal raisonnable mortel » je pourrais dire « un animal raisonnable mortel court ». Mais à quoi *renvoie* ce mot ? Peut-être à quelqu'un qui se livre à cet exercice de torture qui consiste à aller *jogger* dans les rues. Un homme quelconque, un homme « vague », l'homme en général : c'est selon.

Signification/référence ; contenu intensionnel/contenu extensionnel ; *significatio/suppositio*. Avant de reprendre archéologiquement ces « aspects remarquables », je dois revenir un instant sur la réserve opérée par Porphyre de son propre questionnaire à « une recherche très profonde » et à l'« autre examen, beaucoup plus long » qu'exige la considération « plus logique » de ceux du *Peripatos*. Porphyre nous dit : je ne parlerai pas des questions que je viens de formuler parce que le *skopos* des *Catégories*, considérées comme un texte de logique, me l'interdit. C'est le moment de se rappeler que ce que nous appelons les *Catégories* d'Aristote est un titre que cet ouvrage porte dans une partie de la tradition ; mais, dans une autre partie de la tradition, ce texte est appelé « *Avant les Topiques* » [14]. Ce n'est pas un titre extraordinairement vendeur, c'est sûr, mais ça dit bien quelque chose : cela conditionne la place de l'ouvrage dans l'*Organon* et sa signification [15]. Si les *Catégories* sont en tête de l'*Organon*, alors elles conditionnent toute l'étude de la philosophie – elles en sont le portail, l'entrée ; mais si elles sont « avant les *Topiques* », elles conditionnent simplement l'étude de l'argumentation. Elles sont l'introduction nécessaire à la théorie de l'argumentation exposée dans les *Topiques* et dont les formes « morbides » sont exposées dans les *Réfutations sophistiques*.

Évidemment, la question va rejaillir sur l'*Isagoge* : s'agit-il d'une introduction aux *Catégories* ou d'une introduction aux *Topiques* ?

Sur ce point, faisons deux observations. L'une qui nous ramène à Athènes, l'autre à Alexandrie, quelques années avant la fermeture de l'une et le passage de l'autre au christianisme.

Simplicius († 532), le dernier grand philosophe de l'école d'Athènes, a dressé le tableau complet de l'exégèse antique, et imposé à la question du *skopos* des *Catégories* une solution qui a assuré à la fois la mise en place et le triomphe de ce que j'ai appelé le *feedback* textuel, conditionnant l'émergence du problème « moderne » des universaux. Dans son commentaire des *Catégories*, Simplicius rappelle les trois visions entièrement discordantes du *skopos* de l'œuvre d'Aristote, discordance que nous lisons nous-mêmes aujourd'hui à partir d'une distinction entre disciplines, dont aucune n'existait comme telle au VIe siècle, ni *a fortiori* ne portait le nom que nous leur donnons à présent, pas plus d'ailleurs que n'existaient, à l'époque, les positions et les écoles que Cousin, traitant des universaux, appelle *nominalisme, conceptualisme* et *réalisme*.

Selon Simplicius, la première lecture du *skopos* des *Catégories*, dite aujourd'hui « linguistique », assimile les catégories à des mots ; la deuxième, dite aujourd'hui « ontologique », à des choses ; la troisième, dite aujourd'hui, « psychologique », à des concepts. Pour Simplicius, aucune n'est la bonne. La bonne lecture prend les *trois ensemble* et soutient que les *Catégories* traitent *des mots en tant qu'ils renvoient aux choses par la médiation des concepts*. À ses yeux, clairement, comme je le disais précédemment, la notion aristotélicienne de « catégorie » articule originairement les composants fondamentaux sur lesquels s'édifient tout l'*Organon*, c'est-à-dire toute la logique, et, au-delà, toute la philosophie naturelle : φωναί, ὄντα, νοήματα – voix, étants, noèmes. Ou plutôt, si l'on reprend le triangle sémantique : voix (mots), noèmes, étants :

> ... les catégories sont, dans le langage qui procède de l'âme humaine, les mots simples qui signifient les réalités simples (ou genres suprêmes) par la médiation des notions simples qui sont dans l'âme [16].

Le dernier grand philosophe païen de l'école d'Alexandrie, Ammonius († entre 517 et 526), qui avait été le maître de Simplicius, soutient la même doctrine « synthétique ». (Tous ces philosophes se connaissent : Simplicius a étudié à Alexandrie sous Ammonius, puis, à Athènes, avec Damascius. Ammonius, lui, reste à Alexandrie. Son assistant et protecteur, Jean Philopon, qui est chrétien, transcrit ses cours, les met en circulation et, d'une certaine façon, sauve l'école d'Alexandrie. C'est lui qui assure le passage de la philosophie alexandrine à ce qu'elle va continuer d'être une fois christianisée : une école de *philosophie* [17].)

Dans les *Catégories,* Aristote ne traite pas seulement des « noms » et des « verbes », tels que les définit le *Peri hermeneias* – j'y reviendrai dans un instant [18] – « mais de la première imposition des mots simples signifiant les réalités simples, par le biais des concepts simples ».

Qu'est-ce que des « mots simples » ? Et pourquoi n'y en a-t-il que dix ? Les mots simples sont ce que Porphyre appelait les « dix genres qui servent à mettre en cause ». (Cette formule est remarquable quand on n'a pas oublié le premier sens qu'avait eu κατηγορεῖν en grec : *accuser*, puis son deuxième sens : *attribuer* – je vous renvoie sur ce point au cours du 27 mars 2014. Ici, les dix genres de prédications, les dix façons d'attribuer quelque chose à quelque chose, sont appelés, avec Porphyre, les dix genres qui servent à « mettre en cause ». Il est intéressant de relever cette trace de l'étymologie de κατηγορεῖν [19].) Ce sont les dix prédications, les dix genres de « catégorisations » correspondant aux dix genres d'êtres ou d'étants » : essence, qualité (comment ?), quantité (combien ?), relation (relatif à), lieu (où ?), temps (quand ?), position (posture), possession (avoir), action (faire), passion (subir).

Ammonius fait plus. Il aborde frontalement la question que Porphyre a réservée à une autre science « plus élevée » : entendons, la philosophie première, ou plutôt la théologie. Il propose une théorie qui articule, en la dynamisant dans une sorte de trajet d'instanciation orienté, trois sortes de statuts de l'universel correspondant à trois conceptions et disciplines, dont l'articulation, à son tour, correspond à une synthèse du platonisme et de l'aristotélisme. Rappelez-vous que les néoplatoniciens ont un cursus qui commence par l'étude d'Aristote pour s'élever jusqu'aux dialogues de Platon. Dans la théorie même qui est donnée des universaux on va orchestrer d'avance l'accord, la symphonie de Platon et d'Aristote : les trois états de l'universel rendent possible une réponse raisonnée au questionnaire de Porphyre – une réponse à la fois aristotélicienne et platonicienne – et préparent tout le cursus scolaire qui vous fera aller lentement de l'*Organon* jusqu'aux sublimes et derniers dialogues de Platon. On va donc s'élever de la logique à la théologie, mais pour cela, comme d'habitude, il y a une inversion de trajectoire. Pour s'élever de la logique à la théologie on suit un ordre qui, au fond, est l'ordre inverse de ce qui se passe dans la production de ce bas monde, de la descente de l'universel dans le particulier.

Il y a, dit Ammonius, trois états de l'universel :

Avant le multiple (πρὸ τῶν πολλῶν) ;
Dans le multiple (ἐν τοῖς πολλοῖς) ;
Après le multiple (ἐπὶ τοῖς πολλοῖς).

L'universel antérieur au multiple c'est l'universel platonicien, la Forme, l'Idée, l'universel que l'on dira un jour « théologique ». L'universel dans le multiple est à la fois platonicien et aristotélicien ; c'est la Forme engagée dans la matière, descendue dans la matière, particularisée dans le particulier ; c'est l'universel que l'on dira, à un certain moment de l'histoire, « physique ». L'universel postérieur au multiple, c'est celui que l'on dira – au choix – « logique » ou « psychologique ».

Cette théorie, que l'on peut appeler « théorie des trois états de l'universel »[20] intègre les thèses de Platon sur « l'universel non instancié » (c'est l'expression qu'emploie D. Armstrong dans *Les Universaux, une introduction partisane*[21]. Un *universel non instancié* est un universel qui n'est pas particularisé dans un particulier, qui n'est pas engagé dans une matière, c'est celui qui n'est exemplifié en rien, détaché de tout. C'est l'Idée platonicienne) ; elle intègre aussi celles d'Aristote sur l'universel instancié et celles d'Alexandre sur l'abstraction (l'universel abstrait est celui qui n'existe que dans l'âme et celui dont on parle en logique. D'où le fait qu'on le dise tantôt « psychologique », tantôt « logique »).

Elle résout symphoniquement le problème des universaux – pour une longue période, puisqu'on la retrouve aussi bien chez Avicenne que chez Albert le Grand, et dans la scolastique tardive – notamment chez les albertistes du XVe, tel Jean de Maisonneuve, impliqués dans la situation ayant abouti à Paris à la promulgation antinominaliste de l'édit de Senlis. Jean de Maisonneuve était le leader des réalistes. Il pratiquait une forme de discussion philosophique qui, je pense, pourrait tout à fait réussir de nos jours, consistant à ne pas parler avec ses adversaires. Il avait organisé le boycott des cours des nominalistes ; personne n'allait discuter avec eux[22]. Mais comme ça ne suffisait pas, on décida de clouer leurs livres – mesure transitoire, comme vous le savez.

Naturellement, on retrouve la théorie d'Ammonius dans le commentaire des *Catégories* de Simplicius, avec une terminologie légèrement différente, mais identique sur le fond, ce pour quoi on peut véritablement parler d'une théorie néoplatonicienne des trois états de l'universel (Simplicius est d'ailleurs une mine d'informations, de par les nombreuses sources qu'il cite soigneusement : Boethus, Andronicus, Archytas, Maximus, Alexandre d'Aphrodise, Théophraste, Plotin, Damascius, Lucius, Nicostrate, Herminus, Syrianus, Dexippe, le commentaire « par questions et réponses » de Porphyre, et surtout Jamblique, le disciple de Porphyre, ainsi que de larges extraits de son propre ouvrage, aujourd'hui perdu, sur la logique d'Aristote[23]).

La théorie néoplatonicienne des trois états de l'universel, telle que l'expose Ammonius distingue donc trois états :

1. Avant le multiple (πρὸ τῶν πολλῶν) : les modèles ou paradigmes, les genres et les espèces subsistant dans l'intellect démiurgique [le fameux Démiurge du *Timée* dont, selon les néoplatoniciens, l'intellect est rempli de genres et d'espèces, de modèles ou de paradigmes. Vous voyez que tout est prêt pour christianiser Platon. Une fois que les paradigmes sont dans l'intellect du Démiurge, il n'a plus besoin de regarder en-dehors vers ces Formes qui existent indépendamment de son intellect. C'est une liquidation du platonisme. Les rares personnes qui ont voulu dire que les universaux existent *in re*, à l'extérieur de la pensée divine – c'est la vraie théorie platonicienne, où le Démiurge regarde vers ces Formes – par exemple Jérôme de Prague au Moyen Âge tardif, ont été brûlées pour cela.]

2. Dans le multiple (ἐν τοῖς πολλοῖς) : les formes participées, engagées dans la matière.

3. Après le multiple (ἐπὶ τοῖς πολλοῖς) : les concepts abstraits, et « postérieurs dans l'ordre de l'être »

Le dernier qualificatif du dispositif, en deux parties : « après le multiple » et « postérieur », correspond à l'intégration d'un autre philosophème, issu précisément d'un texte psychologique d'Aristote, le *De anima*, où l'expression figure dans un énoncé qui a fait l'objet, de son côté, d'un traitement autonome et de divers CQR, particulièrement chez Alexandre d'Aphrodise :

... τὸ δὲ ζῷον τὸ καθόλου ἤτοι οὐθέν ἐστιν ἢ ὕστερον.

... l'animal pris universellement *ou bien n'est rien ou bien est postérieur*[24].

Postérieur, c'est-à-dire « engendré en dernier », après les animaux particuliers, sensibles, physiques. Il n'y a l'« Animal » qu'après les animaux. Il est postérieur ou alors il n'y a rien du tout : en somme il n'y a pas d'Universel.

Dans le commentaire de Simplicius, on a :

> (1) l'universel « exempt des singuliers », cause de la « communauté présente en eux, en vertu de l'unité de sa nature » ;
>
> (2) l'universel commun « distribué en plusieurs espèces distinctes par la cause commune et inhérent à elles » ;
>
> (3) l'universel « subsistant dans notre intellect par abstraction, postérieur dans l'ordre de l'être, et recevant au sens fondamental la raison de communauté et de non-différence »[25].

Vous voyez que c'est sous une terminologie différente et passablement plus compliquée que Simplicius introduit les trois états de l'Universel. Nous n'avons pas le temps de préciser cela, mais revenons au texte beaucoup plus simple où Ammonius essaie de nous faire comprendre ce qu'on pourrait appeler « l'Odyssée de l'Universel » : cette trajectoire d'instanciation qui va de l'un au multiple en passant par trois états, trois phases. Voici l'Odyssée de l'Universel selon Ammonius, et voici du même coup sa méthode philosophique dite de symphonie, d'accord ou de concorde entre Platon et Aristote :

> Pour éclaircir ce que le texte [de Porphyre] veut dire, présentons-le au moyen d'un exemple, car il n'est pas vrai que [les philosophes] désignent simplement et au hasard telles choses comme des corps, telles autres comme des incorporels, mais ils le font au terme d'un raisonnement, et ils ne se contredisent pas non plus les uns les autres, car chacun d'eux dit des choses raisonnables. Imaginons donc un anneau, avec une empreinte [représentant] par exemple Achille, ainsi qu'une multitude de pains de cire ; supposons que l'anneau marque de son sceau tous les pains de cire ; supposons maintenant que quelqu'un vienne plus tard et qu'il regarde les pains de cire, en constatant que toutes [les marques] viennent d'une unique empreinte : il aura en lui-même la marque, c'est-à-dire l'empreinte dans sa faculté discursive *(dianoia)* ; on peut donc dire que le sceau sur l'anneau est « antérieur aux multiples » ; que la marque dans les pains de cire

est « dans les multiples », tandis que celle qui est dans la faculté discursive de celui qui l'a, imprimée, est « postérieure aux multiples » et « postérieure dans l'ordre de l'être ». Eh bien, c'est cela qu'il faut comprendre dans le cas des genres et des espèces [26].

Il ne faut pas attendre le Moyen Âge « central », comme on dit aujourd'hui, autrement dit l'Âge scolastique, l'Âge latin des universités, pour assister à la christianisation du modèle. Celle-ci est acquise, quasi instantanément, chez les chrétiens syriaques, comme en témoigne le commentaire de Sergius de Reshaina († 536). Voici son texte, en guise de conclusion.

> Les espèces et les genres des choses se divisent [ainsi]. Les uns sont auprès du Créateur [notez le « auprès » – *apud* en latin. Où entend-on cela ? Dans le *Prologue de l'Évangile de Jean* : c'est la création dans le Verbe. *Apud Deum*, cela veut dire *en Dieu*. Auprès du Créateur cela veut dire *dans le Créateur*] et ils sont dits simples et premiers. D'autres sont dans les matières, et ils sont appelés matériels et naturels. D'autres sont dans l'intellect, et ils sont dits derniers et intellectuels. C'est ce qu'enseignent sur les genres et les espèces Platon et les autres membres de l'Académie, en disant que toute chose quelle qu'elle soit, qui est naturellement dans le monde, a sa propre espèce et possède aussi une espèce propre auprès de son Créateur, qui a sa subsistance propre, par laquelle [la chose dans le monde] a été imprimée et est venue ici-bas à l'existence. Et lorsque quelqu'un la voit, il prend alors son espèce dans sa mémoire, et elle a sa subsistance dans sa pensée, si bien que cette espèce existe de trois façons, à savoir : auprès du Créateur, dans la chose même, et dans la mémoire de celui qui l'a vue, c'est-à-dire la connaît [27].

Notes

1. Sur la notion de *skopos* et son rôle dans l'exégèse philosophique néoplatonicienne, *cf.* Ph. Hoffmann, « Catégories et langage selon Simplicius. La question du *'skopos'* du traité aristotélicien des *Catégories* », *in* I. Hadot (éd.), *Simplicius. Sa vie, son œuvre, sa survie. Actes du colloque international de Paris, 28 sept.-1er oct. 1985*, Berlin-New York, W. de Gruyter (Peripatoi, 15), 1987, p. 61-90.

2. *Cf.* P. Hadot, « Sur divers sens du mot *PRAGMA* dans la tradition philosophique grecque », *in* P. Aubenque (éd.) *Concepts et catégories dans la pensée antique*, Paris, Vrin, 1980, p. 309-319 (repris dans *Études de philosophie ancienne*, Paris, Belles Lettres, 1998, p. 61-76).

3. La traduction Tricot – Aristote, *Organon I et II. Catégories. De l'interprétation*, Paris, Vrin (Bibliothèque des textes philosophiques), 1994, p. 89 –, citée ici, correspond à la lecture de la quasi-totalité des traducteurs et commentateurs grecs, latins, arabes et modernes, selon laquelle les mots, écrits et parlés, sont signes « en premier lieu » *(hôn, protôn,* ou *prôtôs)* des affections de l'âme, et en « second lieu » des choses elles-mêmes que ces affections représentent. Dans cette perspective, il n'y a pas de différence fondamentale entre *sêmeion* et *sumbolon* (les sons vocaux, dit Ammonius en 19, 34, sont *sumbola kai sêmeia*, « symboles et [ou : c'est-à-dire] signes des pensées ». Comme le rappelle l'article « Signe, symbole » du *Vocabulaire européen des philosophies* (sous la dir. de B. Cassin, Paris, Le Robert-Seuil, 2004), p. 1161, une seconde interprétation, minoritaire, suggérée par certains commentaires d'Ammonius et de Boèce « comprend qu'il s'agit dans ces phrases de deux descriptions emboîtées du langage : les sons de la voix *(tauta)*, humaine mais aussi animale, sont d'abord des signes naturels (l'adverbe *prôtôs* porte sur *sêmeia*) des affections de l'âme et, ensuite seulement, deviennent, dans le cas du langage articulé propre aux hommes et donc dans le

cadre de la différence des langues, les symboles conventionnels *(sumbola)* de ces affections, comme les lettres sont les symboles conventionnels des sons articulés. » *Cf.*, sur ce point, N. KRETZMANN, « Aristotle on Spoken Sound Significant by Convention », *in* J. CORCORAN (éd.), *Ancient Logic and Its Modern Interpretations*, Dordrecht-Boston, Reidel, 1974, p. 4-21 ; J. PÉPIN, « ΣΥΜΒΟΛΑ, ΣΗΜΕΙΑ, ῾ΟΜΟΙΩΜΑΤΑ. À Propos de *De interpretatione* l, 16 a 3-8 et *Politique* VIII, 5, 1340 a 6-39 », *in* P. MORAUX (éd.), *Aristoteles Werk und Wirkung*, t. I, J. WIESNER (éd.), *Aristoteles und seine Schule*, Berlin-New York, De Gruyter, 1985, p. 22-43. La traduction Pépin (p. 30, légèrement modifiée) donne : « Mais il faut savoir que les sons émis par la voix sont des symboles des affections qui sont dans l'âme, et les traces que l'on en écrit sont des symboles des sons émis par la voix. Et tout comme les lettres de l'écriture ne sont pas les mêmes pour tous les hommes, les émissions de voix ne sont pas non plus les mêmes ; en revanche, ce dont ces sons émis par la voix sont en premier lieu des signes, c'est-à-dire les affections de l'âme, sont les mêmes chez tous, comme sont les mêmes déjà les choses à quoi ces affections ressemblent. » Pour le commentaire d'Ammonius, voir *In Aristotelis De Interpretatione Commentarius*, éd. A. BUSSE, Berlin, G. Reimer, CAG, IV, 5, 1897 ; trad. fr. des chap. 1-5, par J. LALLOT & F. ILDEFONSE, *Archives et documents de la Société d'histoire et d'épistémologie des sciences du langage*, sec. série 7, 1992, p. 1-91.

4. J. ENGELS, « Origine, sens et survie du terme boécien *secundum placitum* », *Vivarium*, I/2 (1963), p. 87-114.

5. Sur la « *What if History* » ou uchronie, *cf.* E.B. HENRIET, *L'Histoire revisitée. Panorama de l'uchronie sous toutes ses formes*, Paris, Belles Lettres, [2]2005.

6. Les deux conceptions de la « convention » langagière-linguistique : collective et individuelle, originelle et « continuée », sont explicitement articulées au XIIIe siècle par ROGER BACON. *Cf.*, sur ce point, A. DE LIBERA, « Les Mots, les concepts, les choses. Théorie du signe et sémantique des propositions chez Roger Bacon », *in* P. LEGENDRE (éd.), *Du pouvoir de diviser les mots et les choses*, Bruxelles, É. Van Balberghe-Y. Gevaert (Travaux du Centre européen pour l'étude de la filiation, 2), 1998, p. 71-98.

7. C'est le cas des *Introductiones in logicam* de GUILLAUME DE SHERWOOD, des *Tractatus (Summulae logicales)* de PIERRE D'ESPAGNE, de la *Summa logicae* de LAMBERT D'AUXERRE (DE LAGNY), de l'anonyme *Dialectica Monacensis* et d'un certain nombre de textes édités par L.M. DE RIJK, dans la *Logica Modernorum*, qui ont la

particularité supplémentaire de ne pas contenir de traité des catégories : *Introductiones montanae minores*, éd. *Logica Modernorum* II/2, p. 7-71, *De arte dialectica* (*Excerpta norimbergensia*, I), *ibid.*, p. 113-126, *Ars Emmerana*, *ibid.*, p. 147-174, *Ars Burana*, *ibid.*, p. 179-213. J. Isaac est le premier à avoir souligné que les manuels de dialectique du XIIe siècle issus de l'introduction de l'*Aristoteles novus* dans le corpus de la « logique » présentaient « la particularité remarquable de commencer l'étude des prédicables et des prédicaments après un exposé des notions faisant l'objet du *Peri hermeneias* : *sonus, vox, nomen, verbum, oratio, propositio, oppositio* ». *Cf.* J. Isaac, *Le Peri hermeneias en Occident de Boèce à saint Thomas*, Paris, Vrin, 1953, p. 57 -58. Sur l'histoire de la réception de l'*Organon*, voir la somme de J. Brumberg-Chaumont (éd.), *Ad notitiam ignoti. L''Organon' dans la 'translatio studiorum' à l'époque d'Albert le Grand,* Turnhout, Brepols, 2013 (Studia Artistarum, 37).

8. *Cf.* A. de Libera, « Textualité logique et forme summuliste », *in* L. Brind'Amour et E. Vance (éd.) *Archéologie du signe*, Toronto, Pontifical Institute of Mediaeval Studies (Papers in Mediaeval Studies, 3), 1983, p. 213-223.

9. *Cf.* L.M. De Rijk, *Logica Modernorum. A Contribution to the History of Early Terminist Logic*. Vol. I : *On the Twelfth Century Theory of Fallacy*, Assen, Van Gorcum, 1962 ; vol. II, part I : *The Origin and Early Development of the Theory of Supposition* ; part II : *Texts and Indices*, Assen, Van Gorcum, 1967.

10. Sur l'*ordo disciplinae*, *cf.* M.-D. Chenu, *Introduction à l'étude de saint Thomas d'Aquin*, Paris, Vrin (Université de Montréal. Publications de l'Institut d'études médiévales, 11), 1993, p. 258-259.

11. La production d'une « science » par refonte, suture et retextualisation du corpus aristotélicien est l'objectif explicite d'Albert le Grand : construire une *scientia perfecta*. Les lacunes du *corpus* sont réelles. Ce sont parfois des parties entières d'un livre qui manquent, ce sont aussi, plus rarement, des livres entiers qui restent à écrire, soit qu'Aristote les ait rédigés et qu'ils n'aient pas été transmis en latin, soit, plus simplement, qu'il n'ait rien écrit sur le sujet. Dans ce cas, Albert se substitue au Stagirite. *Cf.* Albert le Grand, *Physica*, I, 1, 1 ; éd. P. Hoßfeld, vol. I *(Pars I, libri 1-4)*, 1987, Munster, Aschendorff, 1987, p. 1, 27-30 : « Et addemus etiam alicubi partes librorum imperfectas et alicubi libros intermissos vel omissos, quos vel Aristoteles non fecit vel forte si fecit, ad nos non pervenerunt. » Dans son travail de réécriture et de complément, Albert recourt massivement à Avicenne, principalement en métaphysique. *Cf.*, sur

ce point, A. Bertolacci, « *Subtilius speculando*. Le citazioni implicite della *Philosophia prima* di Avicenna nel Commento alla *Metafisica* di Alberto Magno », *Documenti e Studi sulla Tradizione Filosofica Medievale*, IX, 1998, p. 261-339 et, du même, « Le citazioni implicite della *Philosophia prima* di Avicenna nel Commento alla *Metafisica* di Alberto Magno : analisi tipologica », *ibid.*, XII, 2001, p. 179-274. Sur la méthode d'Albert, *cf.* Th. Ricklin, « Albert le Grand, commentateur : L'exemple du *De somno et vigilia III, 1* », *in* F. Cheneval, R. Imbach & Th. Ricklin (éd.), *Albert le Grand et sa réception au Moyen Âge*, numéro spécial du *Freiburger Zeitschrift für Philosophie und Theologie*, 45/1-2 (1998), p. 31-55.

12. Sur cette expression voir A. de Libera, « Pensée médiévale. Périodisation et corpus », *Encyclopedia universalis*, p. 842 ; en ligne : www.universalis.fr/encyclopedie/moyen-age-la-pensee-medievale ; voir également « La logique de la discussion dans l'Université médiévale », *in* M. Meyer et A. Lempereur (éd.), *Figures et conflits rhétoriques*. Journées-séminaires des 19 et 20 janvier 1990, Bruxelles, Centre européen pour l'étude de l'argumentation, Bruxelles, Éd. de l'Université de Bruxelles, 1990, p. 59-81.

13. Sur la théorie médiévale de la supposition, voir en priorité E.P. Bos (éd.), *Medieval Supposition Theory Revisited*, Leiden, Brill, 2013 [également publié comme volume 51/1-4 (2013) de *Vivarium*], rassemblant les communications du XVIIe European Symposium on Medieval Logic and Semantics, tenu à l'université de Leyde, pour célébrer, sous le titre *The Rise and Development of Supposition Theory*, l'anniversaire de la parution du premier volume de la *Logica Modernorum* (1962-1967) de L.M. De Rijk, disparu le 30 juin 2012, en laissant une œuvre d'éditeur, d'historien et de philosophe qui domine notre époque. Pour aller plus loin, voir la bibliographie de De Rijk par R. Corazzon sur www.ontology.co/biblio/de-rijk.htm. Une (petite) partie des articles de De Rijk sur la logique et la sémantique médiévales est reproduite dans E.P. Bos (éd.), *Through Language to Reality. Studies in Medieval Semantics and Metaphysics*, Northampton, Variorum Reprints, 1989. Sur la *suppositio* et la *significatio*, on peut également consulter l'article « Supposition » (A. de Libera) du *Vocabulaire européen des philosophies*, éd. cit., p. 1254-1260 et, du même, « Supposition naturelle et appellation. Aspects de la sémantique parisienne au XIIIe siècle », *in* A. de Libera (éd.), *Sémantiques médiévales. Cinq études sur la logique et la grammaire au Moyen Âge*, *Histoire, Épistémologie, Langage,* fasc. 3/1, p. 63-77 et « The Oxford and Paris Traditions in Logic », *in* N. Kretzmann,

A. Kenny, & J. Pinborg (éd.), *The Cambridge History of Later Mediaeval Philosophy,* Cambridge (G.B.), p. 147-187.

14. Le titre même de *Catégories* est contesté par certains historiens, dont R. Bodéüs, qui restitue, dit-il, la leçon des plus anciens « catalogues » et de la plupart des « auteurs » : *Pro tôn topôn*, c'est-à-dire *Avant les lieux*, dans sa nouvelle édition du texte aristotélicien. *Cf.* Aristote, *[Catégories]*, texte établi et traduit par R. Bodéüs, Paris, Belles Lettres (cuf), 2001. Sur cette édition, voir J. Barnes, « The Aristotelian Categories », *The Classical Review (New Series)*, 53, 2003, p 59-62.

15. Sur la question des titres, *cf.* Ph. Hoffmann, « La problématique du titre des traités d'Aristote selon les commentateurs grecs. Quelques exemples », *in* J.-C. Fredouille *et al.* (éd.), *Titres et articulations du texte dans les œuvres antiques.* Actes du colloque international de Chantilly, 13-15 décembre 1994, Paris, Institut d'études augustiniennes (Études augustiniennes, série Antiquité, 152), 1997, p. 75-103.

16. Ph. Hoffmann, « Catégories et langage... », p. 67, qui synthétise : Simplicius, *In Arist. Cat.*, p. 13, 18-21, Philopon, *In Arist. Cat.*, p. 9, 34-10, 8, Olympiodore, *In Arist. Cat.*, p. 21, 14-20 et Élias, *In Arist. Cat.*, p. 131, 15-19.

17. On notera ici la coïncidence des dates. L'année même où Justinien ferme l'école néoplatonicienne d'Athènes, 519, provoquant du même coup l'exil en Perse des derniers philosophes athéniens, Jean Philopon publie à Alexandrie un traité contre le plus grand philosophe de l'école d'Athènes, Proclus, mort en 485 : *De Aeternitate mundi contra Proclum.* Jean Philopon est un chrétien, un « laïc militant », qui sert de couverture à Ammonius, puisque, comme le note H.-D. Saffrey, « dès 517 et probablement déjà sensiblement avant cette date », il met au point et publie, « sous son nom accolé au sien » les cours de son maître. En rédigeant « au moment opportun une réfutation en règle de Proclus », Philopon désolidarise « le sort de l'École d'Athènes et celui de l'École d'Alexandrie ». L'école est sauvée, mais elle devient chrétienne. La génération qui succède à Philopon, « celle d'Olympiodore, d'Étienne d'Alexandrie, et de leurs élèves David et Élie », achève de la christianiser. Cependant, note Saffrey, même après la conquête arabe elle maintient « un enseignement constant d'Aristote ». *Cf.* H-D. Saffrey, « Le chrétien Jean Philopon et la survivance de l'école d'Alexandrie au vi^e s. », *Revue des études grecques*, LXVII (1954), p. 396-410. Pour une actualisation des vues sur Philopon,

voir l'article (en ligne) de Ch. Wildberg, « John Philoponus », dans la *Stanford Encyclopedia of Philosophy*.

18. *Cf.* Ammonius, *In Arist. Cat.*, *Prolegomena*, trad. S. Marc Cohen-G. Matthews, *Ammonius. On Aristotle Categories*, Londres, Duckworth (Ancient Commentators on Aristotle), ^{1}1991 [Londres-New York, Bloomsbury Academic, ^{2}2014], p. 19 : « Aristotle's aim [...] is to treat not simply nouns and verbs, but rather the first application of simple words signifying simple things by means of simple concepts. »

19. De fait Porphyre emploie l'expression des « dix genres qui servent à mettre en cause », dans son petit commentaire « par questions et réponses » sur les *Catégories*. *Cf.* Porphyre, *In Arist. Cat.*, p. 58, 4-20 ; trad. R. Bodéüs, *Porphyre. Commentaire aux Catégories d'Aristote*, Paris, Vrin (Bibliothèque des textes philosophiques), 2008, p. 91-93. Cf. *ibid.*, p. 55, trad. p. 75 : « Question. – Pourquoi "catégorie" ? À l'ordinaire, le mot [grec *kategoria*] s'applique au plaidoyer de l'accusation contre certaines personnes devant les tribunaux, celui auquel s'oppose le plaidoyer de la défense. »

20. C'est l'expression que j'ai utilisée en 1992 dans « Albert le Grand et le platonisme. De la doctrine des Idées à la théorie des trois états de l'universel », *in* E.P. Bos & P.A. Meijer (éd.), *On Proclus and His Influence in Medieval Philosophy*, Leyde-New York-Cologne, Brill (Philosophia antiqua, 53), p. 89-119. J'étudie en détail cette théorie, ainsi que ses sources grecques et arabes, dans *L'Art des généralités. Théories de l'abstraction*, Paris, Aubier (Philosophie), 1999.

21. *Cf.* D.M. Armstrong, *Universals. An opinionated Introduction*, Boulder, San Francisco, Londres, Westview Press, 1989 ; *Universaux. Une introduction partisane*, trad. fr. trad. fr. par S. Dunand, B. Langlet & J.-M. Monnoyer, Paris, Éd. d'Ithaque (Science et métaphysique), 2010.

22. Sur Jean de Maisonneuve et les « néo-albertistes » du XVe siècle, *cf.* Z. Kaluza, *Les Querelles doctrinales à Paris. Nominalistes et réalistes aux confins du* XIVe *et du* XVe *siècle*, Bergame, Lubrina (Quodlibet, 2), 1988.

23. *Cf.* G. Verbeke, « Le Commentaire de Simplicius sur les *Catégories* », *Revue philosophique de Louvain*. 4e série, t. 70, n° 6, 1972, p. 279-282.

24. Aristote, *De anima*, I, 1, 402b7-8 : « <S'il y avait une définition particulière pour chaque espèce animale>, [...] l'animal pris universellement ou bien *ne serait rien ou bien serait postérieur*, et il

en serait de même de tout autre attribut commun que l'on affirmerait (ὁμοίως δὲ κἂν εἴ τι κοινὸν ἄλλο κατηγοροῖτο). » Sur ce point, je me permets de renvoyer au chapitre que j'ai consacré à Alexandre dans *L'Art des généralités*.

25. *Cf.* SIMPLICIUS, *In Arist. Cat.*, éd. K. KALBFLEISCH (CAG, VIII), Berlin, G. Reimer, 1907, p. 82, 35-83, 10. Voir sur ce point mon commentaire dans *L'Art des généralités*.

26. AMMONIUS, *In Porph. Isag.*, éd. BUSSE, CAG, IV, 3, Berlin, G. Reimer, 1891, p. 41, 10-42, 26 ; trad. fr. A. DE LIBERA, « Universaux », *Vocabulaire européen des philosophies*, p. 1332 [1329-1333].

27. SERGIUS DE RESHAINA, *Traité sur les Catégories « à Philotheos »*, trad. fr. H. HUGONNARD-ROCHE, *in* « Les *Catégories* d'Aristote comme introduction à la philosophie, dans un commentaire syriaque de Sergius de Res'ainâ († 536) », *Documenti e studi sulla tradizione filosofica medievale,* VIII (1997), § 5, p. 352 [339-363]. Sur Sergius de Reshaina, *cf.* H. HUGONNARD-ROCHE, « Les traductions syriaques de l'*Isagoge* de Porphyre et la constitution du corpus syriaque de logique », *Revue d'histoire des textes*, 24 (1994), p. 293–312.

Séminaire du 10 avril 2014

*Seconde projection rétrospective : les commentateurs de l'*Isagoge *font entrer la distinction ammonienne des trois états de l'universel dans l'interprétation de la troisième question de Porphyre. — Rappel de la « mythologie de la prolepsis » selon Skinner et analyse du* feedback *textuel. — L'interprétation de David l'Invincible. — La distinction d'Ammonius est une matrice, d'où procèdent plusieurs modélisations importantes pour l'histoire des universaux. — Trois exemples. Eustrate de Nicée, Avicenne, Albert le Grand. — Retour sur la première question de Porphyre. — La dimension stoïcienne. — Un test et une confirmation : transfert du questionnaire de Porphyre de l'universel au mal. — Le questionnaire de Proclus sur la subsistance du mal. — Le* Peri tês tôn kakôn hupostaseôs *d'Isaac Comnène Sebastokrator. — Exister/avoir hypostase. — Distinction entre les* ἀνυπόστατα *(qui n'ont pas d'hypostase) et les parasites qui dépendent de l'hyspostase d'un autre. — Les notions de parhypostase et d'existence parhypostatique* (ἐν παρυποστάσει). *— Analyse du questionnaire de Proclus. — Reprise de la première question de Porphyre : une opposition croisée (chiasme) entre vraies choses et faux concepts. — Par cette inconsistance, réelle ou apparente, Porphyre ouvre la porte à une confrontation avec le stoïcisme. — Les interprètes modernes font une place aux stoïciens dans le dispositif porphyrien : ce sont les partisans de l'universel « concept ». — C'est le cas de Gérando († 1842), qui combine la distinction des trois états de l'universel avec celle des trois principales écoles de l'Antiquité : l'école de Platon pour l'universel* ante rem *; celle d'Aristote, pour l'universel* in re *; celle de Zénon, pour l'universel* post rem. *— Le stoïcisme comme préfiguration du conceptualisme médiéval.*

La théorie néoplatonicienne des trois états de l'universel, telle que l'expose Ammonius, distingue trois états :

1. Avant le multiple (πρὸ τῶν πολλῶν) : les modèles subsistant dans l'intellect démiurgique – un état platonicien.

2. Dans le multiple (ἐν τοῖς πολλοῖς) : les formes participées, engagées dans la matière – un état platonicien aristotélico-compatible, fruit d'une assimilation entre la forme participée platonicienne et la forme immanente aristotélicienne [1].

3. Après le multiple (ἐπὶ τοῖς πολλοῖς) : – l'état aristotélicien des concepts abstraits, et « postérieurs dans l'ordre de l'être » (engendrés en dernier), où le grec *husterogenês* – dernier-né – est, on l'a dit, un qualificatif suscité par un passage du *De anima*, « [...] l'animal pris universellement *ou bien n'est rien ou bien est postérieur* », ayant fait l'objet de divers CQR, notamment dans la théorie de l'abstraction d'Alexandre d'Aphrodise [2].

La distinction d'Ammonius se retrouve dans la tradition byzantine, dans le péripatétisme arabe, notamment dans la *Logique* et la *Métaphysique* d'Avicenne et, de là, chez les scolastiques, sous la forme : *ante rem, in re, post rem*.

Ammonius y voit la doctrine personnelle de Porphyre, non exposée, évidemment, dans l'univers des *Catégories*. Les chrétiens lui emboîtent plus ou moins le pas. Comme je le soulignais la semaine dernière, en effet, il ne faut pas attendre le Moyen Âge « central », comme on dit aujourd'hui, autrement dit l'Âge scolastique, l'Âge latin des universités, pour assister à la christianisation du modèle. Celle-ci est acquise, quasi instantanément, chez les chrétiens syriaques, comme en témoigne le commentaire de Sergius de Reshaina († 536), évoqué la semaine passée. Quant aux philosophes chrétiens d'Alexandrie – une fois l'école ralliée au christianisme, avec Philopon et ses successeurs – ils font tout bonnement entrer la distinction des trois états de l'universel dans le questionnaire de Porphyre, en l'occurrence, dans la troisième question – un *feedback* de plus, qui évoque irrésistiblement le « mythe de la *prolepsis* » selon Skinner (à savoir : confondre la signification ou la portée acquise par une œuvre – « the retrospective significance of a given historical work or action » – et le sens qu'elle pouvait avoir pour l'auteur :

« its meaning for the agent himself » [p. 22]). Ici, quand on fait entrer dans la troisième question de Porphyre la distinction d'Ammonius entre les trois états de l'universel – qui est postérieure – et que l'on en fait un élément du questionnaire de Porphyre, on est au comble du réinvestissement « mythologique » de l'original par sa copie.

La troisième question de Porphyre demandait si les genres et les espèces, une fois reconnus comme existants et incorporels étaient (3) séparés ou bien s'ils existaient dans les sensibles et en rapport avec eux – autre traduction : *s'ils étaient séparés ou dans les sensibles et existant/subsistant en rapport avec eux* (καὶ πότερον χωριστὰ ἢ ἐν τοῖς αἰσθητοῖς καὶ περὶ ταῦτα ὑφεστῶτα). Sous le calame des néoplatoniciens, les trois expressions qui figurent dans le questionnaire authentique de Porphyre sont autant de points d'accrochage pour introduire dans le questionnaire la distinction ammonienne – à laquelle, évidemment, la réponse ne peut être que symphonique, les trois pistes ouvertes n'étant rétrospectivement mises là que pour être suivies.

Sont-ils « séparés » (χωριστὰ) ? s'entend donc : sont-ils *antérieurs au multiple* ?... « dans les sensibles » (ἐν τοῖς αἰσθητοῖς) ? : *dans le multiple* ?... et « existant / subsistant en rapport avec eux » (περὶ ταῦτα ὑφεστῶτα) ? : *postérieurs au multiple* ?

Ce genre de reformulations du questionnaire original dans un questionnaire qui est directement emprunté à la théorie ammonienne des trois états de l'universel est attesté dans beaucoup de textes. C'est le cas chez David (dit l'Arménien ou l'Invincible – élève d'Olympiodore, un des six voire sept « David » arménophones recensés entre le VIe et le VIIIe siècle), qui attribue clairement à Porphyre la classification tripartite :

> (1) à travers l'expression « séparés », il a entendu *ce qui est antérieur à la multiplicité* (τὰ πρὸ τῶν πολλῶν) (en effet, ces réalités sont qualifiées de « séparées », car elles ne se trouvent pas dans la matière) et (2) de nouveau à travers l'expression « dans les réalités sensibles », il a désigné *ce qui est dans la multiplicité* (τὰ ἐν τοῖς πολλοῖς) (en effet, les réalités qui se trouvent dans la matière sont sensibles) et (3) de nouveau à travers également l'expression « ce qui existe en rapport avec ces réalités », il a entendu *ce qui est postérieur à la multiplicité* (τὰ ἐπὶ

τοῖς πολλοῖς). En effet, « ce qui existe en rapport avec ces réalités », nous affirmons qu'il s'agit là de notre pensée dont nous disons qu'elle est postérieure à la multiplicité.

La distinction d'Ammonius est une sorte de matrice, d'où procèdent plusieurs modélisations importantes pour l'histoire des universaux. Trois exemples :

1. dans son *Commentaire sur l'Éthique à Nicomaque*, traduit en latin par Robert de Lincoln (Grossteste) en 1248, le Byzantin Eustrate de Nicée († 1120/1130) expose la distinction en combinant théorie des universaux et méréologie [3], à travers le double prisme de Proclus (*Éléments de théologie*, prop. 66 et 67) et de la théorie alexandrinienne des touts homéomères et anhoméomères (cf. Alexandre, *problème* 28).

Ils disent en effet que le tout se dit de trois manières : *avant les parties*, *à partir des parties*, *dans les parties*. Sont dites [être un tout] *antérieur aux parties* les Formes existant [de manière] absolument simple et immatérielle, car chacune d'elles subsiste *avant les multiples*, qui sont faits à leur [ressemblance].

Sont dites [être un tout constitué] *de parties* les réalités composées et [divisées] en plusieurs parties, qu'elles soient homéomères (c'est-à-dire constituées de parties semblables), comme la pierre [se divise] en pierres, le tout existant en chaque partie en laquelle il est divisible, puisque chacune d'elle reçoit et le nom et la notion du tout, ou anhoméomères (c'est-à-dire constituées de parties dissemblables), comme l'homme est [constitué] de mains, de pieds et d'une tête, car aucune des parties de l'homme n'est semblable au tout, puisqu'aucune ne reçoit le nom et la notion du tout.

Sont [dits] *dans les parties*, en revanche, les intelligibles qui sont « dits de plusieurs » et « postérieurs dans l'ordre de la génération ».

Cette théorie, introduite en latin sous le titre de théorie *de universali et toto* (dit la traduction latine d'Eustrate), formulée *circa Platonem*, au sujet de Platon, et qui reprend les thèses des *platonici*, distingue trois sortes de « tout » et pose l'équivalence de l'universel *in partibus* (dans les parties) et de l'intelligible logique, « prédiqué de plusieurs », selon la formule d'Aristote et de Porphyre, et « postérieur dans l'ordre de l'être » [4].

2. La logique d'Avicenne traduite en latin dans la seconde moitié du XIIe siècle (*Logica*, Venise, 1503, f° 12rA), la présente en opposant universaux *ante multiplicitatem* (ou *intellectualia*. Les *intellectualia* sont les universaux, les intelligibles, les formes séparées, les êtres de la théologie), *in multiplicitate* (ou *naturalia*. Les universaux physiques) et *postquam fuerint in multiplicitatem* (ou *logicalia*). On a véritablement l'idée d'un trajet de l'universel, qui descend dans le particulier. N'oubliez pas qu'Avicenne est un philosophe émanatiste : il y a une émanation. Mais qui dit sortie dit retour : ce qui s'est pluralisé, ce qui s'est multiplié dans ce bas monde va recouvrer une forme d'unité dans la pensée humaine [5]. Il y a une restauration de l'un, perdu dans le multiple, mais sur un mode mineur, parce que jamais le type d'unité recouvrée dans la pensée humaine ne sera à la hauteur de l'unité préexistante dans les paradigmes dits *intellectualia*.

3. Albert le Grand enfin l'impose aux scolastiques sous la forme canonique d'une distinction entre *universale ante rem*, *in re* et *post rem* indéfiniment reprise depuis lors.

Les avantages du « modèle » d'Ammonius expliquent cette fortune. Mais cette fortune est paradoxale. Le modèle permet de répondre au problème des universaux issus du *feedback* textuel et conceptuel du *Peri hermeneias* et des *Catégories* sur l'*Isagoge* si l'on cherche à tout prix la concorde entre Aristote et Platon. C'est le cas dans une école néoplatonicienne, où la concorde – l'exégèse dite « concordiste » ou « symphonique » – s'impose du seul fait que les *petits mystères* aristotéliciens conduisent (et ont pour fonction de conduire) aux *grands mystères* platoniciens. Il n'a pas les mêmes vertus sédatives, si l'on ne connaît de Platon qu'un fragment du *Timée* et, d'Aristote, que les deux premiers traités de l'*Organon,* ce qui, ne l'oubliez pas, était le cas des Latins pendant longtemps. Jusqu'à la fin du XIIe siècle en gros, on ne connaît d'Aristote que les deux premiers traités de l'*Organon*, ce n'est qu'ensuite qu'arrivent le reste de l'*Organon*, puis le reste d'Aristote. Quant à Platon, c'est l'absent de l'histoire, puisqu'on ne connaît de lui qu'un fragment du *Timée*. Il y a bien deux traductions du *Menon* et du *Phédon* faites en Sicile par Henri Aristippe, mais elles n'ont pas circulé au Moyen Âge [6]. Donc, réconcilier

Platon et Aristote quand vous n'avez qu'un bout du *Timée* et deux morceaux d'Aristote, ce n'est pas l'objectif prioritaire.

Le modèle ammonien permettait de résoudre un certain conflit, une guerre des écoles, ouverte depuis beau temps dans le monde hellénophone. Sa diffusion tardive dans le monde latin, via Avicenne, y a changé en partie le destin du questionnaire de Porphyre : en provoquant l'apparition de nouveaux CQR, noétiques et émanatistes, chez Albert le Grand, et dans une partie de la tradition scolastique – la *Via antiqua*. Le recouvrement du questionnaire porphyrien par le problème des universaux avec son appareil conceptuel hérité du *Perihermeneias* – le triangle *mots, concepts, choses* sous ses formes successives – n'a pas produit d'effets uniformes ou stérilisants, ni pour le problème lui-même, ni pour le questionnaire : les CQR particuliers se sont multipliés au-delà du *stock* de questions accumulées par le concordisme néoplatonicien [7].

Pendant des siècles on a voulu lire Porphyre pour en faire un puissant instrument de synthèse entre Platon et Aristote, mais à dire vrai, chaque question du questionnaire pouvait fonctionner comme un centre attracteur, et n'a pas manqué de le faire à des degrés divers, sous des formes diverses, à des périodes diverses. Si les Byzantins ont beaucoup mis l'accent sur la *troisième question* – où ils retrouvaient toute la philosophie (la théologie, la physique, la logique : l'Odyssée de l'intelligible), les Latins, durant un temps, ont plutôt mis l'accent *sur la première*.

Ce n'est pas que, comme le suggérait le texte de Cousin évoqué la semaine dernière, les trois questions de Porphyre, aient été partout réduites à la *première* pour y orchestrer le débat Aristote-Platon, élevé au rang d'archiproblème *unique* de la philosophie. L'archéologie doit nous permettre de comprendre comment reviennent dans le jeu des thèses qui en paraissaient non seulement totalement absentes, mais également absolument indisponibles. Non, l'intérêt porté à la première question a aussi été, au contraire, l'occasion de réintroduire dans le jeu le tiers manquant jusqu'ici dans notre récit, le *troisième parti philosophique*, contre lequel les néoplatoniciens avaient mobilisé leur exégèse : les stoïciens. Ce retour du stoïcisme dans la partie s'est déroulé grâce à l'investissement de la première question de Porphyre par un élément essentiel et, je serai tenté de dire, par le personnage théorique principal du premier chapitre du *Perihermeneias*. L'élément essentiel est la théorie stoïcienne de la fiction, le personnage principal : le bouc-cerf d'Aristote, le *tragelaphos*.

Le questionnaire de Porphyre a survécu à la perte d'information latine sur le sens originel de sa première et de sa deuxième question. Son étrangeté croissante – à mesure que l'on perdait le contact vivant avec les notions « d'incorporels », d'« *epinoia* » et de « *psilê epinoia* » n'a pas empêché leur transmission latérale, oblique, indirecte, en leur conférant, par enrichissements et déformations successives une valeur philosophique ajoutée. La perte d'information favorise les audaces exégétiques, les innovations, qu'un historien peut voir aujourd'hui comme autant de contresens, mais de contresens créateurs. (Je vous rappelle le texte de Pierre Hadot sur la valeur du contresens en histoire de la philosophie). Chaque génération arrive à faire demander au questionnaire ce qu'il ne demande pas, à faire de lui le support ou le vecteur de questions nouvelles, suscitées par les réponses données à d'autres questions, antérieures ou connexes. Certaines notions ou figures jouent en cela un rôle capital, que l'on peut, d'un CQR à l'autre, tracer tout au long de l'histoire des universaux : la fiction et le « bouc-cerf » en sont deux bons exemples. J'y viendrai dans un instant.

Avant cela, je prendrai un autre exemple, qui nous permettra de retrouver à la fois l'universel et la fiction dans un contexte où ils sont impérativement requis, eux et leurs CQR respectifs, pour affronter et résoudre un ensemble de questions relatives à un type d'entité que l'on peut ontologiquement *rapprocher à la fois de l'universel et du fictif*, un ensemble de questions où, précisément, le face-à-face Platon-Aristote éclate, et laisse pénétrer le troisième larron du débat sur l'universel : le stoïcisme.

Le formulaire porphyrien a fonctionné comme un modèle, un schème théorique induisant la formulation d'autres questionnaires au long du temps, attestant que l'appréciation que portait sur lui Porphyre (à savoir qu'il allait bien au-delà des limites de la logique et qu'il fallait une science bien plus élevée que la logique pour l'affronter intégralement) était pertinente : c'est en effet sur un terrain proprement ontologique et même théologique qu'on le retrouve à l'œuvre dans la philosophie tardo-antique et médiévale, byzantine et latine : le problème de l'existence du mal – évoqué dans un cours précédent, avec la doctrine augustinienne, antimanichéenne, du péché comme *a-versio*, *minus esse*, chute vers l'impossible néant, doctrine qui ne pouvait pas laisser subsister en face à face, comme deux chiens de faïence tragiques, le principe suprême du bien et le principe suprême du mal – le bien absolu et le mal absolu. Si vous renoncez au manichéisme vous renoncez à l'idée des deux principes, à la diarchie du bien et du mal. Mais il n'y a pas qu'Augustin dans l'Antiquité.

Avec le problème du mal, avec les CQR du mal, nous retrouvons une dimension capitale de l'archéologie du sujet, qui nous entraîne bien au-delà des clivages disciplinaires, bien au-delà de la logique, au fondement même où s'articulent l'ontologie et la théologie, la métaphysique et l'anthropologie, deux couples dont les aventures forment la trame de l'histoire de la philosophie du Moyen Âge à la modernité. Nous y rencontrons, en tout cas, les notions – le système de notions, de principes, de distinctions – sur l'oubli desquelles reposent en partie les comptes rendus et les interprétations modernes de l'histoire du sujet et de la subjectivité[8]. Cet oubli est aussi important pour l'archéologue que l'oubli de l'être et de la question de l'être pour Heidegger. Ce système de notions est celui de la subsistance, *hupostasis*, et de l'existence, *huparxis*, de l'ὑπάρχειν et de l'ὑφιστάναι, voire de l'existence, entendue comme le fait d'« avoir hypostase », ou d'« être en hypostase » (ἐν ὑποστάσει)[9]. Bien qu'omniprésent dans la philosophie et la théologie, bien qu'il soit le seul à pouvoir nous laisser voir le lien profond existant dans l'histoire de la pensée européenne entre christologie, théologie trinitaire, psychologie et anthropologie philosophique, ce système est relégué au discours des spécialistes, épelé dans ses constituants étudiés séparément, sans être jamais considéré comme une structure, un *a priori* historique, une archive pour le moins énergique, car il faut une énergie quasi inépuisable pour alimenter tant de siècles de travail et d'argumentation [10].

La reprise, la transposition, le transfert du questionnaire de Porphyre de l'universel au mal sont attestés dans un ouvrage grec de Proclus, dont l'original est perdu, qui ne nous est parvenu que par une traduction latine de Guillaume de Moerbeke à la fin du XIIIe siècle, et un abrégé grec, rédigé deux siècles plus tôt, vers 1140, par Isaac Comnène Sébastokrator, sous le titre de Περὶ τῆς τῶν κακῶν ὑποστάσεως [11].

Ce document a un intérêt considérable – y compris si j'ose dire pédagogiquement – car il annonce pour nous ici et maintenant un phénomène auquel nous serons confrontés de manière croissante à mesure que nous avancerons dans notre travail : l'extraordinaire diffusion du lexique ontologique omnivore de l'hypostase et de l'hypostasié, omnivore parce qu'il s'assimile un nombre étonnant de CQR, sur la durée longue, et qu'il articule une double distinction, plus familière aux spécialistes de patristique grecque et aux historiens de la théologie, là encore sur la durée longue, qu'aux philosophes et aux historiens de la philosophie – une distinction entre, d'une part, *ceux qui ont une hypostase et ceux qui n'en ont pas* – ceux que l'on appelle les ἀνυπόστατα –, et, d'autre part, *ceux qui ont une hypostase à eux et ceux qui n'ont d'existence que dépendante* – ἐν παρυποστάσει –, autrement dit qui dépendent de l'hypostase d'un autre ou d'une autre chose ou réalité.

Ce qui est en question ici, c'est une des notions qui vont jouer un rôle dans la « déconstruction de la déconstruction » annoncée lors de la leçon inaugurale comme la visée lointaine de cet enseignement : la παρυπόστασις, terme introduit, semble-t-il, par Porphyre et appliqué pour la première fois au mal, semble-t-il aussi, par un élève de Porphyre, Jamblique né à Qenneshrin *(Calcis ad Belum)* en Syrie, mort en 325 – un siècle environ donc avant la naissance de Proclus (né en 412 à Constantinople et mort en 485 à Athènes). Si l'on en croit Simplicius :

> Iamblichus [...] laid out many and excellent reasons why whe ought to regard the bad [as consisting] in *appendant subsistence* (παρυπόστασις) and failure [12].

On a proposé toutes les traductions possibles pour la παρυπόστασις : « qui existe parallèlement », « qui a une existence parallèle », et « existence épiphénoménale » (Festugière), « fausse existence » (Gandillac), « pseudo-existence » (Saffrey-Westerink), *« by-product subsisting parallel to »* (O'Neill), *« appendant subsistence »* (R. Gaskin), la dépendance parhypostatique s'appliquant à des entités aussi apparemment différentes que *le temps, le mal ou le mauvais, l'accident, le contre-nature, le relatif ou le lieu* – j'en passe. Voilà des entités dont le mode d'être est « parhypostatique ». C'est celui du coucou – c'est la métaphysique du coucou – ils vont nicher dans l'hypostase d'un autre pour être.

Je reviens à Proclus. Le texte latin de l'opuscule perdu, traduit en 1280 sous le titre *De subsistentia malorum* par Guillaume de Moerbeke, a été édité pour la première fois par Victor Cousin, en même temps que deux autres opuscules *Sur la Providence* et *Sur la liberté*, en 1820 et 1864 sous le titre de *Procli philosophi platonici opera inedita*. Cette traduction a été éditée critiquement par Helmut Boese en 1960 [13]. L'ouvrage grec d'Isaac Comnène, frère de l'empereur Alexis Ier Comnène (1081-1118), est une adaptation ici ou là christianisée de l'ouvrage de Proclus – dont le chapitre IV des *Noms divins*, dépend plus ou moins massivement. Je me contente pour faire saisir le parallèle entre le questionnaire de Porphyre sur les genres et les espèces et celui de Proclus sur la subsistance du mal de donner la version latine de Moerbeke, avec le grec d'Isaac Comnène : la réponse fondamentale au questionnaire, vers laquelle tout converge, étant que le mal n'a pas d'hypostase, ou plutôt qu'il n'a pas d'hypostase propre, mais parasite celle du bon.

Sive igitur est sive non malum primo considerandum ;
Εἴτε οὖν ἐστὶ τὸ κακόν, εἴτε μή, πρῶτον σκοπητέον·

et si est, utrum in intellectualibus est aut non ;
καὶ εἰ ἔστι, πότερον ἐν τοῖς νοητοῖς [Porphyre · ἐν μόναις ψιλαῖς ἐπινοίαις] ἐστὶ ἢ οὔ·

et si est in sensibilibus, utrum secundum causam principalem consistit aut non ;

καὶ εἰ ἐν τοῖς αἰσθητοῖς, πότερον κατ' αἰτίαν προηγουμένην ὑφέστηκεν ἢ οὔ·

et si non, utrum substantiam aliquam ipsi dandum aut penitus insubstantiale ipsius esse ponendum ;
καὶ εἰ μή, πότερον οὐσίαν αὐτῷ τινὰ δοτέον, ἢ παντάπασιν ἀνούσιον αὐτοῦ τὸ εἶναι θετέον·

et si est hoc, quomodo subsistit, principio altero ente, et unde incipit et usque quo procedit.
καὶ εἰ ἔστι τοῦτο, πῶς ὑπέστη, τῆς ἀρχῆς ἑτέρας οὔσης, καὶ πόθεν ἄρχεται καὶ μέχρι τίνος πρόεισι.

La traduction du latin de Moerbeke, donnant :

Ce qu'il faut premièrement examiner, c'est si le mal *est ou non* ;
et, dans l'affirmative, *s'il est dans les intelligibles* ou non ;
et s'il est *seulement dans les sensibles*, si c'est selon une cause principale ou non ;
et si non, *s'il faut lui attribuer quelque substance* ou s'il faut
tenir son être pour *totalement insubstantiel* ;
et dans le premier cas, comment il existe si le principe est autre ;
et d'où il tire son origine et jusqu'où il procède [14].

Je laisse de côté l'extraordinaire transformation de ἐν μόναις ψιλαῖς ἐπινοίαις en ἐν τοῖς νοητοῖς. Être « totalement insubstantiel », c'est être sans *ousia*, « *anousion* » (ἀνούσιον), « *non esse aliqua essentia in rebus* », dira Thomas d'Aquin, dans la *Summa contra Gentiles*, III, 7 ; exister « parhypostatiquement », c'est être sans hypostase propre, c'est *ut in parhypostasei, id est in praetersubsistentia, esse habere*, comme le dit la traduction latine du commentaire d'Eustrate sur l'*Éthique à Nicomaque* [15].

Par-delà les siècles, les idiomes, les uns s'étant lus, les autres non, Augustin, Proclus, Denys le Pseudo-Aréopagite et Isaac le Sébastocrator, se rejoignent pour dire que le mal est un parasite du bien [16]. Ne pas avoir d'existence et/ou d'hypostase propre : voilà une (in)décision terminologique importante pour l'histoire du sujet et de la subjectivité.

Nous n'en avons pas fini, pour autant, avec le mal, le non-existant et le parhypostatique, ni avec le parallèle entre la question des universaux et celle du mal, ni avec le parallèle entre la question du statut des universaux et celle du statut des fictions – tel le « bouc-cerf », le *tragelaphos* évoqué la semaine passée.

Nous y revenons donc. Mais pour opérer le virage nécessaire, nous devons voir pourquoi l'universel, le mal et la fiction peuvent et doivent se rencontrer sur notre table de travail autrement que « comme la rencontre fortuite sur une table de dissection d'une machine à coudre et d'un parapluie » [17].

Un texte du IIe livre du *Commentaire* d'Origène sur l'*Évangile de Jean* nous servira ici de guide.

Avant de l'examiner, il faut toutefois noter un point important – décisif même pour la compréhension du phénomène textuel et conceptuel sur lequel le texte d'Origène apportera son propre éclairage.

La première question du questionnaire de Porphyre offre une alternative pour le moins singulière. Je rappelle le texte :

> Tout d'abord, concernant les genres et les espèces, la question de savoir s'ils existent ou bien s'ils ne consistent que dans de purs concepts ;
>
> αὐτίκα περὶ τῶν γενῶν τε καὶ εἰδῶν τὸ μὲν εἴτε ὑφέστηκεν εἴτε καὶ ἐν μόναις ψιλαῖς ἐπινοίαις κεῖται.

Il y a là matière à deux questions distinctes : Q1 : la question de savoir *s'ils existent ou bien s'ils n'existent pas*, autrement dit : s'ils sont des *êtres en un sens quelconque* ou *d'aucune façon des êtres*. Q2 : s'ils *consistent dans des concepts* ou dans de *purs concepts*, autrement dit si ce sont des *concepts véritables* ou des *concepts vides*.

Porphyre emprunte aux deux : la première branche de son alternative, à la première partie de Q1 ; la deuxième branche de son alternative, à la deuxième partie de Q2. Ce qui fait que l'on a un chiasme :

> ... concernant les genres et les espèces, la question de savoir s'ils existent ou ne sont que de purs concepts, autrement dit : des êtres véritables ou des concepts vides,

et non pas, comme on l'attendrait, à suivre simplement le report du triangle sémantique d'Aristote sur le *skopos* de l'*Isagoge* : *des choses ou des concepts*.

Le trio *mots, concepts, choses* est bien présent ici, sous la forme du duo *concepts, choses,* mais pas à l'état neutre : ce qui est opposé ce ne sont pas les choses et les concepts, disons : l'Idée platonicienne au concept aristotélicien abstrait, mais les *vraies choses* ou, plutôt, dans la terminologie néoplatonicienne, les vrais êtres, et les *faux concepts*, les concepts vides [18].

Il y a là une sorte de chiasme, justifié par le fait qu'un vrai concept est un concept de vraie chose. Mais on peut aussi y voir une inconsistance.

Par cette inconsistance, réelle ou apparente, Porphyre ouvre, en fait, la porte à une *confrontation avec le stoïcisme* – que nous ne percevons pas, si nous ignorons tout de l'ontologie stoïcienne, que les médiévaux n'ont que très inégalement perçue eux-mêmes, selon leur niveau variable d'information, les sources qui leur étaient accessibles et les corpus qui étaient disponibles en latin. La même remarque vaudrait pour la deuxième question : concernant les incorporels. Si vous n'avez lu ni les stoïciens, ni leur adversaire aristotélicien Alexandre d'Aphrodise, vous n'avez pas une idée exacte de l'affrontement que Porphyre construit en sous-main.

Cousin orchestre un débat entre réalistes, conceptualistes et nominalistes. Le vrai débat, le débat caché, comme la figure dans le tapis, est celui de Platon, d'Aristote et de la Stoa ; des néo-aristotéliciens comme Alexandre, contre les platoniciens et les stoïciens ; des néoplatoniciens, fils d'Aristote et de Platon, contre les stoïciens, fils de personne. Nous l'ignorons, les médiévaux l'ignoraient. Plus ou moins. Car nous savons toujours plus de choses que nous ne le pensons [19]. C'est le cas, au début du XIXe siècle de Joseph-Marie de Gérando (ou Degérando, 1772-1842), philosophe et philanthrope, un des pères de l'anthropologie, idéologue, aussi, et sémioticien, auteur d'un mémoire sur l'*Influence des signes dans la génération des idées*, primé par l'Institut en 1799, mais surtout d'une *Histoire comparée des systèmes de philosophie, relativement aux principes des connaissances humaines* publiée en 1803, où il retrouve dans la « grande discussion entre les Réalistes et les Nominaux », les « nouvelles figures prises par les philosophies de Platon, d'Aristote et de Zénon » [20] et, pour finir, le débat entre réalisme, nominalisme et conceptualisme [21].

> Rien n'est plus injuste que le mépris avec lequel nous traitons aujourd'hui cette grande discussion entre les Réalistes et les Nominaux que Rousselin[22] fit éclore. Si nous remontons [239] à son origine, nous la voyons se rattacher aux plus célèbres doctrines de l'antiquité. Platon, Aristote et Zénon s'étaient partagés sur le caractère des notions générales ou des espèces. Le premier leur avait assigné une existence antérieure et surnaturelle dans le sein de Dieu même, où il les faisait résider comme les types des choses.
>
> Le second, leur accordant une existence réelle et physique, avait cependant restreint cette existence à la matière même, c'est-à-dire aux individus avec lesquels il les supposait unies de tout temps ; seulement il concevait que certaines images, propres à les représenter, se détachaient des individus et venaient les retracer dans l'esprit. Le troisième, enfin, n'avait attribué aux notions générales d'autre existence que dans l'esprit même qui les conçoit par comparaison, et qui leur impose des signes. De là les *idées éternelles* de Platon ; de là *l'union de la matière et de la forme* d'Aristote; de là [240] la maxime des stoïciens : *Nihil est in intellectu, quin prius fuerit in sensu*[23].

Gérando ignore le questionnaire de Porphyre – il ne le connaît que par une citation de Pierre de La Ramée, expédiée en note[24] : l'*Isagoge* semble avoir disparu de l'horizon. Il met le problème de « l'origine des idées » à la place centrale – et non pas comme plus tard Cousin la critique des Idées de Platon. « Idéologue », influencé à la fois par Kant et Dugald Stewart, l'école allemande et l'école écossaise, il critique Condillac, qui n'a pas vu l'intérêt de la discussion entre Nominaux et Réalistes.

> Si nous examinons cette question en elle-même, nous verrons qu'elle n'est réellement autre chose que la question fondamentale de la génération des idées, qu'elle renferme en entier cet intéressant problème. C'est, en effet sur le caractère et l'origine des notions générales que s'élèvent toutes les difficultés dont ce problème est entouré[25].

Chose remarquable pour nous, il expose la question à l'aide du modèle ammonien – scolastique – des trois états de l'universel ; et il le fait en associant à la position stoïcienne la thèse issue de la troisième question de Porphyre. Ainsi, Platon répond de l'universel *ante rem* ; Aristote, de l'universel *in re* ; Zénon, de l'universel *post rem*.

> On demandait si les universaux (les notions les plus générales) existaient *avant la chose, dans la chose, ou après la chose* ; c'est-à-dire, s'ils avaient, comme l'avait avancé Platon, une existence *métaphysique*, absolue, indépendante des individus ; ou selon l'opinion d'Aristote, une existence simplement *physique*, résidant dans les individus, comme leur forme naturelle ; ou enfin, selon la pensée des Stoïciens, une existence seulement *logique* que l'esprit leur prête, en les déduisant des impressions sensibles [26].

Le concordisme médiéval vu par Gérando n'est pas celui d'Alexandrie. S'il cherche la concorde, c'est pour concilier... Platon et Zénon, grâce à Aristote ! Au Moyen Âge, en tout cas, les trois philosophies se retrouvent, trois systèmes s'affrontent distribués sur ou entre les deux partis contraires du réalisme et du nominalisme.

C'est chez les Nominaux qu'il faut chercher les conceptualistes, disciples à distance de Zénon et des stoïciens : la première classe étant celle de « Rousselin », autrement dit ceux que nous appelons aujourd'hui *Vocales* [27], menés par Roscelin de Compiègne, la deuxième, celle d'Abélard.

Gérando n'a pas lu les textes. Il ignore beaucoup de choses. Mais, en un sens, il tombe juste : il rapatrie à distance la *Stoa* dans le questionnaire. Sans le questionnaire.

Notes

1. *Cf.* R. Chiaradonna, « Plotino e la teoria degli universali. *Enn.* VI 3 [44], 9 », dans V. Celluprica et C. D'Ancona (éd.), *Aristotele e i suoi esegeti neoplatonici. Logica e ontologia nelle interpretazioni greche e arabe*, Napoli 2004 p. 3 [3-35] : « È possibile identificare l'universale anteriore ai molti con il paradigma ideale platonico, l'universale che è nei molti con la forma immanente ai particolari (si tratta della forma partecipata, teorizzata da Platone, che i Neoplatonici assimilano generalmente alla forma aristotelica) e l'universale posteriore ai molti con l'astrazione, ricavata dai particolari, della forma immanente. » Sur Ammonius, *cf.* S. Fortier, « Ammonius on Universals and Abstraction. An interpretation and Translation of Ammonius' *In Porphyrii Isagogen* 39.8 - 42.16 », *Laval théologique et philosophique*, 68.1 (2012), p. 21-33.

2. Sur Alexandre d'Aphrodise, voir M. Rashed, *Essentialisme. Alexandre d'Aphrodise entre logique, physique et cosmologie*, Berlin-New York, Walter de Gruyter, 2007 ; R. Sirkel, « Alexander of Aphrodisias' Account of Universals and Its Problems », *Journal of the History of Philosophy*, 49 (2011), p. 297-314 ; R.W. Sharples, « Alexander of Aphrodisias on Universals : Two Problematic Texts », *Phronesis*, 50 (2005), p. 43-55. Sur la réception médiévale de sa théorie de l'abstraction, *cf.* Cl. Lafleur & J. Carrier, « Alexandre d'Aphrodise et l'abstraction selon l'exposé sur les universaux chez Boèce dans son Second Commentaire sur l'*Isagoge* de Porphyre », *Laval théologique et philosophique*, 68 (2012), p. 35-89 ainsi que J. Marenbon, « Boèce, Porphyre et les variétés de l'abstractionnisme », *ibid.*, p. 9-20.

3. *Cf.* Eustrate, *In Primum Aristotelis Moralium ad Nicomachum*, 1096a10-14 ; éd. H.P.F. Mercken, *Eustratii Metropolitani Nicaeae Enarratio in primum Aristotelis Moralium ad Nichomachum*, in *The*

Greek Commentaries on the Nicomachean Ethics of Aristotle in the Latin Translation of Robert Grosseteste, Bishop of Lincoln († 1253), vol. I, *Eustratius on Book 1*, Leiden, Brill (Corpus Latinum commentariorum in Aristotelem Graecorum, 6/1), 1973, p. 69, 4-70, 14 : « Tripliciter enim aiunt dici totum : ante partes, ex partibus, in partibus. Ante partes quidem illas species, quoniam ante multa quae ad illas, simplicissimas existentes et immateriales, facta sunt unaquaeque illarum subsistit. Ex partibus autem composita et in multa partita, sive homoiomera (id est similium partium), ut lapis in lapides, totum existens ad partes in quas divisibilis est, quarum unaquaeque et nomen et rationem totius recipit, sive anhomoiomera (id est dissimilium partium), ut homo in manus, pedes, caput. Nulla enim partium hominis similis est toti, ut neque nomen neque rationem totius recipiens. In partibus autem, ut intelligibilia, quae et de multis et posteriora generatione dicuntur. » L'expression « *posteriora generatione* » reprend le terme « *husterogenês* » d'Ammonius (« postérieur dans l'ordre de l'être »). La même caractérisation des concepts aristotéliciens abstraits comme entités « postérieures dans l'ordre de l'être / génération » *(husterogenea)* figure chez PROCLUS, *In Parmenidem*, lib. II, éd. C. STEEL, Leuven, University Press-Leiden, Brill (Ancient and Medieval Philosophy, De Wulf-Mansion Centre, Series 1, III), 1982, p. 90, 79-92, 44, et *ibid.*, lib. IV, p. 218, 86-223, 79.

4. Sur Eustrate, *cf.* K. IERODIAKONOU, « Metaphysics in the Byzantine Tradition : Eustratios of Nicaea on Universals », *Quaestio*, 5 (2005), p. 67-82.

5. Le thème du retour du créé à l'Un *via* la pensée et l'intellect de l'homme est central dans la palingénésie de Maître Eckhart, telle que l'expose, entre autres, le sermon sur Mt 10, 28 *(Nolite timere eos qui corpus occidunt)*, où il explique comment « toutes les créatures se rassemblent dans mon intellect, afin que je les prépare toutes à retourner à Dieu ». MAÎTRE ECKHART, sermon allemand *Nolite timere*, Pfeiffer n° LVI, p. 179, 10-181, 25 : « Dieu se goûte Lui-même en toutes choses. Le soleil, lui aussi, déverse sa claire lumière sur toutes les créatures ; tout ce qu'il touche de son vif éclat, il l'attire en lui-même, mais sans en perdre sa force éclairante. Prenons un bassin rempli d'eau, plaçons-y un miroir et exposons-le aux rayons du soleil ; le soleil projette également son vif éclat jusqu'au fond du bassin et non pas simplement l'image de son propre disque, et cet éclat n'est cependant pas affaibli. La réflexion du miroir exposé au soleil, comme elle se fait dans le soleil, est, à

proprement parler, également le soleil même ; mais le miroir n'en reste pas moins ce qu'il est. Il en va de même de Dieu. Dieu est dans l'âme avec sa nature, son être et sa déité, et il n'est cependant pas l'âme. La réflexion de l'âme s'opérant en Dieu, elle est, à proprement parler, également Dieu même ; mais l'âme n'en reste pas moins ce qu'elle est. Écoutez bien ! Toutes les créatures dirigent leur course vers leur plus haute perfection. Toutes éprouvent le besoin de s'élever de leur vie à leur être. *Toutes les créatures viennent s'assembler dans mon intellect, pour, en moi, devenir intelligibles. Moi seul je les prépare à retourner à Dieu*. Vous tous, prenez garde à ce que vous faites ! »

6. *Cf.* R. KLIBANSKY, *The Continuity of the Platonic Tradition during the Middle Ages*, Londres, 1939. Le Platon latin est édité dans le *Corpus Platonicum Medii Aevi*, sous la dir. de Raymond Klibansky : vol. 1, *Meno* (interprete Henrico Aristippo), éd. V. KORDEDEUTER (*In aedibus Instituti Warburgiani,* 1940) ; vol. 2, *Phaedo* (interprete Henrico Aristippo), éd. L. MINIO-PALUELLO (1950) ; vol. III, *Parmenides usque ad finem primae hypothesis nec non Procli Commentarium in Parmenidem, pars ultima adhuc inedita* (interprete Guillelmo de Moerbeka), éd. R. KLIBANSKY & C. LABOWSKY (1953) ; vol. IV, *Timaeus a Calcidio translatus commentarioque instructus*, éd. J.H. WASZINK (Londres, Warburg Inst.-Leiden, Brill, 1962). Sur l'entreprise, *cf.* C. STEEL, « *Plato Latinus* (1939-1989) », *in* J. HAMESSE & M. FATTORI (éd.), *Rencontres de cultures dans la philosophie médiévale. Traductions et traducteurs de l'antiquité tardive au* XIVe *siècle*, Actes du colloque international de Cassino (15-17 juin 1989), Louvain-la-Neuve/Cassino, 1990, p. 301-316. Sur Platon et le platonisme au Moyen Âge, *cf.* T. GREGORY, *Platonismo medievale. Studi e ricerche*, Rome (Istituto storico italiano per il Medioevo. Studi storici. Fasc. 26-27), Sede dell'Istituto, 1958 et, du même, « The Platonic Inheritance », *in* P. DRONKE (éd.), *A History of Twelfth-Century Western Philosophy*, Cambridge, CUP, 1988, p. 54-80 et « Le platonisme du XIIe siècle », *RSPTh*, 71 (1987), p. 243-259 ; S. GERSH, *Middle Platonism and Neoplatonism. The Latin Tradition*, Notre Dame, Univ. of Notre Dame Press, 1986 ; M. LEMOINE, « La tradition indirecte du Platon latin », *in* R. ELLIS & R. TIXIER (éd.), *The Medieval Translator. Traduire au Moyen Âge*, Turnhout, Brepols, 1996, p. 337-346 ; J. MCEVOY, « Présence et absence de Platon au Moyen Âge », *in* A. NESCHKE & A. ÉTIENNE (éd.), *Images de Platon et lectures de ses œuvres. Les interprétations de Platon à travers les siècles*, Louvain-Paris, Peteers, 1997, p. 79-97.

7. Pour une vue synthétique de l'histoire des théories, mais aussi des problèmes, distinctions, concepts, suscités par le questionnaire de Porphyre, sa réception, et les effets de ce que j'appelle le « *feed back* textuel *Isagoge-Catégories-Peri hermeneias* », *cf.* R. CHIARADONNA, « What is Porphyry's *Isagoge* ? », *Documenti e studi sulla tradizione filosofica medievale*, 19, 2008, p. 1-30 ; R. CHIARADONNA & G. GALLUZZO (éd.), *Universals in Ancient Philosophy*, Pise, Ed. della Normale, 2013.

8. De ce système relèvent, en premier lieu, les concepts directement hérités d'Aristote et de ses commentateurs hellénophones : l'οὐσία, autrement dit : la substance / l'essence (une *équivoque* originaire accentuée par le passage du grec au latin, qui marque toute l'histoire de la métaphysique) ; le sujet (substrat) : ὑποκειμένον, rendu en latin par *subiectum* ; les expressions « être dans un sujet » (ἐν ὑποκειμένῳ εἶναι, *esse in subiecto*) et « être dit d'un sujet » (καθ' ὑποκειμένου λέγεσθαι, *dici de subiecto*) employée en *Cat.*, 2, 1 a 20-1 b 10 pour construire le dispositif à quatre classes de l'ontologie des *Catégories* : substances premières (particulières), substances secondes (universelles), accidents particuliers et accidents universels ; les concepts de forme, de matière et de composé ; d'universel, de général, d'individu, de singulier et de particulier ; de tout et de partie ; de qualité, de disposition, et d'ayance *(habitus)* ; d'action et de passion. À ces notions, s'ajoutent : en second lieu, les définitions porphyriennes du genre, de l'espèce et de l'individu : en troisième lieu, LES concepts utilisés par les disciples (Alexandre d'Aphrodise) ou les commentateurs (néoplatoniciens) d'Aristote (ou de Porphyre), massivement importés par les Pères en théologie trinitaire : ὑποστάσις, l'hypostase, rendue en latin par *suppositum* et πρόσωπον la PERSONNE ; l'ὑπάρχειν, l'existence, le fait d'exister, d'« avoir hypostase » (les Latins traduisent : *substantiam habere*, « avoir substance ») ou d'« être en hypostase » (ἐν ὑποστάσει) ; l'ἐνύπαρξις ou immanence (l'*in*-existence : « avoir ὑποστάσις ou ὕπαρξις dans » les particuliers signifiant « exister dans » les particuliers) ; la περιχωρήσις ou immanence mutuelle ; les équivalences frappées par Boèce dans le *Contra Eutychen* : *essentia* = οὐσία, *subsistentia* = οὐσίωσις, *substantia* = ὑπόστασις ; la quadruple definition de la NATURE *(natura)* et la double définition de la personne *(persona)* par le même Boèce : P1 : « *substance* individuelle d'une nature raisonnable » et P2 : « *subsistence* individuelle d'une nature raisonnable » – la *tension* entre « substance» et « subsistence » affectant à sa source même l'ensemble du vocabulaire philosophico-théologique latin. En quatrième lieu, le Moyen Âge tardif et la Seconde Scolastique ajoutent la *personalitas*,

« personnalité », et la *suppositalitas* ou « suppositalité » – la première forme, latine, de la « subjectivité ». L'ensemble de ces notions, dans leurs articulations successives, forme le noyau dur de l'archive théologico-philosophique explorée dans l'archéologie du sujet. Si la partie « aristotélicienne » en est bien connue des philosophes et des historiens de la philosophie, la partie « patristique » et théologique a été longtemps philosophiquement laissée de côté. L'oubli de l'hypostase – au bénéfice du « sujet » aristotélicien (ὑποκειμένον) – est un des aspects les plus marquants de cette méconnaissance.

9. *Cf.* F. Romano & D.P. Taormina (éd.), *Hyparxis et Hypostasis nel Neoplatonismo*. Atti del I Colloquio internazionale del Centro di ricerca sul Neoplatonismo. Università degli Studi di Catania, 1-3 ottobre 1992, Florence, Leo S. Olschki Editore (Lessico intellettuale europeo), 1994 ; B. Gleede, *The Development of the Term ἐνυπόστατος from Origen to John of Damascus*, Leiden-Boston, Brill (Supplements to Vigiliae Christianae, 113), 2012 ; M. McCord Adams & R. Cross, « Aristotelian Substance and Supposits », I, M. McCord Adams, « What's Metaphysically Special about Supposits ? Some Medieval Variations on Aristotelian Substance », *Supplement to the Proceedings of the Aristotelian Society*, 79/1 (2005), p. 15-52.

10. Voir H. Austryn Wolfson, *The Philosophy of the Church Fathers. Faith, Trinity, Incarnation*, Cambridge (USA) & Londres, Harvard University Press, 1956 ; R. Cross, *The Metaphysics of the Incarnation. Thomas Aquinas to Duns Scotus*, Oxford, OUP, 2002.

11. Pour tout ce qui suit, voir Proclus, *Trois études sur la Providence*, III, *De l'existence du mal*, trad. D. Isaac, Paris, Belles Lettres (CUF), 1982.

12. *Cf.* Simplicius, *In Cat.*, chap. 11, p. 418, 3-6 (sur 14a19-25) ; *On Aristotle Categories 9-15*, trad. R. Gaskin, *Ancient Commentators on Aristotle*, Londres, Bloomsbury Academic, 2014, p. 163 : « What reason, therefore, can one give for such a disposition of these godlike men, and for the fact that not even Iamblichus objected to it, although he laid out many and excellent reasons why whe ought to regard the bad [as consisting] in *appendant subsistence* (παρυπόστασις) and failure. » Chez les chrétiens, l'un des premiers témoins semble être Grégoire de Nysse, *De hominis opificio*, PG 44, 1646-8 : Καὶ τούτῳ γίνεται τῷ τρόπῳ τοῦ κακοῦ ἡ γένεσις, διὰ τῆς ὑπεξαιρέσεως τοῦ καλοῦ παρυφισταμένη.

13. La traduction latine de l'opuscule de Proclus sur le mal a été achevée par Guillaume de Moerbeke à Corinthe le 21 février 1280,

sous le titre *De malorum subsistentia* ; le texte grec en est perdu, comme celui du *De decem circa providentiam dubitationibus* (traduction achevée le 4 février 1280) et du *De providentia e fato* (trad. achevée le 14 février 1280). Le *De subsistentia malorum* a été édité par Victor Cousin (en même temps que les deux autres traités) dans les *Procli philosophi Platonici opera inedita*, Paris, 1820, t. 1 [^{2}1864], puis par H. Boese, dans les *Procli Diadochi tria opuscula (De providentia, libertate, malo) Latine Guillelmo de Moerbeka vertente et graece ex Isaacii Sebastocratoris aliorumque scriptis collecta*, Berlin, De Gruyter (Quellen und Studien zur Geschichte der Philosophie 1), 1960, avec les « plagiats » d'Isaac Sébastocrator. Sur l'édition Boese, voir la recension de R. Roques, *Revue de l'histoire des religions*, t. 169, n° 1, 1966, p. 74-77, qui cite quelques-uns des emprunts des *Noms divins* de Denys le Pseudo-Aréopagite au traité de Proclus.

14. Proclus, *De l'existence du mal*, trad. D. Isaac, p. 28-29.

15. Voir le commentaire d'Eustrate de Nicée sur Aristote, *Eth. Nic.*, I, 13, 1099b24, texte latin, éd. Mercken, p. 147, 61 ; texte grec, éd. G. Heylbut, *Eustratii et Michaelis et anonyma in Ethica Nicomachea commentaria*, Berlin, Reimer, ^{1}1892, réimpr. 1963, p. 89, 13 : καὶ ὡς ἐν παρυποστάσει τὸ εἶναι ἔχοντα.

16. Cf. Proclus, *On the Existence of Evils*, chap. 50, trad. J. Opsomer & C. Steel, Ithaca, Cornell University Press (The Ancient Commentators on Aristotle), 2003, p. 95 (nouvelle édition, Bloomsbury Academic, 2014). Voir également J. Opsomer & C. Steel, in Proclus, *On the Existence...*, p. 31 : « Because evils always parasitize upon good dispositions, they can usurp the power of those dispositions and use it against the good. » On notera que Proclus refuse de faire du mal un contraire direct du bien : pour lui, il ne s'agit que d'un « subcontraire ». Cf. *De malorum subsistentia*, éd. Boese, p. 54, 24-31 ; *De l'existence du mal*, trad. D. Isaac, p. 101 : « ... il est en soi privation, *mais non privation totale*, et ... c'est en *empruntant au bien*, en même temps que son état, sa puissance et son activité qu'il assume son destin de contraire ; et il n'est ni privation totale ni contraire mais subcontraire au bien. »

17. Lautréamont, *Œuvres complètes*, éd. Guy Lévis Mano, 1938, *Les Chants de Maldoror*, chant VI, 1, p. 256.

18. Comme je l'ai écrit dans « Entre Aristote et Plotin : l'*Isagoge* de Porphyre et le problème des catégories », *in* C. Chiesa, L. Freuler (éd.), *Métaphysiques médiévales. Études en l'honneur d'André de Muralt*, *Cahiers de la Revue de théologie et de philosophie*, XX (1999), p. 16 [7-27], « Porphyre n'oppose pas ici l'Idée platonicienne

transcendante et le concept aristotélicien abstrait ». Il fait état d'une question, formulée dans la langue stoïcienne, qui demande si les genres et les espèces sont « effectivement présents en hypostase » ou ne « subsistent » qu'« à la faveur d'un » simple « projet de pensée » – voir pour cette expression, J.-F. COURTINE, « Note complémentaire pour l'histoire du vocabulaire de l'être (Les traductions latines d'οὐσία et la compréhension romano-stoïcienne de l'être) », *in* P. AUBENQUE (éd.), *Concepts et Catégories dans la pensée antique*, Paris, Vrin (Bibliothèque d'histoire de la philosophie), 1980, p. 39 (traduisant un passage de Simplicius) –, bref si ce sont de « vraies réalités », des réalités tangibles sinon dotées de « l'être véritable (substantiel) des corps », du moins pourvues de *sub-stance*, c'est-à-dire « ayant un corps à la base » – CICÉRON, *Topiques*, VI, 27, traduit et cité par J.-F. COURTINE, « Note complémentaire [...] », p. 60 –, ou de fausses réalités, n'ayant d'être qu'*en psilais epinoiais*, « dans de simples concepts », c'est-à-dire des concepts « secondaires » (telles l'« usucapion, la tutelle et l'agnation » dont parle Cicéron), voire des concepts « vides » ou encore « fictifs ». En ouvrant une alternative, apparemment inconsistante, entre réalités véritables et concepts vides Porphyre croise bel et bien deux séries distinctes : celle des choses – réalités véritables ou réalités fictives –, et celle des concept – concepts authentiques (concepts de choses) *ou* concepts fictifs (concepts vides). Ce croisement déroute, mais il s'explique si l'on identifie le concept d'un être fictif à une fiction de concept, auquel cas, dire que les genres et les espèces « ne consistent que dans de purs concepts » équivaut à leur retirer toute espèce de réalité (et pas seulement d'existence), à en faire non pas de « simples non-étants » (non-existants), mais des « non-quelque chose », des *outina*, n'ayant « aucune réalité même dans la pensée » : *le concept de rien n'est rien*, pas même un concept. Cet aspect est évidemment atténué, voire gommé dans maints textes du Moyen Âge tardif, quand la notion aristotélicienne d'*intellectus* se substitue aux dérivés latins de l'*epinoia* (comme *opinio*). C'est le mot *intellectus* qui, par exemple, figure dans la version simplicienne de la première question de Porphyre. Cette aristotélisation (ou platonisation) du lexique (au détriment du stoïcisme) n'est pas sans conséquence sur la compréhension du questionnaire. *Cf.* SIMPLICIUS, *In Praedicamenta Aristotelis*, éd. A. PATTIN (Corpus Latinum Commentariorum in Aristotelem Graecorum, VII), Louvain, Publications universitaires-Paris, Béatrice-Nauwelaerts, 1971, p. 71, 44-45 : « Si enim sunt universalia sive intellectu solo esse habeant, alterius utique erit negotii inquirere. »

L'assimilation d'*epinoia* (rendu de nouveau par *intellectus*) au concept « aristotélicien » postérieur dans l'ordre de l'être se lit également, en filigrane, p. 261, 83-86 : « Aut quia aliqui perimebant universalia et intellectualia et ea quae qualitercumque intelliguntur aut quia etsi haec essent in natura, intellectus ipsorum posterius accepimus, et propter hoc accidit et in his scibile praeexistere ante scientiam. »

19. Dans l'*editio prima* de son commentaire de l'*Isagoge* (encore fondée sur la traduction de Marius Victorinus), Boèce nomme l'adversaire : il souligne clairement que Porphyre a écarté l'enseignement des stoïciens au bénéfice de ceux du Péripatos : « Nam stoici qui de his quo que rebus tractare voluerunt, non omnino a Porphyrio suscipiuntur, atque ideo ait se a Peripateticis rationem disputationis accipere. » Je comprends : *le choix du péripatétisme est en même temps et sous le même rapport un rejet du stoïcisme*. *Cf.* Boèce, *In Porph. Isag., ed. prima,* PL 64, col. 22 A. En un sens, donc, tout est sur la table ! Mais il faut lire Boèce.

20. Sur tout cela, *cf.* J. Jolivet, « Les études de philosophie médiévale en France de Victor Cousin à Étienne Gilson », *in* R. Imbach & A. Maierù (éd.), *Gli studi di filosofia medievale fra otto e novecento. Contributo a un bilancio storiografico*, Atti del convegno internazionale Roma, 21-23 settembre 1989, Rome, Ed. di Storia e Letteratura, 1991, p. 5-7.

21. Sur Gérando, mais aussi Cousin et, d'abord, André-François Boureau-Deslandes, sur lequel s'ouvrait ma leçon inaugurale, voir la remarquable (et vivante) contribution de Catherine König-Pralon, « Découverte et colonisation françaises de la philosophie médiévale (1730-1850) », *RSPTH*, 96/4, 2012, p. 663-701.

22. Roscelin de Compiègne, v. 1050-v. 1121. Comme on peut le voir dans les séminaires suivants, c'est Roscelin qui, pour tout le monde, y compris pour Gérando, déclenche la « querelle des universaux ». Sur l'arrière-plan théologique de la théorie roscelinienne, *cf.* Ch. Erismann, « The Trinity, Universals, and Particular Substances. Philoponus and Roscelin », *Traditio*, 63, 2008, p. 277-305. Pour le contexte général, voir Y. Iwakuma, « The Realism of Anselm and his Contemporaries », *in* D.E. Luscombe & G.E. Evans (éd.), *Anselm. Aosta, Bec and Canterbury*, Sheffield, Sheffield Academic Press, p. 120-135. Sur Roscelin et Anselme, *cf.* C. Mews, « Nominalism and Theology before Abaelard : New Light on Roscelin of Compiègne », *Vivarium*, 30 (1992), p. 4-33 ; repris dans *Reason and Belief in the Age of Roscelin and Abaelard*, Aldershot, Ashgate (*Variorum*), 2002.

23. J.-M. De Gérando, *Histoire comparée des systèmes de philosophie, relativement aux principes des connaissances humaines*, t. I, Paris, Henrichs, 1804, p 238-240.

24. J.-M. De Gérando, *Histoire comparée des systèmes de philosophie*, p. 240, n. 1 : « Pierre la Ramée a observé que la question agitée par ces deux sectes avait été posée par Porphyre, dans sa préface de l'*Isagogue*, sans qu'il eût osé la résoudre. »

25. *Histoire comparée des systèmes* ..., p. 240.

26. *Histoire comparée des systèmes* ...,, p. 242-243.

27. Sur les « Vocaux », *cf.* Y. Iwakuma, « *Vocales*, or Early Nominalists », *Traditio*, XLVII (1992), p. 37-111 et, du même, « *Vocales* revisited », *in* T. Shimizu & C. Burnett (éd.), *The Word in Medieval Logic, Theology and Psychology*, Turnhout, Brepols, 2009, p. 81-171.

Séminaire du 15 mai 2014

Archéologie du « conceptualisme ». — La thèse de Gérando. — Pierre de la Ramée et Christopher Marlowe : Massacre à Paris. *— Trois sortes de « nominalisme » : le nominalisme radical de « Rousselin » (Roscelin de Compiègne) : les universaux n'existent pas même dans la pensée ; le « conceptualisme » de Zénon : les universaux n'existent que dans la pensée ; entre les deux : le péripatétisme d'Abélard. — Les sources de Gérando : l'*Historia critica philosophiae *de Johann Jakob Brucker (1696-1770) ; les* Elements of the Philosophy of the Human Mind *de Dugald Stewart (1753-1828) ; le* Metalogicon *de Jean de Salisbury (1115-1180). — Deux tâches archéologiques : détermination des schèmes narratifs organisant la construction historique de l'objet « Querelle des universaux » ; rôle de la philosophie écossaise et de la philosophie française dans la formulation et la mise en œuvre de ces schèmes. — Retour à Victor Cousin. — Correspondance entre le « triangle sémantique » d'Aristote et les deux ternaires de la « querelle » : « nominalisme, conceptualisme, réalisme » et « nominalisme radical, péripatétisme, conceptualisme ». — L'Académie des sciences morales et politiques et le concours de 1845 : l'Examen critique de la Philosophie scolastique. — Analyse du programme fixé par Cousin. —La thèse de Cousin : la scolastique est née en France avec le conceptualisme d'Abélard. — Abélard et Descartes : les deux pères de la « philosophie française ». — Les thèses de Barthélemy Hauréau, le vainqueur du concours de 1845-1848.— Retour sur les sources historiques et philosophiques de la « querelle » : premiers relevés.*

Nous savons toujours plus de choses que nous ne le pensons, disais-je, lors du séminaire du 10 avril, à propos de vous, de moi, mais surtout de Joseph-Marie de Gérando, retrouvant dans son *Histoire comparée des systèmes de philosophie*, Platon, Aristote et Zénon dans le débat médiéval du réalisme, du nominalisme et du conceptualisme : Platon répondant de l'universel *ante rem* ; Aristote, de l'universel *in re* ; Zénon, de l'universel *post rem*.

Selon Gérando, je vous le rappelle, c'est chez les nominalistes, qu'on appelle à l'époque où il écrit, et qu'on appelle encore d'ailleurs – ou devrait encore appeler – les « Nominaux » (*nominales* en latin ; *nominalista* existe mais la première forme attestée est *nominales* [1]) qu'il faut chercher les conceptualistes, disciples à distance de Zénon et des stoïciens – une position qu'il distingue du nominalisme radical de « Rousselin » (nous sommes en 1803, je vous le rappelle, pas en 2014 !) –, autrement dit de ceux que nous appelons aujourd'hui les *Vocales*, menés par Roscelin de Compiègne –, et du nominalisme d'Abélard [2]. Gérando met donc en place un schème qui va avoir une certaine fortune dans l'histoire de la philosophie française, ou dans l'histoire française de la philosophie, le schème des trois classes, des trois variétés de Nominaux :

> On distingua trois classes de Nominaux. Les premiers, avec Rousselin, allaient jusqu'à dire que les Universaux n'ont pas même d'existence dans l'esprit ; que les genres ne sont que des mots et non des idées, ce qui semblait réduire la science à une terminologie toute conventionnelle.

Une *terminologie* ? Pourquoi ? Parce que s'il n'y a pas de genres ni d'espèces qui existent réellement dans les choses, il n'y a pas de science universelle des choses. Il n'y a que des définitions de mots. La science n'a pas de domaine d'objectivité, elle n'est qu'un savoir verbal. Nous prétendons connaître le monde, nous ne faisons qu'interposer entre une réalité qui nous échappe et nous-mêmes un voile de termes.

> Les seconds, Abeilard à leur tête, combattirent cette exagération, et s'exprimèrent avec plus de réserve. Abeilard, ce génie étonnant pour son siècle, dialecticien aussi adroit qu'éloquent

orateur, sentit le besoin de rattacher les notions générales aux perceptions individuelles. « L'esprit, dit-il, les en déduit et le langage les représente ; ainsi, quoique le langage soit nécessaire aux Universaux, ce ne sont point de simples noms ; et quoique les Universaux aient un fondement dans les individus, ils ne sont point non plus des réalités absolues et indépendantes »[3].

La philosophie d'Abélard est une philosophie de la médiation entre « tout est langage et rien que langage » et « il y a des choses universelles. » Il se tient sur un fil entre les deux extrêmes, et en cela il se rapproche d'Aristote. La position d'équilibre, pour Gérando, est l'aristotélisme.

> Une troisième classe se renferma davantage dans la pensée de Zénon : elle vit, *surtout,* dans les Universaux, une *opération de l'esprit,* une manière de concevoir, par laquelle il rassemble, ordonne et compare les individus ; elle refusa ainsi aux Universaux, toute réalité *physique ; ne* leur accorda *d'existence* que *dans l'entendement,* et de là vint le titre de *conceptualiste* qui lui fut donné[4].

Gérando ne semble pas avoir lu l'*Isagoge*, et ne connaît apparemment que de seconde main l'énoncé original du questionnaire de Porphyre. Qu'il le connaisse de seconde main ne signifie pas qu'il ne le connaît pas, mais il en connaît une *certaine* formulation. Il le connaît par l'intermédiaire des *Aristotelicae Animadversiones* de Ramus[5] – Pierre de la Ramée, un temps lecteur ordinaire du roi en philosophie et éloquence au Collège royal, où il enseigne aussi les mathématiques – un personnage très intéressant sur lequel j'espère revenir un jour, peut-être même ici, car c'est un des protagonistes de la pièce de Christopher Marlowe, *Massacre at Paris,* qui raconte la Saint-Barthélemy. Pierre de la Ramée fait partie des gens qui ont été assassinés le jour, ou plutôt au lendemain du déclenchement de la Saint-Barthélemy (le massacre, commencé le 25 août 1572, a duré plusieurs jours). Il est poignardé après que ses bourreaux – qui le jugent vite fait, bien fait – lui ont dit : « Est-ce que ça ne serait pas toi qui te serais moqué d'Aristote et de l'*Organon* ? Eh bien, prends ça ! » Ou plutôt :

Was it not thou that scoff'dst the *Organon*,
And said it was a heape of vanities ?
N'est-ce pas toi qui t'es foutu de l'*Organon*
Et a dit que c'était un tas d'âneries ?

C'est du Marlowe, *Massacre*, IX, 26-27. On peut mourir à la Saint-Barthélemy parce qu'on s'est moqué d'Aristote[6]. En fait, une « dispute » précède le meurtre, une dispute *à mort*. Guise s'en prend à la thèse de Ramus, bien connue, affirmant qu'un argument ne peut être reçu en logique pour seule cause d'autorité. À quoi il oppose la phrase « Ramus doit mourir » ou « va mourir » (IX, 35) qui sera vérifiée dans l'instant, sur sa seule autorité.

Excepting against Doctors actions,
And *ipse dixi* with this quidditie,
Argumentum testimonii est inartificiale.
To contradict which, I say *Ramus shall dye*.
How answer you that ? Your *nego argumentum*
Cannot serve, Sirrah, kill him (IX, 32-37).

... En aucun cas on ne doit aller contre les axiomes des docteurs et ce qu'ils disent qu'Aristote a dit, en prétextant cette fausse argutie selon laquelle *l'argument fondé sur le témoignage est sans art* [n'a aucune valeur en logique].
Pour avoir contredit à cela, je dis que Ramus doit mourir.
Qu'est-ce que tu réponds à ça ?
Ton *nego argumentum* ne te sert plus à rien, petit monsieur.
Tuez-le (trad. Collin, p. 47-48).

Ma foi... Ce serait bien de lire toute la scène. On pourrait imaginer de faire comme à l'école primaire, ou dans la pédagogie jésuite : un spectacle de fin d'année où l'on jouerait sur cette estrade la scène en question. Bon, ce serait quand même difficile de faire du neuf, puisqu'il s'agit, je crois, de la première mise en scène qu'ait réalisée Patrice Chéreau[7]. En tout cas, si Gérando ne connaît que de seconde main le texte de Porphyre, rapporté par Pierre de La Ramée, il tombe juste en rapatriant la *Stoa* dans le questionnaire – *sans le questionnaire*, soulignais-je le 10 avril.

Sans le questionnaire, mais avec Johann Jakob Brucker [8] et son *Historia critica*, source explicitement alléguée par Gérando dans son remarquable diagnostic. Cette source est la première grande histoire de la philosophie depuis les aurores jusqu'à nos jours : *Historia critica philosophiae a mundi incunabulis ad nostram usque aetatem deducta*. Cinq volumes – et ce ne sont pas des haïkus – cinq énormes volumes qui, d'ailleurs, deviennent six. C'est dans un des appendices du sixième volume de *Compléments* que, comme le dit Gérando :

> Brucker a développé avec sagacité cette origine de la dispute des Nominaux et des Réalistes, qui la fait remonter aux doctrines de l'Antiquité (t. VI, Appendice, p. 810).

Brucker, né le 22 janvier 1696, mort le 26 novembre 1770, met explicitement en relation les trois écoles, platonicienne, aristotélicienne, stoïcienne, et la querelle médiévale des universaux. Non seulement en effet il mentionne une division tripartite de l'universel *in essendo* où nous reconnaissons la distinction ammonienne des trois états de l'universel (« Hoc uniuersale autem in essendo diuiserunt Scholastici in metaphysicum, physicum et logicum, vel, quod eodem recedit, in uniuersale ante rem, in re, post rem »), mais encore il nomme les trois chefs d'écoles philosophiques grecques impliquées dans la querelle des nominaux et des réalistes : Platon, Aristote, Zénon – non sans égratigner au passage l'indigeste prose scolastique [9].

Gérando tombe juste, donc, avec Brucker, mais pas seulement avec lui, car Brucker n'est pas sa seule source. Dans une seconde et longue note du texte consacré à la querelle, il ouvre ses dossiers. Il nous dit quels sont les documents à consulter, en 1803, sur la question. Y figurent le texte d'un contemporain, un ouvrage sur lequel j'aurai l'occasion de revenir dans un instant comme dans les années qui viennent : les *Elements of the Philosophy of the Human Mind* de Dugald Stewart, et d'autres sur lesquels on reviendra aussi bientôt, dont un texte médiéval (ce qui montre que tout n'est pas de seconde main) : le *Metalogicon* de Jean de Salisbury.

« On trouve dans Salisbury les détails de cette controverse », écrit Gérando [10]. Je voudrais m'arrêter ici quelques secondes.

Pour deux raisons : d'abord, tout le monde ne connaît pas Jean de Salisbury. Je vous rappelle qu'il a vécu entre 1115 et 1180 et qu'il est l'auteur de deux grands textes : le *Metalogicon* (1159, *Ioannes Saresberensis* – c'est son nom en latin) dont il y a maintenant une édition critique, excellente, dans la *Continuatio Medievalis* du *Corpus Christianorum* [11], et dont il existe une traduction française – signalons-le, c'est rare – due à François Lejeune, parue aux Presses de l'Université Laval en 2009 [12]. D'autre part, il y a cet ouvrage fondamental de l'histoire de la pensée politique, le *Policraticus*, traduit en français sous les Valois [13]. Il y a eu en effet une politique de traduction en langue vernaculaire lancée par Charles V et poursuivie par Charles VI, pour doter la France d'un certain nombre de textes de philosophie politique susceptibles de fournir en idées l'École nationale d'administration de l'époque (ce que l'on appelait les « Clercs » de Charles V et Charles VI). Il existe ainsi une traduction française qui s'appelle le « Policratique » [14], dans laquelle vous trouvez toute une série de choses extrêmement intéressantes, notamment la fameuse *théorie des deux glaives*, mais on parlera de cela une autre fois [15].

Pourquoi est-ce que j'insiste aussi sur Dugald Stewart et ses *Elements of the Philosophy of the Human Mind ?* Parce que deux tâches archéologiques s'imposent à nous :

1. d'une part, réfléchir sur l'origine des schèmes narratifs mis en œuvre par les philosophes et les historiens de la philosophie, par les philosophes sur les pas des historiens de la philosophie, mais aussi par les historiens de la philosophie sur les pas des philosophes (et souvent les historiens de la philosophie sont eux-mêmes des philosophes) – ce qui veut dire, donc, s'interroger sur les schèmes conceptuels fondant les schèmes narratifs et sur la relation existant entre les deux ;

2. d'autre part, mettre en évidence l'importance à la fois philosophique et historiographique de la relation entre philosophie écossaise et philosophie française dans la construction des schèmes narratifs et conceptuels qui ont assuré le passage du questionnaire de Porphyre à l'objet philosophique qu'est le problème des universaux (car c'est bien un *problème* philosophique, même s'il en existe plusieurs formulations) et à l'objet

historique qu'est la « querelle des universaux ». Le problème des universaux et la querelle des universaux ne sont pas nécessairement la même chose, et c'est ce que j'essaie de montrer ici.

Ces deux tâches, ces deux ensembles sont liés ; ils sont même en intersection, et à leur intersection, il y a le philosophe, et historien de la philosophie, que nous avons plusieurs fois évoqué au cours de ces séances : Victor Cousin.

Je ne reviens pas sur la projection rétrospective du triangle sémantique d'Aristote sur la détermination de l'objet, *skopos*, de l'*Isagoge* – via l'objet des *Catégories*, dans le commentarisme tardo-antique et médiéval : voix *(phônai, voces)* ou mots *(onomata, nomina, sermones)*, affects, passions, concepts *(pathêmata, conceptus, intellectus, intentiones)*, choses *(pragmata, res)*. À ce triangle on peut faire correspondre *deux triangles historiques* : celui du nominalisme, du conceptualisme et du réalisme – cela saute aux yeux, et va de soi – mais aussi la distinction entre trois variétés de nominalistes : les nominalistes radicaux (Roscelin), les nominalistes aristotéliciens (Abélard) et les nominalistes stoïciens (pilotés à distance par Zénon) – on reparlera de cela. Je ne reviens pas non plus sur la relation, évidente, existant entre la détermination de cet objet de l'*Isagoge* et le schème philosophique, à la fois conceptuel et narratif, qui préside à la construction du problème des universaux comme querelle des universaux, opposant nominalistes, conceptualistes et réalistes. Les deux triangles sont, si j'ose dire isométriques, ou plus simplement superposables. Je veux en revanche considérer avec vous la manière dont s'est historiquement mise en place cette superposition (comment un triangle a donné l'autre), et l'évolution qu'elle a subie, bref, les étapes par lesquelles est passée la construction historique de la querelle des universaux. Le propos est éminemment archéologique. Le phénomène est une illustration parfaite de ce que peuvent bien être le terrain et les méthodes de l'archéologie philosophique.

Nous sommes au mois d'avril 1845. L'Académie des sciences morales et politiques met au concours, pour un prix à décerner en 1848, le sujet suivant : *Examen critique de la philosophie scolastique*. Selon le second point du programme, les concurrents doivent s'attacher « à la grande époque, à l'époque classique de la Philosophie scolastique, à savoir celle qui remplit le XIIIe et le XIVe siècle, qui commence à l'introduction, *en France* [je souligne], de la *Métaphysique* et de la *Physique* d'Aristote, et des commentateurs anciens de ces deux ouvrages, par le moyen de traductions latines, et qui se termine à peu près au concile de Florence et à la prise de Constantinople [on a une date : 1453], c'est-à-dire à l'introduction en Europe des autres *monuments* et des autres *systèmes* de la philosophie grecque » [16].

Le lecteur d'aujourd'hui notera au passage les deux termes de « monuments » et de « systèmes » dont l'écho, inattendu, se fait encore entendre dans la double caractérisation de toute philosophie selon Martial Guéroult (1891-1976, successeur de Gilson au Collège de France où, de 1951 à 1962, il occupe la chaire d'« Histoire et technologie des systèmes philosophiques ») : *monument singulier* et *système individuel de preuves démontrant des vérités*, comme je l'ai rappelé dans ma leçon inaugurale [17]. Le troisième point du programme invite les concurrents « parmi les discussions des écoles rivales, au treizième et au quatorzième siècle, à donner une attention toute particulière à la querelle du réalisme, du conceptualisme et du nominalisme », tout en leur recommandant, dans le cinquième, « de se renfermer », autant qu'il est possible, « dans le domaine de la philosophie proprement dite, et de rester étrangers à celui de la théologie », et, dans le quatrième, de ne point se borner « à retracer l'histoire des écoles et des systèmes », mais de rechercher « la part d'erreur, et surtout la part de vérité, que ces systèmes et ces écoles peuvent contenir » et de s'appliquer « à dégager et à mettre en lumière ce qui, soit parmi les principes, soit parmi les procédés, soit parmi les résultats que nous a légués la Philosophie scolastique, pourrait encore être mis à profit par la philosophie de notre temps. » Ce programme est inspiré, il n'y a pas de mystère, par Victor Cousin, qui en fait la proposition à l'Académie le 19 avril 1845 [18].

Donner une attention toute particulière à la querelle du réalisme, du conceptualisme et du nominalisme à « l'époque classique » de la Philosophie scolastique : cela veut dire deux choses, premièrement que la querelle des universaux est la pièce centrale de la philosophie médiévale, deuxièmement, qu'on laisse de côté l'origine de la querelle – *i.e.* que cet examen critique de la philosophie scolastique, censé déboucher sur le présent, n'a pas de visée généalogique. Il n'est pas question, en somme, de s'attarder sur le haut Moyen Âge.

Le premier point est le *credo* de Cousin : je vous rappelle le texte du tome III des *Fragments philosophiques*, consacré à la *Philosophie scholastique*, dans la 4e édition publiée à Paris, chez Ladrange, en 1840, où Cousin écrit :

> Si dans la scholastique on écarte la théologie pour considérer seulement la philosophie proprement dite [*et vous reconnaissez là le vocabulaire du programme de 1845*], cette philosophie est tout entière dans la querelle du nominalisme et du réalisme [19].

À quoi il faut *ajouter la position d'Abélard*, qui « combattant à-la-fois les réalistes et les nominaux [...] expose cette opinion intermédiaire qui depuis a été appelée le conceptualisme » [20]. Notre triangle est là, et bien là. Mais il était évidemment déjà là, et mot pour mot, dans l'*Introduction* du texte pionnier de Cousin, *Ouvrages inédits d'Abélard pour servir à l'histoire de la philosophie scolastique en France*, publiés en 1836. Je vous ai dit à plusieurs reprises que Victor Cousin était aussi un éditeur de textes : il a édité Abélard, Proclus, et vous allez voir qu'il a aussi édité quelqu'un d'autre qui a une certaine importance dans l'histoire de la philosophie française. Ces ouvrages, publiés en 1836, paraissent dans une série dont l'intitulé dit la dimension politique, institutionnelle et idéologique : *Collection de documents inédits sur l'histoire de France publiés par ordre du Roi et par les soins du Ministre de l'Instruction publique*. Il y a donc là une visée : l'histoire de France. Dans cette *Introduction*, Cousin articule deux schèmes ternaires : le premier concerne l'histoire de la scolastique ; le second celui de la querelle des universaux ; les deux déclinant la même image des trois âges de la vie : jeunesse, splendide maturité, vieillesse, qui n'est qu'une mort inchoative, et mort [21].

> La scolastique a trois époques : 1° du XIe siècle jusqu'au XIIIe et jusqu'à l'organisation de l'université de Paris ; c'est l'enfance de la scolastique ; 2° du XIIIe siècle jusqu'au XVe ; c'est l'âge de sa

virilité, où toutes les grandes universités de l'Europe, les grands ordres religieux fleurissent ; 3° du XVe siècle jusqu'à la fin du XVIe ; c'est le temps de son déclin, où elle languit et s'éteint peu à peu dans la décadence du Moyen Âge, sous les premiers essais de réforme en tout genre, aux approches d'une langue nouvelle, d'un esprit nouveau, d'une nouvelle époque de l'humanité.

Et si dans la scolastique on écarte la théologie pour considérer seulement la philosophie proprement dite, *cette philosophie est tout entière dans la querelle du nominalisme et du réalisme*, et cette querelle peut se diviser aussi en trois époques : 1° elle naît à l'occasion de la phrase de Porphyre, et sa naissance est celle de la philosophie scolastique ; 2° aux luttes vives et passionnées de cette première époque succède le règne au moins apparent de l'une des deux opinions rivales [*Entendons : le réalisme*] ; 3° l'opinion vaincue dans la première époque et condamnée au silence dans la seconde reparaît dans la troisième et finit par triompher, et son triomphe est le tombeau de la scolastique [*Comprenons : la victoire du nominalisme, c'est la mort de la scolastique*] [22].

Les deux opinions qui s'affrontent sont le réalisme et le nominalisme ; le réalisme l'emporte un temps, le nominalisme l'emporte pour finir, et emporte avec lui la scolastique. Le héros de l'histoire est l'inventeur de la troisième voie : le conceptualisme. Ce héros est un héros national, car rien de moins que le fondateur de la philosophie française. C'est Abélard.

La thèse est claire et nette : la scolastique est née en France, et Abélard, c'est la France [23]. C'est l'idée-force qui s'est emparée de Cousin entre le cours de 1829, où il a fixé « le caractère général, marqué les périodes, signalé les grands noms, esquissé les principaux systèmes de la philosophie scolastique » [24], et 1836, où il publie les *Ouvrages inédits*. Entre 1829 et 1836, il s'est rendu compte qu'il fallait absolument éditer ce grand homme :

J'ajoute ici que la scolastique appartient à la France, qui produisit, forma ou attira les docteurs les plus illustres. L'université de Paris est au Moyen Âge la grande école de l'Europe. Or, l'homme qui par ses qualités et par ses défauts, par la hardiesse de ses opinions,

> l'éclat de sa vie, la passion innée de la polémique et le plus rare talent d'enseignement, concourut le plus à accroître et à répandre le goût des études et ce mouvement intellectuel d'où est sortie, au XIIIe siècle, l'université de Paris, cet homme est Pierre Abélard [25].

Abélard n'est pas que l'inventeur du conceptualisme, il est aussi le principal introducteur de la dialectique en théologie, quand, jusqu'à lui, on se contentait d'un peu de grammaire et de logique pour « exposer les dogmes sacrés. » C'est ce que l'on voit si, précisément, on ne se « renferme pas » complètement « dans le domaine de la philosophie proprement dite », comme le suggère le programme de l'Académie. Les deux disciplines sont inséparables : c'en est la preuve absolue. Abélard et Descartes : deux héros français. Deux paradigmes nationaux. Par le premier, la France a donné la philosophie scolastique à l'Europe, par le second, elle l'en a débarrassée [26], lui donnant en cela la philosophie tout court. Cousin sait écrire ! Et il prépare sans arrêt programmes ou réformes, donc il sait où il veut mener son public.

> L'introduction de la dialectique dans la théologie pouvait seule amener cet esprit de controverse qui est et le vice et l'honneur de la scolastique. Abélard est le principal auteur de cette introduction ; il est donc le principal fondateur de la philosophie du Moyen Âge : de sorte que la France a donné à la fois à l'Europe la scolastique au XIIe siècle par Abélard, et au commencement du XVIIe, dans Descartes, le destructeur de cette même scolastique et le père de la philosophie moderne. Et il n'y a point là d'inconséquence ; car le même esprit qui avait élevé l'enseignement religieux ordinaire à cette forme systématique et rationnelle qu'on appelle la scolastique, pouvait seul surpasser cette forme même et produire la philosophie proprement dite [27].

Abélard et Descartes, c'est la France. « Abélard et Descartes sont incontestablement les deux plus grands philosophes qu'ait produits la France, l'un au moyen-âge, l'autre dans les temps modernes » [28]. D'où le projet éditorial de Cousin, qui note que « douze années plus tôt, la France n'avait point une édition complète de Descartes », ce qu'elle a grâce à lui, depuis les 11 volumes des œuvres complètes publiés par ses soins en 1826, et qu'« elle attend encore une édition complète d'Abélard », ce qu'elle a désormais, grâce au volume des *Ouvrages inédits* [29], que compléteront, en 1849 et 1859, les deux volumes des *Opera Petri Abelardi* publiés avec la collaboration de Jourdain et Despois [30].

Abélard et Descartes, c'est la France ; on pourrait même dire, c'est la Bretagne – et je m'adresse ici aux « Bonnets rouges ». Aux yeux de Cousin, « Abélard et Descartes ne sont pas seulement Français », « ils appartiennent à la même province, à cette Bretagne dont les habitants se distinguent par un si vif sentiment d'indépendance et une si forte personnalité ». Et d'ajouter :

> De là, dans les deux illustres compatriotes, avec leur originalité naturelle, une certaine disposition à médiocrement admirer ce qui s'était fait avant eux et ce qui se faisait de leur temps, l'indépendance poussée souvent jusqu'à l'esprit de querelle, la confiance dans leurs forces et le mépris de leurs adversaires, plus de conséquence que de solidité dans leurs opinions, plus de sagacité que d'étendue, plus de vigueur dans la trempe de l'esprit et du caractère que d'élévation ou de profondeur dans la pensée, plus d'invention que de sens commun ; abondants dans leur sens propre plutôt que s'élevant à la raison universelle, opiniâtres, aventureux, novateurs, révolutionnaires [31].

Je rappelle que Descartes est né en Indre-et-Loire (c'est mon chapitre : « La réforme des régions »). Il est né à La Haye (aujourd'hui La Haye-Descartes), en latin *Haiam* – les Marseillais apprécieront – à 50 kilomètres de Tours, sur la rivière Creuse (région Centre [devenue Centre-Val de Loire le 17 janvier 2015]). Abélard, lui, est né au Pallet, en Loire-Atlantique, dans la vallée de la Sèvre nantaise, à 20 kilomètres au sud-est de Nantes et 7 kilomètres au nord-ouest de Clisson (région des Pays de la Loire). Il n'empêche que le portrait des Bretons à la mode de Cousin est excellent : « opiniâtres, aventureux, novateurs, révolutionnaires ».

Hauréau [32], l'heureux vainqueur du concours de 1845, écrit dans le livre, tiré du mémoire couronné, publié finalement en 1850 sous le titre *De la philosophie scolastique* :

Au moment où nous livrons ce Mémoire à l'impression, nous recevons le premier volume d'une édition complète des *Œuvres* d'Abélard. C'est M. Cousin qui vient d'élever *ce monument à la gloire de la philosophie française* [33].

Et le lauréat d'entonner à son tour, si j'ose dire, l'hymne national, pour célébrer, en conservateur des manuscrits français de la Bibliothèque nationale de 1848 à 1851, mais aussi en vieux révolutionnaire – son premier ouvrage, paru en 1834, s'intitulait *La Montagne* –, le « génie de cette nation, à laquelle doit appartenir l'empire de la pensée ».

Oui, sans doute, écrit-il, et disons-le avec un juste orgueil, si la France a été le sol natal de la scolastique, c'est que l'esprit français est particulièrement doué de cette audace curieuse qui ne connaît ni les obstacles, ni les périls ; qui ne voit jamais que le but, et se précipite toujours pour l'atteindre. La scolastique, c'est le travail des intelligences qui, longtemps asservies à l'empire absolu d'un dogme révélé, s'efforcent de mériter et de conquérir leur émancipation, au prix de cette douce sécurité que procurent l'esclavage et la foi ; la scolastique, c'est la révolution qui se prépare, qui annonce sa venue ; et la Révolution, qui l'ignore ? c'est la France même [34].

On est content d'être médiéviste. Sous la plume d'Hauréau, historien de la philosophie scolastique, s'accomplit le double mouvement de la *translatio studii* et de la *translatio imperii* : les deux fusionnent en France à l'enseigne de l'intelligence. En cela, il réalise le vœu de l'Académie, dont le premier point du programme de 1845 demandait explicitement aux concurrents de « renfermer leurs recherches dans l'étude de la Philosophie scolastique en France, et particulièrement dans l'Université de Paris, la France ayant été, au Moyen-Âge, la lumière de l'Europe, et l'Université de Paris la mère de toutes les autres Universités, françaises et étrangères. »

Abélard, une passion française ? N'allons pas trop vite en besogne. Ce qu'il faut penser, philosophiquement, historiquement et archéologiquement, c'est l'installation d'Abélard en promoteur du conceptualisme, autrement dit, c'est la dissociation du nominalisme et du conceptualisme, en termes à la fois génétiques et structurels.

Cousin, comme le notait déjà, en 1989, William Courtenay (le meilleur spécialiste du nominalisme pris comme un tout), distingue radicalement le nominalisme de Roscelin et le conceptualisme d'Abélard, et c'est sur cette dissociation qu'il fonde le scénario d'une scolastique entendue comme forme native de la philosophie française [35]. Il faut un tiers entre le nominalisme et le réalisme ; il faut un tiers entre les mots et les choses. Le conceptualisme, c'est la troisième voie en philosophie. Mais le scénario, qui voit le conceptualisme se séparer du nominalisme, a trois acteurs – Roscelin, Abélard, Ockham – et son *synopsis* est antérieur à Cousin. Je veux insister sur ce point : il faut un tiers entre le nominalisme et le réalisme, c'est quasi une exigence conceptuelle, puisqu'il y a mots, concepts et choses. Et il y a, avant Cousin, des tentatives de description de la querelle des universaux sur ce patron, sur ce modèle.

Il faut un tiers entre le nominalisme de Roscelin et le réalisme de Guillaume de Champeaux. Je reviendrai sur lui : il est le champion du réalisme. Abélard raconte, dans l'*Histoire de* [s]*es malheurs*, comment il est allé interrompre ses cours, le défier et l'emporter sur lui à chaque fois.

Il faut un tiers entre les deux, comme il y a un tiers entre les mots et les choses, et, ainsi que je le disais lors de ma leçon inaugurale, des pensées entre les mots et les roses. Beaucoup de gens se sont interrogés sur ce que venaient faire ces roses (enfin, « beaucoup »... deux personnes à dire vrai ; mais enfin, si « un seul homme est une foule », comme disait le sage [36], alors deux...). Réponse : ma leçon était un 13 février, veille de la Saint-Valentin, et je commentais – c'est ma dernière chance d'être entendu – le vers de Bernard de Cluny : *Stat Roma pristina nomine, nomina nuda tenemus*, qu'Umberto Eco a repris en mettant *rosa* à la place de *Roma* : nous ne gardons de la rose du matin que le nom, « nous ne tenons que des noms vides ».

Le besoin d'un tiers, ce n'est pas Cousin qui le découvre : il est déjà chez Gérando. Il est déjà dans les sources de Gérando – médiévales et modernes. Mais chacun a son tiers. Le débat entre nominalisme et conceptualisme est, en fait, la grande affaire des années 1800, la grande affaire des modernes : c'est entre les deux que se fait le choix du philosophe ; c'est à partir des deux que s'invente le récit de l'historien. Je dis bien *s'invente*, car dans les années 1800, on ne dispose ni des textes d'Abélard ni de ceux de Roscelin. On connaît *l'Histoire de mes malheurs*, mais on n'a pas la *Dialectica*, on n'a pas la *Logica Ingredientibus* ni la *Logica Nostrorum petitioni sociorum*.

Si l'on n'a pas les textes, de quoi dispose-t-on ? D'histoires. L'histoire est un film choral. Dans le cas précis les protagonistes sont : au XIIe siècle, Jean de Salisbury, avec le *Metalogicon* et le *Policraticus* ; au XVIe, Aventinus, alias *Johannes (Aventinus) Turmair*, et son *Histoire du duché de Bavière* [37]. Eh bien oui, c'est dans *l'Histoire du duché de Bavière*, les *Annales Boiorum*, que l'on va trouver des éléments intéressants sur les *nominales*. Bien sûr il y a une raison à tout cela : Ockham, au XIVe siècle a quitté ce monde cruel où on voulait l'empêcher de penser pour aller se réfugier en Allemagne. Turmair, comme l'a bien vu William Courtenay, fournit la matrice du récit :

> A major source for this picture, whether direct or indirect, was the summary given in Johannes (Aventinus) Turmair's history of the Duchy of Bavaria, written in the early sixteenth century. Aventinus saw realism and nominalism as two opposing ideologies throughout the scholastic period. He traced the origins of nominalism to Roscelin in the late eleventh century, saw Abelard as a follower of Roscelin and a fellow nominalist, and believed that Ockham reintroduced nominalism in opposition to Thomas Aquinas and Duns Scotus. Through Ockham's disciples it spread to the German universities of Vienna and Heidelberg [38].

Au XVIIe, César Égasse du Boulay et son *Historia Universitatis Parisiensis a Carolo M. ad nostra tempora*, plus ou moins intégralement fondée sur Turmair [39], puis, Charles du Cange, et son *Glossarium mediae et infimae latinitatis* [40].

Aventinus, Du Boulay, Du Cange – sainte Trinité historienne, suivie, augmentée, et corrigée plus ou moins, par :

1. l'*Historia critica philosophiae* de Jacob Brucker, mentionnée au début de cette séance ;

2. le *Lehrbuch der Geschichte der Philosophie*, en 8 volumes (Göttingen, 1796–1804) et la *Geschichte der neuern Philosophie*,

vol. 1 (Göttingen, 1800), p. 835-841, 885-890 de Johann Gottlieb Buhle (1763-1821) ;

3. la *Geschichte der Philosophie*, en 11 volumes (Leipzig, 1798–1819), vol. VIII, p. 160-169, et 840-842 et le *Grundriss der Geschichte der Philosophie für den akademischen Unterricht* (Leipzig, 1812) de Wilhelm Gottlieb Tennemann, traduit par Cousin en 1830.

Vous le voyez, on ne manque pas de travaux d'historiens avant Cousin, et comme vous le verrez, on a aussi, avant Cousin, des travaux de philosophes, apologètes du nominalisme. À savoir, notamment :

4. la *Philosophia Nominalium vindicata* de Jean Salabert (Paris, 1661) ;

5. l'anonyme *Ars rationis ad mentem Nominaliu*m (Oxford, 1673) ;

6. l'*Oratio de secta Nominalium* de Jacobus Thomasius (*Orationes*, Leipzig, 1683) ;

7. le volume plus théorique, publié en 1793 par Christophe Meiners pour l'Académie des sciences de Göttingen : *De Realium et Nominalium initiis et progressu in Commentationes societatis regiae scientiarum Gottingensis*, vol. 12 (1793) – accessible sur les archives digitales de la DFG (*Deutsche Forschungsgemeinschaft*).

On reviendra sur tout cela, mais on constate d'ores et déjà que, d'une certaine façon, le nominalisme n'est pas mort passé les années 1400, contrairement à ce que l'on pourrait imaginer. Quand je parle d'un « long Moyen Âge » c'est à des phénomènes de ce genre que je fais allusion. Vous voyez que, dans ce long Moyen Âge, s'échangent, se relaient, se passent le témoin aussi bien les protagonistes de l'affaire philosophes que ceux qui s'en font les relateurs et les historiens. En fait, du XVIIe au XIXe siècle, ce sont souvent les mêmes. Le travail est donc compliqué, mais d'autant plus passionnant quand tous ceux qui s'en mêlent sont à la fois philosophes et historiens. Philosophes plus ou moins brillants, historiens plus ou moins exacts, mais on en viendra au meilleur d'entre eux, Dugald Stewart, je l'espère dès la semaine prochaine.

Notes

1. Sur la reconstruction au XIIIe siècle des thèses des « nominaux » du XIIe, *cf.* M. SANTOS NOYA « Die Universalienlehre der “Nominales” in der Darstellung Alberts des Großen », *in* W. Senner (éd.), *Albertus Magnus. Zum Gedenken nach 800 Jahren. Neue Zugänge, Aspekte und Perspektiven*, Berlin, Akademie Verlag, 2001, p. 171-194

2. Sur Abélard, l’ouvrage de référence est aujourd’hui : J. MARENBON, *The Philosophy of Peter Abelard*, Cambridge-New York, CUP, 1997.

3. J.-M. DE GÉRANDO, *Histoire comparée des systèmes*..., p. 246.

4. *Ibid.*, p. 247.

5. *Ibid.*, p. 240, n. 1, cite *Aristotelicae Animadversationes*, Lib. III, p. 62 : « Porphyrius in proemio operis quaestiones de genere et specie, ab instituto, ut fatetur, alienas, proponit, an genera et species subsistant, an in nudis intellectibus posita sint ; sive substantia corporalia sint, aut incorporalia, et utrum separata a sensibilibus, an in sensibilibus posita. Quibus quaestionibus crucem fixam esse credas, ad torquendos eos, qui Porphyrio erudiendi traderentur. »

6. La mort de Ramus fait l’essentiel de la scène IX de *The Massacre at Paris* (pour une traduction française, voir Ch. MARLOWE, *Massacre à Paris*, trad. P. COLLIN, Besançon, Les Solitaires intempestifs, 2004), dont cet extrait : « *Enter the Guise and Anjoy, Dumaine, Mountsorrell, with soldiers.* ANJOY – Whom have you there ? RETES – Tis Ramus, the Kings professor of Logick. GUISE – Stab him. RAMUS – O good my Lord, / Wherein hath Ramus been so offencious ? GUISE – Marry sir, in having a smack in all, / And yet didst never sound any thing to the depth. / *Was it not thou that scoff’dst the Organon, / And said it was a heape of vanities ?* [...] RAMUS – O good my Lord, let me

but speak a word. ANJOY – Well, say on. RAMUS – Not for my life doe I desire this pause, / But in my latter houre to purge my selfe, / In that I know the things that I have wrote, / Which as I heare one Shekins takes it ill, / Because my places being but three, contain all his : / I knew the *Organon* to be confusde, / And I reduc'd it into better forme. / And this for Aristotle will I say, / That he that despiseth him, can nere / Be good in Logick or Philosophie. / And thats because the blockish Sorbonests / Attribute as much unto their workes, / As to the service of the eternall God. GUISE –Why suffer you that peasant to declaime ? / Stab him I say and send him to his freends in hell. » trad fr., p. 46-49 : « ANJOU – Qu'avons-nous là ? RETZ – Ça, c'est Pierre de la Ramée, le professeur de logique du roi. GUISE – Tuez-le. PIERRE DE LA RAMÉE – Ô bon et noble seigneur, en quoi Pierre de la Ramée a-t-il pu à ce point vous offenser ? GUISE – Putain, monsieur, en ayant des opinions à propos de tout sans jamais être allé au fond de rien. *N'est-ce pas toi qui t'es foutu de l'Organon et prétendu que c'était un tas d'âneries ?* [...] PIERRE DE LA RAMÉE – Ô mon bon seigneur, laissez-moi dire un dernier mot. ANJOU – Vas-y. Exprime-toi. PIERRE DE LA RAMÉE – Je ne réclame pas de délai pour ma vie ; mais, dans ma dernière heure, pour défendre ce que j'ai fait. Je sais ce que j'ai écrit et qu'un nommé Schekius s'est senti offensé, paraît-il, de ce que mes hypothèses, au nombre de trois, contenaient toutes les siennes. J'ai constaté en effet que l'*Organon* était confus et je l'ai réorganisé sous une forme plus accessible. Et d'ailleurs, concernant Aristote, je veux dire avec force que celui qui en néglige l'importance ne pourra jamais rien faire de bon ni en logique ni en philosophie. Et je dis cela précisément pour ces bornés de la Sorbonne qui attribuent autant de prix à leurs ouvrages qu'aux sacrements du Dieu éternel. GUISE – Pourquoi laissez-vous pérorer ce laquais ? Poignardez-le, je dis, envoyez-le retrouver ses amis en enfer. »

7. Patrice Chéreau a monté la pièce au Théâtre national populaire (TNP) de Villeurbanne, donnant 18 représentations du 19 mai au 10 juin 1972 : Roger Planchon tenait le rôle du duc de Guise.

8. L'*Historia critica philosophiae a mundi incunabulis ad nostram usque aetatem deducta* a été publiée à Leipzig, entre 1742 et 1744, chez B.Ch. Breitkopf : les tomes I et II en 1742, le tome III et la première partie du tome IV en 1743, la partie finale du tome IV en 1744, le tout en cinq volumes in quarto. C'est dans la seconde édition, parue en 1767, que figure le VIe volume auquel se réfère

Gérando : *Appendix, accessiones, observationes, emendationes, illustrationes atque supplementa exhibens*. Brucker a tiré un manuel de l'*Historia*, intitulé, *Institutiones historiae philososophicae usui academicae iuventutis adornatae,* Leipzig, Impensis B.Ch. Breitkopfii, 1748 et ²1756. Sur Brucker, voir la somme de Mario LONGO, « A "Critical" History of Philosophy and the Early Enlightenment : Johann Jacob Brucker », in G. PIAIA & G. SANTINELLO (éd.) *Models of the History of Philosophy. Vol. II : From the Cartesian Age to Brucker*, Dordrecht, Springer (Archives internationales d'histoire des idées. International Archives of the History of Ideas, 204), 2011, p. 457-577 (p. 482, pour l'*Appendix*). Le volume de Springer est la traduction de l'ouvrage pionnier de G. SANTINELLO (†), *Storie delle storie generali della filosofia.* Vol. II : *Dall'età cartesiana a Brucker*, Brescia, La Scuola, paru en 1979.

9. Dans le passage visé par Gérando, Brucker ne développe pas l'argument, pour ne pas « servir deux fois le même chou » à un lecteur supposé vite éprouvé par la cuisine scolastique. *Cf.* BRUCKER, *Historia Critica*, t. VI, *Appendix, Ad Tom. III, Part. II. L. II. C. III. De philosophia scholastica*, Lipsiae, ²1767, p. 626 : « Et hoc quidem obiectum disputationis dialecticae inter Reales et Nominales est, quam cum ad veterum Graecorum scholas retulissent, longa de his uniuersalibus ante rem controuersia enata est, quo pacto, vel Plato, vel Aristoteles, vel Zeno quoque ad principia rerum retulerint, de qua re, cum alibi iam tractauerimus, cramben, ne mors fiat, bis ponere nolumus, haec àutem ad huius controuersiae adeo longae et illustris historiam illustrandam afferre ideo voluimus, ut obscurius dicta vel visa nonnullis clariorem lucem accipiant, et ne videamur inuidiosius has dapes scholasticas, quibus hactenus ad nauseam usque pascimur, nostris lectoribus inuidere voluisse. »

10. GÉRANDO, *Histoire comparée des systèmes...*, p. 245, n. 1.

11. *Metalogicon*, éd. J.B. HALL & K.S.B. KEATS-ROHAN, *Corpus Christianorum. Continuatio Medievalis*, t. 98, Turnhout, Brepols, 1991.

12. *Metalogicon*, trad., intr. & notes par F. LEJEUNE, Paris, Vrin - Laval, Presses universitaires de Laval (collection « Zêtêsis »), 2009.

13. *Policraticus* I-IV, éd. K.S.B. Keats-Rohan, *Corpus Christianorum. Continuatio medievalis*, t. 117, Turnhout, Brepols, 1993.

14. Le *Policraticus* a été traduit en 1372 par Denis Foulechat. La traduction a été publiée critiquement par Charles Brucker, dans une série de publications parues entre 1985 et 2006. Voir, pour le dernier en date, *Le Policratique de Jean de Salisbury. Livre V*, trad. de Denis FOULECHAT, éd. critique commentée des textes français et latin, introd. de Ch. BRUCKER, Paris-Genève, Droz, 2006.

15. Jean de Salisbury est aussi l'auteur d'un *Entheticus de dogmate philosophorum*, poème didactique de 926 distiques élégiaques, présentant la pensée des philosophes grecs et romains, dont ceux des trois grandes écoles : stoïcisme (v. 453-528), épicurisme (v. 529-596), péripatétisme (v. 597-682), sans oublier l'aristotélisme, distingué du péripatétisme, et exposé après lui (v. 865-936) – le tout avant Platon (en réalité le platonisme vu de Chartres, but véritable du pèlerinage philosophique), qui reçoit le plus d'attention (182 vers). Je me permets, pour ce texte, et sa place dans l'histoire de l'histoire de la philosophie au Moyen Âge de renvoyer à A. de Libera, « Albert le Grand ou l'antiplatonisme sans Platon », *in* M. Dixsaut (éd.), *Contre Platon,* t. I : *Le Platonisme dévoilé*, Paris, Vrin (Tradition de la pensée classique), 1993, p. 247-271 et, du même, « Épicurisme, stoïcisme, péripatétisme. L'histoire de la philosophie vue par les Latins (xiie-xiiie siècle) », *in* A. Hasnawi, A. Elamrani-Jamal & M. Aouad (éd.), *Perspectives arabes et médiévales sur la tradition scientifique et philosophique grecque.* Actes du colloque de la Société internationale d'histoire des sciences et de la philosophie arabes et islamiques. Paris, 31 mars-3 avril 1993, Leuven-Paris, Peeters - Paris, Institut du monde arabe (Orientalia Lovaniensia Analecta, 79), 1997, p. 343-364.

16. Je cite le texte du programme et de ses conditions tel qu'il figure sur la notice de Victor Cousin, pour l'année 1845, dans la *Base de données bibliographiques sur la philosophie française du* xixe *siècle* (en ligne sur http://www.textesrares.com). Dans *De la philosophie scolastique*, le lauréat du prix dit « du Budget », Barthélemy Hauréau, donne la date de mai 1845, pour le mise au concours, que j'ai moi-même reproduite ici ou là, à tort, semble-t-il.

17. *Où va la philosophie médiévale ?*, p. 30.

18. Pour prendre toute la mesure du stakhanovisme entrepreneurial de Victor Cousin, j'invite le lecteur à consulter la liste et surtout le texte des *Programmes des concours de Philosophie de l'Académie des sciences morales de 1833 à 1897* (Cousin étant mort, je le rappelle, en 1867). Le simple relevé de ses propositions donne une idée assez précise de ce que pouvaient être à l'époque les « besoins de la recherche » : *Examen critique de l'ouvrage d'Aristote intitulé 'Métaphysique'.* Prix du Budget. Mis au concours : 22 juin 1833 ; *Examen critique de l'Organum d'Aristote*. Prix du Budget. Mis au concours : mars-avril 1835 ; *Examen critique de la philosophie allemande.* Prix du Budget. Mis au concours : 26 novembre 1836 ; *Examen critique du cartésianisme*. Prix du Budget. Mis au concours :

23 juin 1838 ; *Examen critique de l'école d'Alexandrie*. Prix du Budget. Mis au concours : 24 avril 1841 ; *Théorie de la certitude*. Prix du Budget. Mis au concours : 6 mai 1843 ; *Examen critique de la philosophie scolastique*. Prix du Budget. Mis au concours : 19 avril 1845 ; *Comparaison de la philosophie de Platon et d'Aristote*. Prix du Budget. Mis au concours : 3 juin 1848 ; *Examen critique des principaux systèmes modernes de théodicée*. Prix du Budget. Mis au concours : 18 mai 1850 ; *Du sommeil du point de vue psychologique*. Prix du Budget. Mis au concours : 15 novembre 1851 ; *Examen critique de la philosophie de saint Thomas d'Aquin*. Prix du Budget. Mis au concours : 21 mai 1853 ; *Histoire critique de la philosophie arabe en Espagne*. Prix Bordin. Mis au concours : 22 juillet 1854 ; *Des principes de la science du Beau*. Prix Bordin. Mis au concours : 7 février 1857 ; *De la philosophie de Leibniz*. Prix du Budget. Mis au concours : 7 février 1857 ; *Du rôle de la psychologie en philosophie*. Prix du Budget. Mis au concours : 14 janvier 1860 – [Ici un intermède : *La philosophie de saint Augustin*. Prix Bordin. Mis au concours : 30 novembre 1861, sur proposition de Barthélemy-Saint-Hilaire] – *Examen de la philosophie de Malebranche*. Prix du Budget. Mis au concours : 18 avril 1863 ; *Examen de la théorie des idées de Platon*. Prix Bordin. Mis au concours : 13 août 1864. Enfin : *Socrate considéré surtout comme métaphysicien*. Prix Victor Cousin. Mis au concours : novembre 1865, sur proposition de Victor Cousin. Le cycle se clôt avec *De la folie considérée au point de vue philosophique*. Prix du Budget. Mis au concours : 5 décembre 1867, sur proposition d'Adolphe Franck. Honni soit qui mal y pense.

19. *Cf.* V. Cousin, *Fragments philosophiques*, III, p. 89, cité dans le séminaire du 27 mars.

20. *Ibid.*, III, p. 20.

21. Le schème des « trois âges » a une longue histoire. Sur l'archéologie des diverses versions « ternaires » de l'histoire du Moyen Âge philosophique et théologique – d'origine « réformée » –, voir Th. Ricklin, « Die *aetas triplex* der Scholastik. Zur philosophiehistorische Genese einer verfemten Epoche », *Studia philosophica*, 61 (2002), p. 153-175.

22. V. Cousin, *Fragments philosophiques*, III, p. 89-90.

23. Cousin est l'archétype de l'historien que les tenants de la *décolonisation*, cette nouvelle figure historienne de la *déconstruction*, pourraient prendre pour objet d'études (autrement dit, dans le cas précis, pour « cible »). Certains parlent depuis quelques années de « décoloniser le Moyen Âge » en se donnant comme nouvel horizon

de recherche ce qu'ils appellent « Moyen Âge postcolonial ». Pour eux, la « création du Moyen Âge » étant allée de pair avec celle des identités nationales et des empires (coloniaux), « dénationaliser » le Moyen Âge, c'est aussi, voire d'abord, le « décoloniser ». Il ne serait pas difficile de trouver en Cousin le paradigme d'une construction nationale identitaire fondée sur la « colonisation » de parcelles du passé patrimonialisées, donc nationalisées par le travail historique du XIXe siècle. Serait-ce pour autant pertinent ? La question est ouverte. J'y reviendrai ailleurs. Sur tous ces thèmes, voir J. DAGENAIS, « Decolonizing the Middle Ages : Introduction », The *Journal of Medieval and Early Modern Studies*, 30/3 (2000), p. 446 : « The history of "The Middle Ages" begins at the precise moment when European imperial and colonial expansion begins. The Middle Ages is Europe's Dark Continent of History, even as Africa is its Dark Ages of Geography » ; J.J. COHEN (éd.), *The Postcolonial Middle Ages*, New York, Palgrave, 2001 (2e éd.) ; Cf. K. BIDDICK, « Decolonizing the English Past : Readings in Medieval Archaeology and History », *Journal of British Studies*, 32 (1993), p. 1-23 ; et, surtout, *The Shock of Medievalism*, Durham, N.C., Duke University Press, 1998 ; P.J. GEARY, *Quand les Nations refont l'histoire. L'invention des origines médiévales de l'Europe*, trad. J.-P. RICARD, Paris, Flammarion, 2002, [2]2006.

24. *Ibid.*, III, p. 1. Cousin renvoie à la « leçon 9e du cours de 1829 ». Cette leçon, la neuvième du tome premier d'un cours sur la philosophie du XVIIIe siècle est, de fait, tout entière consacrée à la « Scholastique ». *Cf.* V. COUSIN, *Cours de l'histoire de la philosophie. Histoire de la philosophie du* XVIIIe *siècle,* t. I, Paris, Didier, 1841 (nouv. éd. revue et corrigée), p. 303-354. Le programme placé en exergue, p. 303, annonce : « Scholastique. – Son caractère et son origine. – Division de la scholastique en trois époques. – Première époque. – Seconde époque. – Troisième époque. Naissance de l'indépendance philosophique ; querelle du nominalisme et du réalisme, qui représentent l'idéalisme et le sensualisme dans la scholastique. – Jean Occam [*sic*]. Ses partisans et ses adversaires. – Décri des deux systèmes et de la scholastique. – Mysticisme. – Le chancelier Gerson. Sa *Théologie mystique*. Extrait de cet ouvrage. – Conclusion. » La dixième leçon p. 355, s'ouvre sur un mémorable « Messieurs, La scholastique a fait son temps » : magie du présent historique ! Le terrain fouillé par Cousin dans la 9e leçon est borné par « deux points extrêmes » : le « VIIIe siècle », « le siècle de Charlemagne », et le « XVIIe, celui de Bacon et de Descartes ». Quant à déterminer ce

qu'il y a entre les deux, « rien de plus simple ». *Le milieu*. D'où la définition et la division ternaire, forcément ternaire, de la scolastique : « Que peut-il y avoir entre le commencement et la fin d'une chose ? le milieu. Et qu'est-ce que le commencement de la scholastique ? la soumission absolue de la philosophie à la théologie. Qu'est-ce ensuite que la fin de la scholastique ? la fin de cette soumission et la revendication de l'indépendance de la philosophie : de là tirez le milieu de la scholastique, c'est-à-dire le milieu entre l'asservissement et l'indépendance, c'est-à-dire une alliance dans laquelle la théologie et la philosophie se prêtent un mutuel appui. De là trois moments distincts dans la scholastique : 1° subordination absolue de la philosophie à la théologie ; 2° alliance de la philosophie et de la théologie ; 3° commencement d'une séparation, faible d'abord, mais qui peu à peu grandit, s'étend, et aboutit à la philosophie moderne. » Le schéma cousinien n'a jamais vraiment quitté la scène. On peut le comparer utilement à celui ou ceux de Gilson, et de bien d'autres, dont *Fides et ratio*, la *Lettre encyclique aux évêques de l'Église catholique sur les rapports entre la foi et la raison* publiée le 14 septembre 1998 par le pape Jean-Paul II. Ne change que le sens accordé à la « séparation » : ici, l'indépendance et la liberté (Cousin), là, la « déshellénisation du christianisme » (Benoît XVI, alors J. Ratzinger), le « séparatisme philosophique » et le « drame de la séparation entre la foi et la raison » (Gilson et Jean-Paul II). Comme j'ai eu l'occasion de l'écrire dans *Foi et raison. Archéologie d'une crise d'Albert le Grand à Jean-Paul II*, Paris, Seuil, 2003, p. 8 : « Les acteurs passent, certaines structures argumentatives, certains schèmes conceptuels demeurent, même quand le "monde" a changé. À la critique gilsonienne de la "dévalorisation ockhamiste de la métaphysique" répond, dans l'encyclique, celle de la "mentalité positiviste", qui a "laissé de côté toute référence à une conception métaphysique et morale" (*Fides et Ratio*, § 46) ; à la critique du "scepticisme nominaliste", la dénonciation du "scepticisme, de l'indifférence et des diverses formes de nihilisme" (§ 81) ; à l'éloge de la "grande synthèse scolastique", celui d'une "conception unifiée et organique du savoir" présentée comme "l'une des tâches dont la pensée chrétienne devra se charger au cours du prochain millénaire de l'ère chrétienne" (§ 85). » La tâche de l'archéologue, elle, est, compte tenu de son extraordinaire prégnance, de *'tracer' le schème cousinien jusqu'à ses origines* chez les historiens des XVIIe et XVIIIe siècles et leurs propres sources, et horizons philosophiques, théologiques et, plus radicalement, typologiques et conceptuels, respectifs. Ce que l'on fait et fera ici.

25. V. Cousin, *Fragments philosophiques*, III, p. 1-2. Le texte des fragments est le même que celui de l'*Introduction* rédigée par Cousin pour son édition des *Ouvrages inédits d'Abélard*, parue en 1836. J'indique les deux paginations.

26. On retrouve, dans un autre rôle, le couple Abélard-Descartes chez Nietzsche. Voir le NF-1885,34[35] des *Nachgelassene Fragmente April-Juni 1885*, dans la *Digitale Kritische Gesamtausgabe Werke und Briefe*, éd. par Paolo D'Iorio sur la base de l'édition G. Colli and M. Montinari, Berlin-New York, de Gruyter 1967- ou dans *Friedrich Wilhelm Nietzsche. Die Fragmente von Frühjahr 1884 bis Herbst 1885, Band 5* [*Projekt Gutenberg*, en ligne], p. 383 : « Abälard wollte in die kirchliche Autorität Vernunft bringen : schließlich fand Descartes, daß alle Autorität nur in der Vernunft sei. »

27. *Fragments philosophiques*, III, p. 5 ; *Introduction*, p. iv.

28. *Ibid.*, III, p. 7 ; *Introduction*, p. v.

29. Les textes édités par Cousin comprennent la *Dialectica*, ouvrage capital que nous retrouverons dans les prochains séminaires. Ce sont : 1. le *Sic et Non* (p. 1 *sq.*) ; 2. la *Dialectica* : *Pars prima, de partibus orationis* (p. 178 *sq.*), *Pars secunda, de propositionibus et syllogismis categoricis, seu Analytica priora* (p. 227 *sq.*), *Pars tertia, Topica* (p. 324 *sq.*), *Pars quarta, de propositionibus et syllogismis hypotheticis, seu Analytica posteriora posteriora* (p. 434 *sq.*), *Pars quinta, liber divisionum et definitionum* (p. 450 *sq.*) ; 3. le *Fragmentum Germanense de generibus et speciebus* (p. 505 *sq.*) ; une série de *Glossae* : 4. *Glossae in Porphyrium* (p. 551-576), 1 ; 5. *Glossae in Categorias* (p. 577-594), 6. *Glossae in librum de Interpretatione* (p. 595-602), 7. *Glossae in Topica Boethii* (p. 603 *sq.*). En *Appendice*, Cousin donne des textes non abélardiens. *Cf.* I. Raban-Maur (p. 611 *sq.*) ; II. Gloses du xe siècle sur les *Catégories*, etc. (p. 616 *sq.*) ; III. Guillaume de Champeaux (p. 623 *sq.*) ; IV. Bernard de Chartres (p. 625 *sq.*) ; V. Plusieurs écrits de Gerbert. Commentaire d'Honoré d'Autun sur le *Timée*. *Introduction* de Porphyre et *Catégories* d'Aristote mises en vers (p. 642 *sq.*) ; VI. Guillaume de Conches (p. 669 *sq.*). La série des *Glossae*, découvertes par Cousin, correspond aux textes réédités en 1969 par Mario Dal Pra sous le titre *d'Introductiones dialecticae (Introductiones parvulorum)*, dans Pietro Abelardo, *Scritti Di Logica*, Florence, La Nuova Italia Editrice. On a ainsi : *Editio Super Porphyrium*, p. 3-42 ; *Glossae in Categorias*, p. 43-68 ; *Editio Super*

Aristotelem De Interpretatione, p. 69-154 ; *De divisionibus*, p. 155-204 ; *Super Topica Glossae*, p. 205-330. Ces textes doivent être distingués des œuvres de titre identique ou voisin, figurant dans la *Logica Ingredientibus* ou la *Logica Nostrorum Petitioni Sociorum*, éditées par Bernhard Geyer dans les *Peter Abaelards Philosophische Schriften* à partir de 1919 *chez* Aschendorff à Münster. Sur les *Glossae* de Cousin, *cf.* M. CAMERON, « Abelard's So-called Early Glosses : Some Questions », *in* I. ROSIER-CATACH (éd.), *Arts du langage et théologie aux confins des* XIe-XIIe *siècles*, p. 655-672.

30. *Petri Abaelardi Opera, hactenus seorsim edita nunc primum in unum collegit textum ad fidem librorum editorum scriptorumque recensuit notas, argumenta, indices adjecit* Victor Cousin, Tomus prior, adjuvantibus C. Jourdain et E. Despois, Parisiis, A. Durand, 1849 ; Tomus posterior, adjuvante Carolo Jourdain, Parisiis, A. Durand, 1859. Le premier tome est centré sur Abélard et Héloïse ; le second, sur l'œuvre théologique, qu'il s'agisse des *Theologiae (Introductio ad theologiam* – l'œuvre éditée aujourd'hui sous le titre de *Theologia scholarium* par E.M. BUYTAERT et C. MEWS – et *Theologia christiana)* ou des commentaires scripturaires. Il contient cependant aussi le *Tractatus de intellectibus* (p. 733 *sq.*), des *Glossulae super Porphyrium* (p. 756 *sq.*), ainsi que l'*Epistola Roscelini,* donnée en Appendice V (p. 792 *sq.*). L'Appendice I est consacré aux *Capitula errorum Petri Abaelardi* (p. 765 *sq.*), plusieurs fois réédités depuis : par J. LECLERCQ dans les *Œuvres* de BERNARD DE CLAIRVAUX, cf. *Elenchum errorum Petri Abaelardi annexum Bernardi Claraevallensis epist. 190*, *in S. Bernardi Opera*, t. VIII, 1977 ; par H. DENZINGER & I. SCHÖNMETZER, dans *l'Enchiridion symbolorum, definitionum et declarationum*, n° 721-739 ; et, naturellement, par E.M. BUYTAERT, dans le tome II des *Petri Abaelardi Opera Theologica* de la *Continuatio Mediaevalis* du *Corpus Christianorum Latinorum*, 1969.

31. *Fragments philosophiques*, III, p. 6-7 ; *Introduction*, p. IV-V.

32. Jean-Barthélemy HAURÉAU est né le 9 novembre 1812 à Paris où il est mort le 29 avril 1896. Il est l'auteur de plusieurs publications importantes pour l'histoire de la philosophie médiévale, dont les *Notices et extraits des manuscrits latins de la Bibliothèque nationale.* Il ne faut pas confondre le mémoire couronné en 1848 par l'Académie des sciences morales et politiques, publié sous le titre *De la philosophie scolastique*, avec la mention « Mémoire couronné par l'Académie des sciences morales et politiques », Paris, Pagnerre Éditeur, 1850 [496 pages] et l'*Histoire de la philosophie*

scolastique en trois volumes, publiée quelques décennies plus tard : Ire partie (de Charlemagne à la fin du XIIe siècle), Paris, Durand & Pedone-Lauriel, 1872 ; IIe partie, t. I et II, Paris, G. Pedone-Lauriel, 1880. Sur l'homme et le savant, voir Gustave Schlumberger, « Éloge funèbre de M. Barthélemy Hauréau, membre de l'Académie », *Comptes rendus des séances de l'Académie des inscriptions et belles-lettres*, 40e année, n° 3, 1896, p. 162-170. Le travail d'Hauréau n'a pas connu que des éloges, il a soulevé quelques critiques, dont la plus alerte, sinon la plus objective, reste celle de Maurice De Wulf, dans la *Revue néo-scolastique*. 8e année, n° 29, 1901, p. 58-65, dont j'extrais ces quelques notes : « M. Hauréau est un dresseur de textes ; il a déchiffré des manuscrits importants recouverts d'une poussière séculaire ; il a rassemblé, autour d'une foule de personnages, des notices, des détails, des dates. Ainsi il a, dans de vastes proportions, enrichi le stock des matériaux historiques. » Toutefois, car il y a évidemment un toutefois : si Hauréau a « fourni une carrière d'érudit », on ne saurait décerner à l'historien les mêmes éloges qu'à l'érudit. « Non. Dès que l'érudit fait place à l'historien, celui-ci est empoigné par deux ou trois idées fausses, que Stuart Mill appellerait des *sophismes de simple inspection*, et qui exercent une fâcheuse répercussion sur ses idées [...] en matière de philosophie scolastique ». « Voilà pourquoi, poursuit De Wulf, l'*Histoire de la Philosophie scolastique*, un des premiers répertoires historiques de la philosophie médiévale, est à la fois un instrument indispensable d'études et une source de désastreux préjugés. » En fait, le philosophe et historien belge reproche à Hauréau ses « allures voltairiennes » et ses « préjugés de sectaire » (p. 61), qui le mènent aux « plus pitoyables confusions » (p. 62) – tout particulièrement en ce qui concerne la querelle entre nominalistes et réalistes. Au passage, De Wulf épingle Picavet. Vérité en deçà du Quiévrain, erreur au-delà.

33. B. HAURÉAU, *De la philosophie scolastique*, p. 268, n. 1.

34. B. HAURÉAU, *De la philosophie scolastique*, p. 99.

35. *Cf.* W. COURTENAY, « *In Search of Nominalism : Two Centuries of Historical Debate* », *in* A. MAIERÙ and R. IMBACH (éd.), *Gli studi di filosofia medievale tra otto e novecento. Contributo a un bilancio storiografico*, Rome, Edizioni di Storia e Letteratura, 1991, p. 214-233 ; repris comme chapitre premier dans W. COURTENAY, *Ockham and ockhamism : studies in the dissemination and impact of his thought*, Leyde, Brill, 2008, p. 1-19.

36. L'idée est claire, mais la formule est maladroite. La phrase exacte du « sage » est « *Unus mihi pro populo est, et populus pro uno* » (« Un seul homme est pour moi le public, et le public un seul homme ») : elle est attribuée à Démocrite par SÉNÈQUE dans la VIIe Lettre à Lucilius. « Foule », *turba*, est précisément ce que le philosophe intime à son correspondant de fuir : « *Quid tibi uitandum praecipue existimes quaeris ? Turbam* » ; « Tu me demandes ce que tu dois principalement éviter ? – La foule. »

37. Johann TURMAIR (ou Thurmair, dit *Aventinus*, « *der Abensberger* »), l'« Hérodote bavarois », est né à Abensberg le 4 juillet 1477 et mort à Regensburg (Ratisbonne) le 9 janvier 1534, laissant des *Annalium Boiorum Libri VII (ou Annales Boiorum)*, parues, après sa mort, en 1554, dont il existe une version allemande, la *Baierische Chronik* (*Bairische Chronika*, parue en 1556), annales qui retracent l'histoire de la Bavière jusqu'en 1460. Ses œuvres complètes ont été publiées en 6 volumes entre 1881 et 1908. Pour ce qui nous concerne, référence est faite à *Johannes Turmair's genannt Aventinus Sämmtliche Werke. Auf veranlassung Sr. Majestät des Königs von Bayern herausgegeben von der K. Akademie der Wissenschaften*, Bd. II : *Annales Ducum Boiariae*, éd. Sigmund Riezler, Buch I-IV, München, 1882 ; Bd. III : *Annales Ducum Boiariae*, Buch V-VII mit einem Nachwort des Herausgebers, S. 536-609, München, 1884. La *Bayerische Chronik* est éditée dans les volumes IV et V par Matthias Lexer, München, 1882-1883 (Buch I-II), et 1886 (Buch III-VIII).

38. *Cf.* W. COURTENAY, « In Search of Nominalism : Two Centuries of Historical Debate », in *Gli studi di filosofia medievale*..., p. 234 ; *Ockham and ockhamism* ..., p. 2.

39. César EGASSE DU BOULAY (Bulaeus, *ca* 1610-1678), professeur au Collège de Navarre, est l'auteur de l'*Historia Universitatis Parisiensis Ipsius Fundationem, Nationes, Facultates, Magistratus, Decreta, Censuras & Iudicia in negotiis fidei, Privilegia, Comitia, Legationes, Reformatione, cum instrumentis, publicis et authenticis a Carolo Magno ad nostra tempora ordine chronologico completensi*, en 6 volumes, publiés à Paris, chez F. Noel et P. de Bresche, de 1665 à 1673. Les passages concernant la querelle des universaux figurent dans le volume I, Paris, 1665, p. 443-444.

40. On ne présente plus le *Glossarium mediae et infimae latinitatis*, de Charles du Fresne, sieur du Cange ou DU CANGE, né le 18 décembre 1610 à Amiens, mort le 23 octobre 1688 à Paris. La première version du Glossaire, publiée en 1678, comprenait

trois tomes (la partie nous concernant figurant dans le tome II, p. 748), portés à dix par Léopold FAVRE (1883-1887), après les apports, suppléments, et annexes successifs des Bénédictins de Saint-Maur (1733-1736), Pierre CARPENTIER (1766) et Louis HENSCHEL (1840-1850). L'édition Favre est accessible en ligne sur le site de l'École nationale des chartes : http://ducange.enc.sorbonne.fr

Séminaire du 22 mai 2014

Abélard et Descartes, pères de la philosophie française : retour sur la thèse de Cousin. — Deux questions : 1° jusqu'à quel point Descartes a-t-il rompu avec la scolastique ? 2° Descartes a-t-il une théorie des universaux, et si oui, dans quel camp se situe-t-il ? — Un texte clef en deux versions : les Principia philosophiae *et leur traduction française par « l'abbé Picot » (1647). — L'interprétation de F. Alquié : Descartes est conceptualiste. Il met sur le même plan universaux et êtres mathématiques. — Discussion. — Mise en perspective archéologique. Rappel des deux théories aristotéliciennes de l'abstraction : l'abstraction géométrique par neutralisation des traits singularisant un individu et l'induction abstractive par saisie de ressemblances entre plusieurs individus. — Analyse des paragraphes 56-59 des* Principia/*Principes. — La thèse de Descartes : les universaux sont des noms universels d'idées universelles. — Genèse du nombre, formation de l'universel et typologie des universaux. — L'idée générale du triangle (Descartes) et le « triangle général » (Locke). — L'interprétation d'O. Hamelin : Descartes est nominaliste. Il professe des éléments de ce qu'on appellerait aujourd'hui la « théorie de l'acte ». — L'interprétation d'A. Robinet : Descartes n'est ni conceptualiste, ni nominaliste ni réaliste. Il soutient une théorie proche de celle de La Ramée. — Cette théorie est la théorie de l'acte. — Remarques sur la théorie de l'acte chez Ockham. — Philosophie écossaise et philosophie française. — L'horizon interprétatif de Gérando est hérité de Dugald Stewart. — L'horizon de Stewart est lui-même constitué par les thèses de Reid sur les universaux. — Analyse du récit reidien de la querelle. — Pour Reid, Abélard n'est pas conceptualiste, mais nominaliste : il place l'universalité dans les noms. — La philosophie moderne continue le débat médiéval : Hobbes est nominaliste, Locke conceptualiste, et critiqué, pour cela, par Berkeley et Hume, tous deux nominalistes.*

Comme nous le notions la semaine dernière avec William Courtenay, Victor Cousin distingue radicalement le nominalisme de Roscelin et le conceptualisme d'Abélard, et c'est sur cette dissociation qu'il fonde le scénario d'une scolastique entendue comme forme native de la philosophie française. Le conceptualisme c'est la troisième voie en philosophie, une nécessité pour ainsi dire conceptuelle ou structurelle : il faut trouver un tiers entre le nominalisme de Roscelin et le réalisme de Guillaume de Champeaux, comme il y a un tiers entre les mots et les choses.

Nous soulignions en outre le statut de héros français, de paradigmes nationaux conféré par Cousin à Abélard et Descartes, et l'extraordinaire justification donnée à cette double promotion : par Abélard la France a donné la philosophie scolastique à l'Europe ; par Descartes elle l'en a débarrassée. Et Cousin de commenter : « Le même esprit qui avait élevé l'enseignement religieux ordinaire à cette forme systématique et rationnelle qu'on appelle la scolastique, pouvait seul surpasser cette forme même et produire la philosophie proprement dite. »

Au-delà de l'exaltation de l'esprit et du génie français, le rapprochement opéré par Victor Cousin – leur commun éditeur – entre Pierre Abélard et René Descartes, « les deux plus grands philosophes qu'ait produits la France, l'un au Moyen Âge, l'autre dans les Temps modernes », peut être considéré sous plusieurs angles. Deux s'imposent ici d'eux-mêmes : 1. dans le scénario cousinien, Descartes est censé débarrasser l'Europe de la philosophie scolastique qu'Abélard a forgée, mais – *question* : jusqu'à quel point rompt-il lui-même avec la scolastique ? La réponse ne va pas de soi. L'interprétation actuelle de Descartes souligne au contraire depuis les travaux pionniers d'Étienne Gilson et même de Martin Heidegger, l'enracinement de la pensée cartésienne dans la scolastique tardive. Deuxième angle de questionnement : **2.** à supposer que Descartes ait une doctrine des universaux, dans quel camp ou « secte » devra-t-on le classer – dans celle des nominalistes ou celle des conceptualistes – ou pourquoi pas celle des réalistes ? On dira qu'il n'y a pas de doctrine des universaux chez Descartes. Je réponds : même s'il n'y en a pas, la question continuera de se poser. La simple élimination des universaux est une prise de position et une manière de répondre à la question appelant de toute façon une décision, un choix entre nominalisme radical et conceptualisme, voire un rejet motivé des trois positions. Descartes peut avoir éliminé les universaux comme doctrine, mais en avoir parlé et même avoir défendu, le cas échéant, des positions que l'on pourrait présenter comme nominalistes, conceptualistes ou bien réalistes, si on le voulait.

Un texte mérite de ce point de vue l'examen : les *Principes de la philosophie*. Descartes en effet y parle des universaux. Kim Sang Ong-Van-Cung, dans un texte très intéressant intitulé « Substance et distinctions chez Descartes, Suárez et leurs prédécesseurs médiévaux », paru dans un recueil dont je vous recommande la lecture : *Descartes et le Moyen Âge*, remarque que les articles 58 à 62 font partie des textes où, tout en suivant manifestement « l'ordre scolaire des disputes » [1], Descartes prend ses distances avec la tradition scolastique notamment celle de Suárez : puisque « à l'inverse de toute la tradition médiévale et de la scolastique tardive », les articles dissocient les deux questions traitées ensemble par Suárez dans les *Disputationes* VI et VII, et que Descartes « délaisse la question des universaux qui n'a plus d'enjeu » pour lui, et retravaille, en revanche, la théorie des distinctions [2]. Le diagnostic est juste. Mais ces paragraphes 58 et 59 n'en ont pas moins un intérêt certain du point de vue de l'évaluation du scénario cousinien, à condition de les remettre en contexte.

Je vous renvoie aux *Œuvres philosophiques*, t. III, pour ce qui est des *Principes de la philosophie*, dans l'édition de Ferdinand Alquié (1906-1985), dont je vais parler dans un instant, et aussi aux *Principia philosophiae* et aux *Principes de la philosophie* dans l'édition Adam et Tannery (A.T.) [3], la grande édition de

Descartes. Les *Principia philosophiae* sont tombés, si je puis dire, de la plume de Descartes ; les *Principes de la philosophie* en sont la traduction française par l'abbé Picot [4] qui, tout abbé qu'il était, était aussi un des grands libertins de l'époque – Claude Picot, ami de Jacques Vallée des Barreaux, resté célèbre pour la manière dont il est mort : en promettant une somme au curé qui voulait s'approcher de lui si, je cite, « il ne lui criaillait pas dans les oreilles ». Et comme le curé, le croyant mort, se mettait à marmonner de plus en plus fort toutes sortes de prières, Picot lui dit : « Sachez, galant homme, si vous ne me tenez ce que vous m'avez promis, qu'il me reste encore assez de vie pour révoquer la donation. » L'épisode distrayant est raconté dans les *Historiettes* de Tallemant des Réaux [5].

Dans une note de son édition des *Principes de la philosophie*, Ferdinand Alquié fait trois remarques importantes : 1° il soutient que Descartes est conceptualiste ; 2° il s'étonne de le voir traiter des universaux ; 3° il souligne que Descartes met sur le même plan universaux et êtres mathématiques.

> Affirmant que les universaux ne sont point hors de notre pensée Descartes adopte le point de vue dit conceptualiste. À vrai dire, il est curieux de le voir aborder le problème des universaux. Mais, rédigeant un manuel destiné à remplacer les manuels scolastiques, il ne peut passer ce problème sous silence. On remarquera que, parlant des universaux, dont sa philosophie ne se sert guère, Descartes tend à ramener leurs problèmes à celui des notions mathématiques dont elle fait au contraire grand usage. C'est pourquoi Descartes commence par parler du nombre, qu'il assimile aux universaux, et insiste sur le fait que le nombre, considéré en général, n'est point hors de notre pensée. Spinoza ira plus loin, et verra dans le nombre un procédé de l'imagination. Mais, comme Descartes, il assimilera le nombre aux universaux scolastiques [6].

Chacun de ces points mériterait un long commentaire (Descartes est conceptualiste ; c'est étonnant de le voir parler des universaux ; il met sur le même plan universaux et êtres mathématiques). S'agissant du troisième et du deuxième, on se contentera de rappeler que le rapprochement entre entités mathématiques et universaux n'est pas lié à une prédilection de Descartes pour les notions mathématiques : il correspond à l'un des deux modèles de l'abstraction *(aphairesis)* mis en œuvre dans la tradition aristotélicienne antique et médiévale, d'Alexandre d'Aphrodise à la fin des années 1500 :

1. Le modèle de l'abstraction mathématique, principalement géométrique, consistant à dépouiller une image ou la représentation d'une chose de ses traits individualisants, essentiellement matériels.

2. Le modèle de l'induction abstractive (ἐπαγωγή) mis en place par Aristote lui-même, dans les *Seconds Analytiques*, II, 19, 100a3-9 :

> De la sensation vient ce que nous appelons le souvenir, et du souvenir plusieurs fois répété d'une même chose vient l'expérience, car une multiplicité numérique de souvenirs constitue une seule expérience et c'est de l'expérience à son tour (c'est-à-dire de l'universel en repos tout entier dans l'âme comme une unité en dehors de la multiplicité et qui réside une et identique dans tous les sujets particuliers) que vient le principe de l'art et de la science, de l'art en ce qui regarde le devenir, et de la science en ce qui regarde l'être (trad. Tricot, p. 244).
>
> [N.B. *Vous avez là implicitement une doctrine des universaux et notamment une doctrine de l'universel* in re – *« dans la chose »* –, *puisque cette unité qui est* en dehors *du multiple est en fait une et identique – la même tout entière* – dans chaque sujet particulier. *C'est donc qu'elle est à la fois hors du multiple et dans le multiple*].

Ce modèle – sensation, souvenir, expérience – vous le retrouvez dans le premier chapitre du premier livre de la *Métaphysique*, 980a27 *sq.*:

> ... Les animaux autres que l'homme vivent réduits aux images et aux souvenirs ; ils ne participent que faiblement à la connaissance empirique [*vous voyez maintenant ce que signifie empirique : c'est la capacité de former des représentations générales*], tandis que le genre humain s'élève jusqu'à l'art et au raisonnement. C'est de la mémoire que provient l'expérience pour les hommes ; en effet, une multiplicité de souvenirs de la même chose en arrive à constituer finalement une seule expérience ; et l'expérience paraît bien être à peu près de même nature que la science et l'art, avec cette différence toutefois que la science et l'art adviennent aux

> hommes par l'intermédiaire de l'expérience car l'expérience a créé l'art… L'art naît lorsque d'une multitude de notions expérimentales se dégage un seul jugement universel, applicable à tous les cas semblables (trad. Tricot, p. 5-6).

Le conflit entre ces deux modèles – la saisie de ressemblances (dans l'induction abstractive)[7], base du « nominalisme de la ressemblance »[8], et la neutralisation de traits singularisants (dans l'abstraction mathématique) non pertinents pour le type – est une donnée structurelle, une tendance lourde de l'aristotélisme, dont les effets se sont fait sentir tout au long du Moyen Âge et de la seconde scolastique[9]. De ce fait, on ne peut pas dire que le rapprochement opéré par Descartes entre entités géométriques et universaux soit le fruit d'une idiosyncrasie personnelle : il n'y a aucune raison de s'étonner de voir Descartes mettre sur le même plan universaux et êtres mathématiques. Ce qui intéresse l'historien et l'archéologue, ce n'est pas qu'il le fasse, c'est la *manière* dont il le fait.

Le parallèle dressé au § 58 entre les nombres et les universaux s'inscrit dans un développement commencé au § 56 par la mise en place d'une distinction très importante dans la pensée cartésienne et postcartésienne : la distinction entre *attribut*, qualité et façon ou *mode*, et poursuivi au § 57 par la démonstration de la thèse affirmant qu'il y a des attributs qui appartiennent aux choses auxquelles ils sont attribués et d'autres qui dépendent de notre pensée[10]. Une chose a des attributs ; soit ces attributs lui reviennent – elle en est pour ainsi dire propriétaire – soit ils dépendent de notre manière de concevoir, de saisir, de poser les choses. C'est dans cette dernière catégorie que se rangent le temps, les nombres et les universaux. Le § 57 conclut en posant que le temps, distingué de la « véritable durée des choses », n'est « qu'une façon de penser ». Le § 58 (dont l'intitulé latin est *Numerum et universalia omnia esse tantum modos cogitandi*) poursuit :

> De même le nombre que nous considérons en général, sans faire réflexion sur aucune chose créée, n'est point hors de notre pensée, non plus que toutes ces autres idées générales que dans l'école on comprend sous le nom d'universaux.

> Ita etiam, cum numerus non in ullis rebus creatis, sed tantum in abstracto, sive in genere consideratur, est modus cogitandi duntaxat ; ut & alia omnia quae universalia vocamus [11].

Vous voyez que l'abbé Picot clarifie la pensée de Descartes. Bon, bien sûr c'est ce qu'on appelle couramment *(vocamus)* les « universaux », mais la traduction française dit « ce que *dans l'École* on comprend sous le nom d'universaux. » Si l'on considère le nombre en général, sans considérer des choses créées, numérables, dénombrables – abstraction faite des choses qu'il nombre – eh bien ! ce nombre-là n'existe que dans notre pensée. C'est le cas aussi de tous ces *items*, ces idées générales, qu'on appelle « universaux. » Le § 59, intitulé *Quels sont les universaux* (latin : *Quomodo universalia fiant ; & quae sint quinque vulgata : genus, species, differentia, proprium, accidens*), enchaîne : ces universaux...

> ... qui se font de cela seul que nous nous servons d'une même idée pour penser à plusieurs choses particulières qui ont entre elles un certain rapport. Et lorsque nous comprenons sous un même nom les choses qui sont représentées par cette idée, ce nom aussi est universel.
>
> Fiunt haec universalia ex eo tantum, quod una & eadem idea utamur ad omnia individua, quae inter se similia sunt, cogitanda : ut etiam unum & idem nomen omnibus rebus per ideam istam repraesentatis imponimus quod nomen est universale (A.-T., VIII, p. 27).

Une seule et même idée pour penser une pluralité de choses qui ont entre elles un certain rapport de ressemblance ; *un seul et même nom* que nous imposons *(imponimus)* aux diverses choses représentées par cette idée. Les universaux sont donc des *noms universels d'idées universelles*. André Robinet paraphrase, dans le livre intitulé *Descartes, la lumière naturelle : intuition, disposition, complexion* (paru dans cette collection : « De Pétrarque à Descartes », qui, à sa manière, plaide pour le long Moyen Âge) : « ... par cette seule et même idée nous imposons un seul et même nom à toutes les choses singulières similaires représentées par cette idée, et ce nom est imposé à ce rapport[12].» En aucune façon les universaux ne sont des choses ; il n'y a pas de choses universelles ; c'est pour illustrer cette thèse que Descartes recourt à un exemple géométrique : l'idée du triangle. Mais il ne faut pas perdre de vue la visée du § 59. Il y a deux objectifs, l'un immédiat, l'autre général.

L'objectif *immédiat* est : 1° de montrer comment « se font » les universaux ; 2° de montrer comment ils se déduisent et comment se construit l'arbre de Porphyre.

L'objectif *général* est de montrer que les universaux sont seulement des *modi cogitandi* comme l'ordre, la durée et le nombre, ce qui veut dire : montrer que les nombres et les universaux dépendent de notre pensée. Descartes commence donc par expliquer ce que l'on pourrait appeler le mode de production d'un nombre, sa genèse, sa construction, puis passe à celle d'un universel. Le point remarquable est que cet universel est précisément d'ordre géométrique.

Pour ce qui est du nombre, le processus est le suivant :

> Ita, cum videmus duos lapides, nec ad ipsorum naturam, sed ad hoc tantum quod duo sint attendimus, formamus ideam ejus numeri quem vocamus binarium ; cumque postea duas aves, aut duas arbores videmus, nec etiam earum naturam, sed tantum quod duae sint consideramus, repetimus eandem ideam quam prius, quae ideo est universalis ; ut & hunc numerum eodem universali nomine binarium appellamus.
>
> Quand nous voyons deux pierres et que, sans penser autrement à ce qui est de leur nature, nous remarquons seulement qu'il y en a deux, nous formons en nous l'idée d'un certain nombre que nous nommons le nombre de deux. Si, voyant ensuite deux oiseaux ou deux arbres, nous remarquons (sans penser aussi à ce qui est de leur nature) qu'il y en a deux, nous reprenons par ce moyen la même idée que nous avions auparavant formée, et la rendons universelle, et le nombre aussi que nous nommons d'un nom universel le nombre de deux.

Manifestement la genèse du nombre combine les deux types d'abstraction distingués par la tradition : l'attention discriminante (je prête attention à mes deux pierres, mais sans faire attention à cela : qu'elles sont des pierres, ni porter attention à ce que c'est que d'être une pierre ; je remarque seulement qu'il y en a deux) et l'induction par ressemblance (quand la même situation se représente, à savoir non pas que je revoie deux pierres mais que je voie deux oiseaux ou deux arbres, la même chose se *re*-présente, à savoir qu'il y en a derechef, à nouveau *deux*. Deux oiseaux cette fois, mais je ne fais pas attention au fait qu'il s'agisse d'oiseaux ou d'arbres). Le processus décrit par Descartes pour rendre compte à la fois de la formation de l'universel et de la classification / différenciation des universaux en cinq – genre, espèce, différence, propre, et accident –, peut être regardé comme l'une des sources du problème auquel la théorie du triangle général de John Locke est censée apporter une réponse.

Regardons le texte de Descartes ; nous viendrons après à Locke. On a parlé de la construction du nombre 2 et de la production du nom universel « deux », *binarium* en latin ; maintenant on passe à l'universel après le nombre, et pour penser l'universel on prend un exemple géométrique (après le nombre, qui était une entité arithmétique).

> Eodemque modo, cum spectamus figuram tribus lineis comprehensam, quandam ejus ideam formamus, quam vocamus *ideam* trianguli ; & eadem postea ut universali utimur ad omnes alias figuras tribus lineis comprehensas animo nostro exhibendas. Cumque advertimus, ex triangulis alios esse habentes unum angulum rectum, alios non habentes, formamus ideam universalem trianguli rectanguli, quae relata ad praecedentem, ut magis *generalem*, *species* vocatur. Et illa anguli rectitudo est *differentia* universalis, qua omnia triangula rectangula ab aliis distinguuntur. Et quod in iis basis potentia aequalis sit potentiis laterum, est *proprietas* iis omnibus & solis conveniens. Ac denique, si supponamus aliquos ejusmodi triangulos moveri, alios non moveri, hoc erit in iis *accidens* universale. Atque hoc pacto quinque universalia vulgo numerantur : *genus*, *species*, *differentia*, *proprium*, & *accidens* (A.-T., VIII, p. 27-28) [13].

> De même, lorsque nous considérons une figure de trois côtés, nous formons une certaine idée que nous nommons l'*idée* du triangle, et nous en servons ensuite à nous représenter généralement toutes les figures qui n'ont que trois côtés. Mais quand

nous remarquons plus particulièrement que, des figures de trois côtés, les unes ont un angle droit et que les autres n'en ont point, nous formons en nous une idée universelle du triangle rectangle, qui, étant rapporté à la précédente qui est *générale* et plus universelle, peut-être nommée *espèce* ; et l'angle droit, la *différence* universelle par où les triangles rectangles diffèrent de tous les autres ; de plus, si nous remarquons que le carré du côté qui sous-tend l'angle droit est égal au carré des deux autres côtés, et que cette propriété convient seulement à cette espèce de triangle, nous la pourrons nommer *propriété* universelle des triangles rectangles. Enfin, si nous supposons que de ces triangles les uns se meuvent et que les autres ne se meuvent point, nous prendrons cela pour un *accident* universel en ces triangles ; et c'est ainsi qu'on compte ordinairement cinq universaux à savoir le *genre*, l'*espèce*, la *différence*, le *propre* et l'*accident*.

Le recours à l'idée générale du triangle pour illustrer la question de la formation de l'universel et de la typologie des universaux est un premier pas en direction des thèses de Locke sur le triangle général. Je mentionne pour mémoire les thèses de Locke sur l'idée générale de triangle et vous renvoie aux analyses de Frédéric Nef dans *L'Objet quelconque* [14], pour l'analyse de la « critique des objets généraux » chez Berkeley, Husserl et Lesniewski. Les deux thèses de Locke sont :

T1 : l'idée générale de triangle ne doit être ni obliquangle, ni rectangle, ni équilatérale, ni isocèle, ni scalène.

T2 : l'idée générale de triangle doit être à la fois (1) *tout* cela et (2) *rien* de tout cela [15].

Il ne suffit peut-être pas d'avoir pris l'exemple du triangle pour être en route vers le triangle général de Locke, mais le *terminus a quo* est là.

Reste le premier point : selon Alquié, Descartes est conceptualiste. C'est une thèse que l'on peut soutenir si l'on voit simplement dans le conceptualisme la thèse affirmant que les universaux, autrement dit les idées générales, n'existent pas hors de notre pensée. Ce n'est pas la thèse que retient Octave Hamelin, dans son grand ouvrage sur *Le Système de Descartes*, publié en 1911 à titre posthume par Léon Robin [16] avec une préface d'Émile Durkheim. Hamelin a eu une fin triste, qui n'est pas celle du libertin : il est mort noyé dans le courant d'Huchet, dans les Landes, le 8 septembre 1907. Il avait été nommé en Sorbonne en 1905, après avoir enseigné à Bordeaux dès 1844. Il est aussi l'auteur du *Système d'Aristote*, qui se lit encore avec intérêt, également publié à titre posthume en 1920, par Léon Robin [17]. Dans *Le Système de Descartes,* Hamelin range Descartes dans le camp des nominalistes, il ne fait pas référence au conceptualisme ; en revanche, il pose la question d'un certain réalisme de Descartes, lié à son traitement des notions d'essence et de nature. Descartes réaliste ? L'hypothèse est caressée. La réponse est négative. Je ne puis entrer à présent dans les détails. Je reviendrai ultérieurement sur ce texte. Je me contente aujourd'hui d'en extraire ce qui touche expressément aux universaux :

> Faut-il donc admettre que Descartes, s'il n'est pas réaliste comme Aristote, surtout comme l'Aristote très sensualiste de la tradition scolastique, l'est du moins comme le Platon des Alexandrins ? – Nous ne voulons pas nier la tendance au réalisme platonicien chez Descartes. Mais cette tendance est tenue en échec par une tendance opposée. Cette seconde tendance fait d'abord sentir ses effets à propos des universaux. L'esprit de la théorie des universaux, chez Descartes, est incontestablement nominaliste. Il déclare que les universaux n'existent point hors de notre pensée...

C'est la même thèse que celle qui servait à Alquié pour dire que Descartes était conceptualiste. Mais Hamelin précise :

> ... et cela ne veut pas dire seulement qu'ils ne sont pas des choses en soi : cela veut dire qu'ils n'existent en aucune façon, même mentalement, à la manière des choses. Ce ne sont dans la pensée même que des rapports, des actes et non des objets de la pensée (voy. par ex. *Princ.* I, art. 58 et la première phrase de l'article 59). Maintenant, il est vrai que Descartes distingue entre les universaux et les essences (voy. *Rép. aux 5*^e^ *Obj.*) [...] mais toute sa théorie de la pensée, à travers autant d'hésitations qu'on voudra, s'oriente vers la définition la moins réaliste, du moins en esprit et en vérité, qu'on ait jamais donnée de la pensée [18].

Je laisse ce texte en pierre d'attente : nous le reprendrons l'année prochaine en séminaire lorsque nous traiterons de la représentation – ce qui compte maintenant, c'est la distinction acte et objet, dont on verra l'extraordinaire impact du XIVe au XIXe siècle. S'agissant de Descartes, je rappelle l'analyse d'André Robinet, fondée sur une confrontation avec l'auteur que j'ai évoqué la semaine dernière, antiaristotélicien comme lui, Pierre de La Ramée, héros malheureux de la pièce de Marlowe, *Massacre à Paris*. Robinet a le mérite d'avoir, je crois le premier, consacré une enquête à la relation entre Descartes et Pierre de La Ramée, sur l'invention de la méthode.

> Il y avait dans la Ramée des allusions précises à la querelle des universaux que Descartes [devait] estimer d'autant plus dépassée que le statut de l'idée innée n'est ni réaliste ni conceptualiste ni essentialiste, mais est l'acte même dont la pensée opère soit par l'entendement seul soit par l'imagination ou le sentiment liés au corps. Face à ces actes de la *vis cogitandi* et à ses modes n'existent que les individus, ce qui ressortira du sens que *substance* prend en philosophie première [19].

Concernant la distinction entre objet et acte, je me contente pour l'instant d'indiquer que ce qu'on appelle aujourd'hui « théorie de l'acte » est, notamment, pour ne pas dire avant tout, la théorie d'Ockham, le nominaliste par excellence, dont les principales thèses sont posées sur fond de rejet des *species* ou formes intermédiaires entre le connaissant et le connu. Il n'y a rien entre le connaissant et le connu. Très précisément, la théorie d'Ockham (et ayez en tête ce qu'on vient de voir chez Robinet) se caractérise :

1. par le rejet de toute théorie de la connaissance expliquant l'acte de cognition en termes de relation à un objet interne d'appréhension [20]. La théorie de la connaissance d'Ockham est un réalisme cognitif direct : il y a le connaissant et l'objet externe connu. Entre les deux, il n'y a pas un double, une duplication, une *similitudo*, une re-production de l'objet externe, qui serait un objet interne d'appréhension. Il n'y a pas de médiation, il n'y a pas deux objets dans la théorie de la connaissance. L'acte de cognition, en termes de relation à un objet

interne d'appréhension, n'a pas cours chez Ockham. L'objet extérieur est ce qui est immédiatement connu. On peut parler d'un réalisme gnoséologique ou cognitif direct : nous connaissons les choses mêmes ; nous avons accès cognitivement au monde réel [21]. Alors que si vous maintenez qu'il y a un intermédiaire, un objet interne qui est connu, vous pouvez tout à fait soutenir que l'objet externe n'est jamais connu, que vous ne connaissez que l'objet interne. La duplication de l'objet de connaissance en objet externe/éloigné et objet interne/immédiat est la porte ouverte au scepticisme. C'est en tout cas celle de l'idéalisme. Plutôt que d'*objets* parlez d'*idées* : vous avez la *way of ideas*, ces médiations inutiles que le rasoir d'Ockham est censé avoir supprimées.

La théorie ockhamienne se caractérise en outre par :

2. l'affirmation que la connaissance ne requiert rien d'autre que l'acte de cognition lui-même ;

3. l'affirmation que l'objet extérieur est ce qui est immédiatement connu [22].

Un exemple parmi des dizaines. Ce passage de l'*Ordinatio* (Remarque : Le chef-d'œuvre du maître en théologie au Moyen Âge était la publication de son commentaire des *Sentences* de Pierre Lombard. Pour devenir maître il fallait avoir commenté les *Sentences*. Un commentaire peut exister sous deux formes : si c'est le public qui l'a noté vous avez une *reportatio*, s'il a été revu par le maître et publié sous son autorité, on a ce que l'on appelle une « mise au net », une *ordinatio*).

> Intellectus facit illud esse intellectum quod prius erat intellectum in potentia. Et hoc non est facere obiectum cognitum, sed hoc est facere cognitionem qua cognoscitur [23].

La production d'un intelligible devient autre chose que dans la philosophie ancienne. Ce n'est plus un objet qui s'actualise, c'est un acte qui se réalise, qui s'effectue.

Cela dit, revenons à Cousin. Le scénario, qui voit le conceptualisme se séparer du nominalisme, a trois acteurs – Roscelin, Abélard, Ockham – et son *synopsis* est, on l'a dit la semaine passée, antérieur à Cousin – mais la tripartition plus générale entre réalisme, nominalisme et conceptualisme est elle-même antérieure à Cousin. C'est un effet de structure, déterminant la quête d'un tiers.

Comme je le soulignais jeudi dernier, le débat entre nominalisme et conceptualisme est la grande affaire des années 1800 : c'est entre les deux que se fait le choix du philosophe, c'est à partir des deux que s'invente le récit de l'historien. Sur quelles bases ? Quelle archive ? Que peut-on lire au début du XIXe siècle ? On l'a dit : outre le *Metalogicon* et le *Policraticus* de Jean de Salisbury, on a accès à Aventinus, et son *Histoire du duché de Bavière*, qui, comme l'a bien vu William Courtenay, fournit la matrice du récit de la querelle, à César du Boulay et Du Cange, suivis, chez les historiens, par Brucker, Buhle, Tennemann, et, chez les philosophes, par Salabert, l'anonyme *Ars rationis ad mentem nominalium*, l'*Oratio de secta Nominalium* de Thomasius, et le *De realium et nominalium initiis et progressu* de Meiners.

Ce qui intéresse l'archéologue n'est pas de dresser un inventaire de sources possibles, c'est de les voir se composer, s'articuler dans une intrigue précise, à un moment déterminé, dans un horizon défini.

Cette intrigue se noue autour de la relation entre philosophie écossaise et philosophie française. Et sur un point décisif : la distinction entre nominalisme et conceptualisme.

Je le disais la semaine dernière, Gérando discute l'interprétation qu'en donne Dugald Stewart.

Dugald Stewart (22 novembre 1753-11 juin 1828) est un philosophe écossais, né à Édimbourg. Il a suivi les cours de Thomas Reid à Glasgow, avant d'être nommé professeur de philosophie morale à l'Université d'Édimbourg en 1785. Dans les *Elements of the Philosophy of the Human Mind* (1792, 1814, 1827 – traduction française dès 1808 pour le volume I par Pierre Prevost, à Genève) il évoque en détail les thèses de Reid sur les universaux[24].

Le récit fondateur pour l'histoire de la querelle des universaux, dans la philosophie écossaise, est donc celui que propose Thomas Reid, né le 26 avril 1710 à Strachan – mort le 7 octobre 1796 à Glasgow, le père de l'école écossaise, dans le tome II des *Essays on the Intellectual Powers of Man,* publiés en

1785 [25]. Ce texte a été traduit en français, et par des membres français de l'école écossaise ; car quand on parle d'« école écossaise » il ne faut jamais oublier qu'elle compte des Français, à savoir Jouffroy [26], qui traduit les œuvres complètes de Reid (dont ces *Essais sur les pouvoirs intellectuels de l'homme*), mais aussi Royer-Collard [27] et toute une série de penseurs que l'on a un peu oubliés. Cousin lui-même lit tout cela [28], ainsi que Charles de Rémusat [29] sur lequel je reviendrai [30]. Je rappelle qu'il y a deux possibilités d'accéder aux *Essays on the Intellectual Powers of Man* : la grande édition moderne de Brookes et Haakonssen de 1988 [31], mais aussi, et c'est celle qui a de l'importance historiquement : *The Works of Thomas Reid with Notes and Supplementary Dissertations by Sir William Hamilton,* parce que Hamilton est un des grands philosophes de l'école écossaise et qu'il a édité les œuvres de Thomas Reid avec des annotations fondamentales [32].

La querelle entre nominalistes et réalistes commence au XIe siècle avec Roscelin, qui invente le nominalisme, et elle se continue au XIIe avec son disciple Abélard [33].

> Vers cette époque [la fin du XIe siècle], Rocelin, ou Rousselin (Roscelinus), maître du célèbre Abélard, introduisit une nouvelle doctrine, et soutint qu'il n'y a rien d'universel que les termes ou les noms. Cette hérésie et quelques autres semblables, lui valurent les honneurs de la persécution. Mais grâce à son éloquence, et à celle de son disciple Abélard, sa doctrine se répandit. Ses partisans furent appelés *Nominalistes*. Ses adversaires qui soutenaient qu'il existe réellement dans la nature des choses universelles, reçurent le nom de *Réalistes* [34].

Les conceptualistes occupent une position intermédiaire – mais loin de tenir le haut du pavé, ils sont dominés par leurs adversaires.

> L'effet de cette controverse fut de partager les Scholastiques en deux sectes. Quelques-uns, cependant, mais en petit nombre, adoptèrent une opinion intermédiaire ; l'universalité, que les Réalistes plaçaient dans les choses, et les Nominalistes dans les noms, ils la mirent dans nos conceptions, prétendant qu'elle ne pouvait être, ni dans les noms, ni dans les choses : de là vint le

> nom de Conceptualistes, qu'on leur donna. Mais, exposés aux feux opposés des deux partis rivaux, ils ne jouèrent qu'un rôle fort secondaire [35].

Pour Reid, le conceptualisme est loin d'être une philosophie dominante (et il ne dit pas que c'est la France, comme Cousin).

Troisième étape de la querelle vue par Reid : le « moment où la secte des Nominalistes était près d'expirer ». C'est la fin du XIIIe siècle. On se dit, ça y est, les malheureux sont liquidés : sous les coups redoublés d'Albert le Grand, de Thomas d'Aquin, de Duns Scot (qui est un auteur du XIIIe) les nominalistes sont près d'expirer. Mais au moment où ils vont rendre leur dernier souffle... paraît le sauveur.

> Au moment où la secte des Nominalistes était près d'expirer, elle reçut au quatorzième siècle un nouvel éclat, et pour ainsi dire une vie nouvelle, sous la plume de Guillaume Occam, disciple de Duns Scot. À sa voix, la dispute sur les universaux *a parte rei*, se réveilla avec une incroyable animosité, dans les universités de France, d'Angleterre et d'Allemagne ; on ne s'en tint pas aux arguments, ni même aux injures. On en vint aux coups, et des émeutes sanglantes signalèrent la fureur des deux partis. Cette guerre philosophique se prolongea jusqu'au temps où les doctrines de la réforme vinrent fixer sur des discussions plus sérieuses l'attention des hommes éclairés [36].

L'intérêt archéologique de Reid est qu'il n'arrête pas l'intrigue à la Réforme, et passe l'histoire de la philosophie moderne au prisme de la querelle : c'est ce que j'appelle l'Aftermath. *Car il est anglais ou anglophone*. Pour Reid, Hobbes, continue le nominalisme, Locke, le conceptualisme, Berkeley et Hume, optant, contre lui, à leur tour pour le nominalisme.

Hobbes a suivi les nominalistes : « Après la renaissance des lettres, Hobbes adopta l'opinion des Nominalistes. Il est clair qu'il n'y a rien d'universel que les noms, dit-il, dans son *Traité de la nature humaine*. » Dans les termes de la querelle, Locke, avec sa théorie des idées abstraites, devrait être classé parmi les conceptualistes :

> Selon l'ancienne division des partis sur la question, Locke devrait être placé parmi les Conceptualistes. Il ne prétend pas qu'il y ait des choses universelles dans la nature, mais il soutient que nous avons des idées générales que nous formons par abstraction ; et cette faculté de former des idées générales et abstraites, est, à son avis, ce qui distingue principalement l'intelligence humaine de celle des animaux [37].

Berkeley et Hume, qui rejettent la doctrine des idées abstraites (assimilée par Reid à la position conceptualiste sur les universaux) et qui pilonnent la théorie du triangle général de Locke, ont opté, dit Reid, pour le nominalisme contre le conceptualisme de Locke.

> La doctrine de Locke, sur ce point, a trouvé deux illustres contradicteurs dans Berkeley et dans Hume, qui adoptèrent complètement l'opinion des Nominalistes [38].

On le voit, dans ce scénario, Abélard n'est pas le chef de file des conceptualistes : il est nominaliste – comme Roscelin, il place l'universalité dans les noms.

Le scénario de Reid a fait l'objet de deux critiques au sein même de l'école écossaise : la première par Dugald Stewart, la seconde par Hamilton – auquel on doit l'édition des œuvres complètes de Reid et de Stewart. Nous verrons cela la semaine prochaine.

Notes

1. *Cf.* K.S. Ong-Van-Cung, « Substance et distinctions chez Descartes, Suárez et leurs prédécesseurs médiévaux », *in* J. Biard & R. Rashed, (éd.), *Descartes et le Moyen Âge*, Paris, Vrin, 1997, p. 215-229.

2. K.S. Ong-Van-Cung, « Substance et distinctions... », remarque, p. 215, que Descartes « souligne que les universaux existent dans la pensée seulement et qu'ils sont des concepts généraux issus d'un certain rapport entre plusieurs choses » ; elle note en outre qu'il « ramène les cinq universaux de la scolastique tardive aux différents états de la conception, par exemple celle d'un triangle où une figure à trois côtés représente le genre, le triangle rectangle une espèce, et l'angle droit une différence universelle » tandis que, « dans l'égalité du carré de l'hypoténuse, la somme des carrés des côtés est une propriété universelle, et que les uns se meuvent et les autres non est un accident universel ».

3. Voir *Œuvres de Descartes*, éd. Charles Adam & Paul Tannery, t. VIII-1, Paris, Léopold Cerf, 1905, pour les *Principia philosophiae* [reprenant la 1re éd. : *Renati Des-Cartes Principia Philosophiae*, Amstelodami, apud Ludovicum Elzevirium. Anno 1644. Cum privilegiis] ; t. IX, *Méditations et Principes*, Paris, Léopold Cerf, 1904, p. 1-325, pour les *Principes de la philosophie*.

4. Le texte des *Principia Philosophiae* a été traduit par Claude Picot (1614-1668), dit « l'abbé Picot », et publié en 1647 sous le titre *Principes de la philosophie. Escrits en Latin par René Descartes, et traduits en François par vn de ses Amis*, Paris, chez Henri Le Gras. De Picot, de fait un des bons amis de Descartes à Paris, Adrien Baillet, dresse ce portrait, dans la *Première partie* de sa *Vie de Monsieur Descartes*, livre II, chap. xi, Paris, Daniel Horthemels, 1691, p. 147 : « ... de tous ces amis de M. Descartes, personne n'entra plus avant

dans sa familiarité et dans la connoissance de ses affaires que le Sieur Claude Picot, prieur du Rouvre, que nous appelons communément "l'abbé Picot". Il ne se contentoit pas de se déclarer publiquement le disciple et l'admirateur de M. Descartes, il voulut être encore le traducteur de ses Principes ; son correspondant pour les lettres qu'il avoit à recevoir et à rendre ; son hôte à Paris, dans les derniers voyages qu'il fit de Hollande en France ; l'agent de ses affaires domestiques ; le receveur de ses rentes de Bretagne et de Poitou. » Et de préciser : « Cet abbé étoit fils d'un receveur général des finances de Bordeaux. Il avoit deux frères, dont l'un fut d'abord premier valet de chambre de la garde-robe du Roy, puis receveur général après son père ; l'autre étoit conseiller à la cour des Aydes de Guyenne à Bordeaux. »

5. *Cf.* G. Tallemant des Réaux, *Les Historiettes*, t. III, *Mémoires pour servir à l'histoire du* XVIIe *siècle*, Paris, Alphonse Levasseur, Libraire, 1834, p. 139 : « Picot mourut à peu près comme il avoit vécu : il tomba malade dans un village ; il fit venir le curé et lui dit qu'il ne vouloit point qu'on le tourmentât et qu'on lui criaillât aux oreilles, comme on faisoit à la plupart des agonisans : le curé en usa bien, et il lui donna par son testament trois cents livres ; mais comme il vit que le curé, le croyant expédié, ou peu s'en falloit, se mettoit à criailler comme on a de coutume, il le tira par le bras, et lui dit : "Sachez, galant homme, si vous ne me tenez ce que vous m'avez promis, qu'il me reste encore assez de vie pour révoquer la donation." Cela rendit le curé plus sage, et l'abbé expira assez en repos. »

6. Voir F. Alquié, in *René Descartes, Œuvres philosophiques*, tome III – 1643 – 1650, éd. F. Alquié, Paris, Classiques Garnier, vol. III, 1963-1973, nouv. éd. corrigée par Denis Moreau, Paris, Classiques Garnier, 2010, p. 126, n. 1.

7. Sur les aspects épistémiques de la théorie de l'induction dans la tradition péripatéticienne, voir C. Cerami, « Induction et certitude dans le Grand Commentaire d'Averroès aux Seconds Analytiques », *in* J. Biard (éd.), *Raison et démonstration. Les commentaires médiévaux sur les* Seconds Analytiques, Brepols, Turnhout (Studia Artistarum, 40), 2015, p. 47-69.

8. Le « nominalisme de la ressemblance » est l'une des six réponses données au « problème des universaux » dans la philosophie moderne et contemporaine selon D.M. Armstrong, *Universals...*, p. 18 (trad. fr. *Les Universaux...*, p. 31-32) : 1. Théorie des *classes naturelles primitives (Primitive natural class view)* : La classe de toutes les choses blanches constitue une classe naturelle présentant un

degré suffisant de naturalité *(a class with a reasonable degree of naturalness)*. C'est tout ce que l'on peut dire à propos de ce qui fait qu'une chose blanche est blanche *(that is all that can be said about what makes a white thing white)*. 2. *Nominalisme fondé sur la ressemblance (Resemblance Nominalism)* : Les choses blanches constituent une classe naturelle en vertu du fait objectif qu'elles se ressemblent toutes à un certain degré. La ressemblance est un fait objectif mais non analysable. 3. *Admission d'universaux (Universals)* : Toutes les choses blanches ont en commun une propriété identique (ou un ensemble de propriétés légèrement différentes correspondant aux diverses nuances du blanc). 4. *Théorie des classes naturelles de tropes (Natural classes of tropes)* : Chaque chose blanche a sa propre propriété de blancheur, entièrement distincte [des autres blancheurs] *(its own, entirely distinct, property of whiteness)*. La classe des blancheurs constitue une classe naturelle primitive. 5. *Théorie des classes de tropes fondées sur une ressemblance (Resemblance classes of tropes)* : Chaque chose blanche a sa propre propriété de blancheur, mais les membres de la classe des blancheurs se ressemblent tous plus ou moins étroitement, la ressemblance étant un élément primitif *(indérivable)*. 6. *Admission de tropes et d'universaux (Tropes plus universals)* : Chaque chose blanche a sa propre propriété de blancheur, mais ces propriétés particulières elles-mêmes ont chacune une propriété universelle de blancheur *(but these particular properties themselves each have a universal property of whiteness)*.

9. Sur les deux modèles d'abstraction selon Aristote, l'*epagôgê* (induction abstractive) et l'*aphairesis* (abstraction géométrique), voir A. DE LIBERA, « Abstraction », *Vocabulaire européen des philosophies*, p. 2-5.

10. Cf. *Principes de la philosophie*, §§ 55-59, éd. F. ALQUIÉ, *René Descartes, Œuvres philosophiques*, tome III, p. 125-128.

11. Ayant en mémoire la mise en garde des éditeurs, Ch. ADAM et P. TANNERY, je ne donne jamais ici le texte français de Picot sans l'original latin de Descartes. *Cf.* « Avertissement », A.-T., IX-2, p. XIX : « La conclusion qui s'impose, à la suite de toutes ces réflexions, est qu'on ne devra jamais lire les *Principes* en français, sans avoir en même temps l'original latin sous les yeux. On peut, à la rigueur, pour le *Discours de la méthode* et les *Essais*, s'en tenir, indifféremment, soit à l'original français, soit à la traduction latine, bien qu'il soit toujours préférable de collationner les deux textes. On peut aussi, avec moins d'assurance cependant, pour les *Méditations*, lire ou bien l'original latin ou bien la traduction française, quoiqu'ici le latin

doive conserver, à tous égards, la priorité. Mais, pour les *Principes de la philosophie*, on ne saurait se contenter du latin seul : il y manque trop de choses, qui ont été ajoutées ou modifiées dans la traduction ; ni du français seulement : s'il est souvent supérieur au latin, à cause des modifications et additions qu'il fournit, encore faut-il connaître celles-ci d'abord, et de quelle nature elles sont ; puis il est trop souvent inférieur aussi pour la netteté de la pensée et de l'expression, et ne présente que trop d'inexactitudes. Il est donc nécessaire de ne jamais séparer l'une de l'autre la lecture des *Principes de la philosophie* et celle des *Principia philosophiae*. »

12. Voir A. Robinet, *Descartes, la lumière naturelle : intuition, disposition, complexion*, Paris, Vrin (De Pétrarque à Descartes, LXVII), 1999, p. 52.

13. A. Robinet, *Descartes, la lumière naturelle ...*, p. 53, commente : « Cible privilégiée de la Ramée, cible favorite de Descartes, les degrés de l'essence que ces concepts (les concepts porphyriens) déterminent sont évincés au nom des natures simples dont le fonctionnement est tout autre, par les distinctions. »

14. *Cf.* F. Nef, *L'Objet quelconque. Recherches sur l'ontologie de l'objet* (Problèmes et controverses), Paris, Vrin, 1998, p. 212-214. Voir, en outre, A. de Libera, « Abstraction. § III. La critique empiriste moderne de l'abstraction », *Vocabulaire européen des philosophies*, p. 5-7.

15. *Cf.* J. Locke, *An Essay Concerning Human Understanding*, Book IV, chap. VII, § 9, éd. P.H. Widditch (*Introduction*, *Critical Apparatus and Glossary*), Oxford, Clarendon Press, 1975, p. 596, 5-11 : « ... the general Idea of a Triangle [...] must be neither Oblique nor Rectangle, neither Equilateral, Equicrural, nor Scalenon ; but *all and none* of these at once » ; *Essai philosophique concernant l'entendement humain*, traduit par Pierre Coste, éd. par E. Naert, Paris, Vrin (Bibliothèque des textes philosophiques), 1972, p. 494 : « Prenons, par exemple, l'idée générale d'un Triangle, quoiqu'elle ne soit pas la plus abstraite, la plus étendue et la plus malaisée à former, il est certain qu'il faut quelque peine et quelque adresse pour se *la* représenter ; car *il* ne doit être ni oblique, ni rectangle, équilatère, ni isoscèle (*sic*), ni scalène, mais tout cela à la fois, et nul de ces triangles en particulier. »

16. *Cf.* O. Hamelin, *Le Système de Descartes*, éd. L. Robin, préface d'É. Durkheim, Paris, Félix Alcan, 1911. Léon Robin (1866-1947) reste lui-même connu comme l'auteur de *La Théorie platonicienne des Idées et des nombres d'après Aristote*, Paris, F. Alcan, 1908. Il a été longtemps le « maître » des études de philosophie ancienne en France.

17. Le titre de l'ouvrage est : O. HAMELIN, chargé de cours à la Sorbonne, *Le système d'Aristote*, publié par L. ROBIN, chargé de cours à la Sorbonne, Paris, Alcan, 1920. Il contient les leçons professées par Hamelin à l'École normale supérieure en 1904-1905. Dans son compte rendu du livre (paru dans la *Revue néo-scolastique de philosophie*, année 1921, vol. 23, n° 90, p. 224-229), Auguste MANSION, critiquant le dernier chapitre (« Théorie de l'être »), « le moins satisfaisant de tous », écrit, p. 228 : « On s'étonne d'abord d'entendre parler (p. 401) de "l'esprit nominaliste" d'Aristote, puis du "point de vue sensualiste" qu'il adopte contre les Eléates et les Mégariques. Expressions outrées, si l'on veut. Mais il est par trop inexact de dire (p. 402) que pour lui "le réel, c'est ce qui tombe sous la sensation, à savoir le sensible et l'individuel". – Non, pour lui, le sensible individuel est un réel, plus réel que la notion universelle que nous en avons, mais ce ne n'est pas le réel, j'entends le seul réel, ni même le réel le plus réel. » Le débat reste ouvert.

18. O. HAMELIN, *Le Système de Descartes*, p. 179-180.

19. A. ROBINET, *Descartes, la lumière naturelle ...*, p. 53.

20. La « théorie de l'acte » s'oppose à la « théorie de l'objet » ou de « la relation acte-objet ». *Cf.* R. PASNAU, *Theories of cognition in the later Middle Ages*, Cambridge, CUP, 1997, p. 166 : « The position he [Ockham] rejects is a version of what philosophers today often call the *act-object doctrine* – namely, an account of acts of cognition in terms of a relationship to some internal object of apprehension. »

21. Le « réalisme gnoséologique » ou « réalisme direct » s'oppose au « représentationnalisme ». Le représentationnalisme est la théorie que, selon Reid, tous les philosophes ont soutenu jusqu'à lui. « All philosophers, from Plato to Mr. Hume, écrit-il, agree in this, that we do not perceive external objects immediately, and that the immediate object of perception must be some image present to the mind » (*Essays on the Intellectual Powers of Man*, II, VII, éd. D.R. BROOKES & K. HAAKONSSEN, p. 105, 19-27 ; trad. fr. Th. JOUFFROY, *Œuvres complètes de Thomas Reid*, vol. III, p. 139 : « Tous les philosophes, depuis Platon jusqu'à Hume, s'accordent en ce point, que nous ne percevons pas immédiatement les objets extérieurs, et que l'objet immédiat de la perception ne peut être que quelque image présente à l'esprit »). Le réalisme direct (que professe Reid) se définit au contraire comme la « doctrine selon laquelle un objet extérieur peut être appréhendé sans qu'un quelconque objet mental ne soit appréhendé » (J. SCHMUTZ, « Hurtado et son double. La querelle sur les images mentales dans la scolastique moderne », *in*

L. Couloubaritsis & A. Mazzù (éd.), *Questions sur l'intentionnalité*, Bruxelles, Ousia, 2007, p. 163). Contrairement à ce que soutient Reid, nombre d'auteurs médiévaux professent un réalisme direct : c'est le cas, tout particulièrement de Guillaume d'Ockham, comme le soulignent, chacun à sa manière, M. McCord Adams (*William Ockham*, Notre Dame, University of Notre Dame Press, ²1989, 1 vol., p. 85, 86, 88, et *passim*), R. Pasnau (*Theories of Cognition* ..., p. 5) et Cl. Panaccio. Comme l'écrit Claude Panaccio, si par « *representationalism* » on entend avec McCord Adams « the doctrine according to which the immediate object of cognition is always a representation rather than the external thing itself » et si l'on prend le « *direct realism* » comme « simply the negation of this thesis », il ne fait pas de doute que Guillaume d'Ockham sera un parfait représentant du réalisme direct. Sa conception n'implique pas, pour autant, dit-il, l'abandon d'une certaine notion, redéfinie, de *représentation. Cf.* C. Panaccio, *Ockham on Concepts*, Aldershot, Ashgate (Ashgate Studies in Medieval Philosophy), 2004, p. 16 : « It is straightforward that Ockham's later theory of cognition is a a case of direct realism in this sense, and not of representanionalism, since both intellectual intuitions and concepts ared identified, in this theory, with cognitive acts having (in most cases) external things as immediate objects. These cognitive acts, however, are themselves seen by Ockham as *representations.* » Pour une lecture différente du débat médiéval, *cf.* C. Michon, « L'espèce et le verbe. La question du réalisme direct chez Thomas d'Aquin, Guillaume d'Ockham et Claude Panaccio », *in* L. Couloubaritsis & A. Mazzù (éd.), *Questions sur l'intentionnalité*, p. 125-155. Nous reviendrons sur l'ensemble du dossier dans le séminaire de 2015.

22. *Cf.* Ockham, *Ord.* 27.3 ; *OTh* IV, 241 : « Unde dico primo quod in nulla notitia intuitiva, nec sensitiva nec intellectiva, constuitur res in quocumque esse quod sit aliquod medium inter rem et actum cognoscendi. Sed dico quod ipsa res immediate, sine omni medio inter ipsam et actum, videtur vel apprehenditur. »

23. *Cf.* Ockham, *Ord.* d. 36 ; *OTh* IV, 551.

24. Les *Elements of the Philosophy of the Human Mind* sont parus en trois volumes, le premier, à Londres, en 1792, le deuxième en 1814, le troisième en 1827. Les deux premiers volumes ont été traduits par Pierre Prevost, en 1808, et publiés à Genève, par J.J. Paschoud ; le troisième, par Jean George Farcy, est publié à Paris, en 1825 – Farcy mourra quelques années plus tard, à trente ans, le 29 juillet 1830, dernier jour des « Trois Glorieuses », au coin des rues de

Rohan et de Montpensier, lors de l'attaque des Tuileries. Une nouvelle traduction des trois volumes (« revue, corrigée et complétée »), *Éléments de la philosophie de l'esprit humain*, est procurée en 1843-1845 (Paris, Ladrange), par Louis PEISSE, le traducteur des *Fragments de Philosophie* de HAMILTON, parus en 1840 (également chez Ladrange). Les *Œuvres complètes* de STEWART ont, comme celles de REID, été éditées par HAMILTON : *The Collected Works of Dugald Stewart, Esq.* F.R.SS., 11 volumes, edited by Sir William Hamilton, Bart., Edinburgh, Thomas Constable and Co, 1854-1858.

25. *Cf.* Thomas REID, *Essays on the Intellectual Powers of Man*, Edinburgh, Printed for John Bell, and G.J.J. & J. Robinson, Londres, 1785.

26. La traduction des *Essays on the Intellectual Powers of Man*, par Théodore Simon JOUFFROY, 1796-1842, figure dans *Œuvres complètes de Thomas Reid, chef de l'École écossaise*, publiées par M. Th. Jouffroy, avec des *Fragments* de M. ROYER-COLLARD et une introduction de l'éditeur, vol. III et IV, *Essais sur les facultés de l'esprit humain*, t. I & II, *Facultés intellectuelles*, Paris, A. Sautelet & Cie et A. Mesnier, 1828.

27. Pierre-Paul ROYER-COLLARD 21 juin 1763, mort à Châteauvieux le 4 septembre 1845.

28. Cousin est lui-même l'auteur d'une *Philosophie écossaise*. Dans l'*Avertissement* de la 3e édition (parue en 1857 à La Librairie Nouvelle), un an après la mort du philosophe, il rend un vibrant hommage à Hamilton, à la (bonne) psychologie face à la (mauvaise) métaphysique, à l'Écosse face à certaine Allemagne : « Sir William Hamilton unissait en lui deux dons bien rares, et qui jusqu'ici ne s'étaient jamais rencontrés à ce degré dans une même personne : la pénétration profonde d'un métaphysicien du premier ordre et l'inépuisable érudition d'un savant de profession. Il a porté la philosophie du sens commun à sa plus haute puissance. Grâce à lui, elle occupe aujourd'hui un rang éminent dans la philosophie contemporaine. Aussi, la mort toute récente de M. Hamilton est une calamité qui ne s'arrête pas aux bornes de sa patrie : elle sera longtemps et vivement ressentie par tous ceux qui d'un bout du monde à l'autre ont consacré leur vie à l'étude de la philosophie et de son histoire [...] Ce qui distingue cette philosophie et lui donne un caractère et un intérêt particulier [...], c'est [...] le haut rang attribué à la psychologie parmi toutes les autres branches de la science philosophique. Quand la psychologie déchoira à Aberdeen, à Glasgow, à Edinburgh, ce jour-là, nous n'hésitons pas à le prédire, c'en sera fait de la philosophie écossaise : elle n'aura plus qu'à céder

la place à quelque importation de la mauvaise métaphysique de l'Allemagne dégénérée [sic !]. Puissent la sagesse et la constance de M. Fraser prévenir un pareil malheur, et répondre à ce vœu public d'un vieil ami de Hamilton et de l'Écosse. »

29. Charles-François-Marie, comte de Rémusat, né le 13 mars 1797 et mort le 6 juin 1875 à Paris, auteur d'un *Abélard* en 2 vol. (1845), sur lequel je reviendrai.

30. Sur les rapports entre l'Écosse et la France philosophiques, voir le beau volume d'E. AROSIO & M. MALHERBE (éd.), *Philosophie française et philosophie écossaise, 1750-1850*, Paris, Vrin (Analyse et philosophie), 2007, notamment M. MALHERBE, « La réception de la philosophie écossaise chez le jeune Cousin (1815-1829) », p. 115-135, et L. CLAUZADE, « La philosophie écossaise et la fondation de la psychologie, de Jouffroy à Garnier et Lélut », p. 151-177. » L'ouvrage contient une importante bibliographie. Voir également G.E. DAVIE, « Victor Cousin and the Scottish Philosophers », *Journal of Scottish Philosophy*, vol. VII (2009), p.193-214.

31. *Cf.* Th. REID, *Essays on the Intellectual Powers of Man*, éd. D.R. BROOKES & K. HAAKONSSEN, introd. K. HAAKONSSEN, Edinburgh, EUP, 1988 ; *Essays on the Intellectual Powers of Man.* Text ed. by D. BROOKES, introd. by K. HAAKONSSEN, University Park (PA), Penn State UP, 2002.

32. Les *Œuvres complètes* de REID éditées par HAMILTON sont réimprimées sous le titre *The Works of Thomas Reid with Notes and Supplementary Dissertations by Sir William Hamilton, Bart.*, vol. I/II, Hildesheim-Zurich-New York, Georg Olms, 1983, avec une *Introduction* de H.M. BRACKEN. Une nouvelle traduction des œuvres, introduite et annotée, est en cours : *Essais sur les pouvoirs actifs de l'homme*, par G. KERVOAS et É. LE JALLÉ, Paris, Vrin, 2009 ; *Recherches sur l'entendement humain d'après les principes du sens commun*, par M. MALHERBE, Vrin, 2012. Le troisième volume est à paraître.

33. Le cinquième *Essay*, chapitre VI, sur lequel s'achève le livre, est consacré aux *Opinions des philosophes sur les universaux*. Nous donnons ici la traduction de JOUFFROY, *Œuvres complètes*, t. IV, *Essais sur les facultés intellectuelles*..., t. II, p. 246-269.

34. Th. REID, *Essais sur les facultés intellectuelles*..., V, chap. VI, trad. JOUFFROY, p. 249-250.

35. *Ibid.*, p. 250.

36. *Ibid.*, p. 250

37. *Ibid.*, p. 251.

38. *Ibid.*, trad. Jouffroy, p. 251-252.

Séminaire du 5 juin 2014

Stewart critique de Reid. — Le scénario de Stewart. —Le réalisme professé jusqu'au XIe *siècle est aristotélicien : c'est le réalisme des formes « immergées dans la matière » (réalisme de l'immanence). — Roscelin rompt le consensus réaliste en introduisant une doctrine nouvelle héritée de Zénon, que reprend et développe Abélard. — Pour Stewart, l'« École de Zénon » est l'ancêtre de la position nominaliste médiévale. — Les deux thèses nominalistes de Roscelin et Abélard. — Le conceptualisme comme déviation du nominalisme.— Les deux thèses conceptualistes. — Le point central : l'esprit peut raisonner sur les genres et les espèces sans passer par la médiation du langage. — Stewart s'avoue embarrassé par une position qu'il ne comprend pas. — Stewart classe Locke et Reid chez les conceptualistes. — Le topos des « trois familles du nominalisme » médiéval. — Les sources de Stewart : l'*Historia critica philosophiae *de Brucker, le Polyhistor de Daniel Morhof. — Apparition du mot* conceptuales *(« conceptualistes ») sous la plume de Brucker. — Analyse de textes de Brucker : parallélisme entre les « sectes » médiévales et les écoles de Platon, Aristote et Zénon. Théorie des trois états de l'universel, et « retour du stoïcisme ». — Termes utilisés par les réalistes dans les polémiques avec les nominalistes* (tyrones, verbales, terministae).*— Premier contact avec Morhof. Son embarras face au « conceptualisme ». — Son influence sur Stewart. — Gérando critique de Stewart. — Le scénario de Gérando. — Après le nominalisme radical de Roscelin, il y a eu deux sectes de nominaux, les uns qui, avec Abélard, proches d'Aristote, accordaient à l'universel un* « fundamentum in re »*; les autres, les « conceptualistes », qui, abandonnant la thèse d'Abélard, ont choisi la voie du concept. — Examen critique des sources de Gérando, de Jean de Salisbury à Morhof.*

Je reviens au scénario de Reid, qui, comme je vous le disais, a fait l'objet de deux critiques au sein même de l'école écossaise : la première par Dugald Stewart, la seconde par Hamilton – l'éditeur des œuvres complètes de Reid et de Stewart. Je laisse de côté Hamilton, que nous retrouverons sur d'autres thèmes, et dans d'autres contextes, l'année prochaine. Je n'évoquerai aujourd'hui rapidement que Stewart, avant de revenir brièvement à Gérando.

Stewart commence par poser que le réalisme est la doctrine dominante jusqu'à Roscelin, autrement dit au XIe siècle. Utilisant le « langage scolastique de l'époque » – c'est-à-dire la tripartition héritée, comme nous l'avons vu, d'Ammonius –, il explique que l'opinion prévalant jusqu'au XIe siècle était que les universaux n'étaient pas *avant* ou *après* les choses, mais *dans* les choses. Dans ce scénario, c'est donc le réalisme aristotélicien, ou comme le dit Stewart, la théorie *des formes depuis toujours « immergées » ou « noyées » dans la matière*, théorie héritée d'Aristote, qui tient le haut du pavé – non celle de Platon, ni celle des stoïciens (noter : « depuis toujours », qui prouve qu'il n'y a pas de théorie de la création dans le temps pour les tenants d'une position de ce genre).

> The opinion which was prevalent was, (to use the scholastic language of the times,) that universals do not exist *before* things, nor *after* things, but in things ; that is, (if I may be allowed to attempt a commentary upon expressions to which I do not pretend to be able to annex very precise notions,) universal ideas have not (as Plato thought) an existence separable from individual objects, and therefore, they could not have existed prior to them in the order of time ; nor yet, (according to the doctrine of the Stoics,) are they mere conceptions of the mind, formed in consequence of an examination and comparison of particulars ; but these ideas or forms are from eternity united inseparably with that matter of which things consist, or, as the Aristotelians sometimes express themselves, the forms of things are from eternity immersed in matter [1].

Voici le texte dans la traduction Prévost, parue à Genève au XIXe siècle :

L'opinion qui prévalut fut, pour parler le langage de l'école, que les universaux n'existent ni *avant* les choses ni *après* les choses, mais *dans* les choses : c'est-à-dire (s'il m'est permis de commenter des expressions auxquelles je me sens incapable d'attacher des notions très-précises), que les idées universelles n'ont pas, comme le dit Platon, une existence distincte et séparée des objets individuels ; qu'en conséquence elles n'ont pu exister avant eux ; qu'elles ne sont cependant pas, comme le veulent les stoïciens, de pures conceptions de l'esprit, résultant de l'examen et de la comparaison des individus ; mais que ces formes ou idées sont de toute éternité unies à la matière des choses ; ou, comme s'expriment quelquefois les disciples d'Aristote, que les formes des choses sont de tout temps noyées dans la matière [2].

C'est Roscelin, qui, le premier, rompt le consensus réaliste, « avec une nouvelle doctrine ou (comme le pensent certains auteurs) une doctrine empruntée à l'école de Zénon », « largement propagée peu de temps après en Europe grâce aux talents et à l'éloquence de l'un de ses étudiants, le célèbre Pierre Abélard ».

Such appears to have been the prevailing opinion concerning the nature of universals, till the eleventh century, when a new doctrine, or (as some authors think) a doctrine borrowed from the school of Zeno, was proposed by Roscelinus, and soon after very widely propagated over Europe by the abilities and eloquence of one of his scholars, the celebrated Peter Abelard

Telles furent, à ce qu'il paroit, les opinions dominantes sur la nature des universaux, jusqu'au onzième siècle. À cette époque Roscelin soutint une opinion nouvelle, ou, selon d'autres, renouvelée et empruntée de l'école de Zénon. Cette nouvelle doctrine fut bientôt propagée dans toute l'Europe, par le talent et l'éloquence d'un des disciples de Roscelin, le célèbre Pierre Abélard [3].

Avec Dugald Stewart, qui souligne lui-même que c'est l'opinion de certains « auteurs », qu'il n'identifie pas, Zénon, plus exactement, l'« école de Zénon », entre donc en scène, associée à la fois au nominalisme et à Abélard, fidèle disciple et « propagateur » des thèses de Roscelin. Voilà donc une « école de Zénon » qui est placée très clairement comme ancêtre de la position nominaliste médiévale. Le nominalisme est la continuation du stoïcisme, ou en tout cas du stoïcisme de Zénon, « selon certains ». Les thèses nominalistes de Roscelin et d'Abélard, placées « par certains » sous le patronage de l'école de Zénon, sont au nombre de deux :

> N1 : « Il n'y a pas d'existences dans la nature correspondant aux termes généraux » (autrement dit, il n'y a pas de *choses générales*, existant dans la nature, correspondant aux termes généraux).
>
> N2 : « Les objets d'attention dans les spéculations [contemplations] générales (*i.e.* dans la connaissance théorique) ne sont pas les idées, mais les mots. »

> According to these philosophers, there are no existences in nature corresponding to general terms, and the objects of our attention in all our general speculations are not ideas, but words.
>
> Selon ces philosophes, il n'existe rien dans la nature qui corresponde aux termes généraux ; les objets de notre attention, dans toutes nos spéculations générales, ne sont pas des idées, mais des mots [4].

Pour Stewart, Abélard n'est donc pas le chef de file des conceptualistes, il est un nominaliste radical comme l'était Roscelin. Qui sont les « conceptualistes » ? Stewart voit en eux une « secte intermédiaire », issue du nominalisme, dont la caractéristique majeure est, semble-t-il, de soutenir que l'esprit a le pouvoir de former des idées générales :

> In the very slight sketch which I have given of the controversy between the Nominalists and the Realists about the existence of universals, I have taken no notice of an intermediate sect called Conceptualists ; whose distinguishing tenet is said to have been, that the mind has a power of forming general conceptions.
>
> Dans l'esquisse que j'ai tracée de la querelle des nominaux et des réalistes, relativement à l'existence des universaux, je n'ai rien dit de la secte intermédiaire des conceptualistes. Leur dogme principal étoit, dit-on, que l'esprit a le pouvoir de former des conceptions générales [5].

Stewart peine à saisir et à comprendre exactement les thèses des conceptualistes : il en fait une forme déviante du nominalisme, dont il conjecture les thèses à partir des deux propositions de base, N1 et N2, qu'il modifie dans un sens qui permet d'obtenir une position dite conceptualiste. Nous avions les thèses des nominaux, N1 et N2, et nous allons maintenant avoir les thèses des conceptualistes : C1 et C2.

> C1 : il n'y a pas d'essences ou d'idées universelles correspondant aux termes généraux.

C'est de l'antiplatonisme, c'est de l'antiréalisme, c'est à peu près la même position que la position nominaliste. Mais il faut bien qu'il y ait une différence entre conceptualistes et nominalistes. En quoi peut-elle consister si la première thèse n'est pas ce qui les distingue ? Eh bien, c'est la deuxième qui le fait. À savoir :

> C2 : l'esprit peut raisonner sur les genres et les espèces sans passer par la médiation du langage.

Voilà la position à laquelle il faut bien arriver si l'on veut distinguer conceptualistes et nominalistes.

> I have taken no notice of the last class of Nominalists here mentioned ; as I find myself unable to comprehend their doctrine.
>
> Je n'ai point parlé de la dernière secte de nominaux, dont il est ici fait mention, parce qu'il m'est impossible de me faire quelque idée de leur doctrine [6].

Il n'y arrive pas. Il est embarrassé. Vous direz : il n'a qu'à regarder les textes ! Mais le problème, c'est qu'il n'y a pas de textes. Donc vous devez faire de l'histoire sans les textes. C'est un peu difficile, mais on peut y arriver ; on va voir comment.

L'embarras n'est pas sans motif. Les conceptualistes semblent soutenir que l'esprit n'a pas besoin du langage pour traiter des objets généraux. C'est du moins la seule thèse qu'on puisse leur attribuer, si, pour le reste, autrement dit pour le rejet de tout universel réel, ils s'accordent avec les nominalistes. On cherche une différence en n'ayant que deux domaines d'intervention ; s'agissant du premier point, rien ne distingue un conceptualiste d'un nominaliste, le deuxième point est donc nécessairement le seul qui puisse les distinguer. Sauf que cela produit une théorie un peu étonnante : on pourrait connaître les objets généraux sans passer le moins du monde par la médiation du langage. Et pourtant, c'est la thèse qu'on va être contraints d'attribuer à ces philosophes-là.

> From the indistinctness and inaccuracy of their language on the subject, it is not a very easy matter to ascertain precisely what was their opinion on the point in question, but on the whole, I am inclined to think, that it amounted to the two following propositions : first, that we have no reason to believe the existence of any essence, or universal ideas, corresponding to general terms : and secondly, that the mind has the power of reasoning concerning *genera*, or classes of individuals, *without the mediation of language*. Indeed, I cannot think of any other hypothesis which it is possible to form on the subject, distinct from those of the two celebrated sects already mentioned. In denying the existence of universals, we know that the Conceptualists agreed with the Nominalists. In what, then, can we suppose that they differed from them, but about the necessity of language as an instrument of thought, in carrying on our general speculations ?
>
> La manière indistincte et inexacte dont ils s'expriment rend leur opinion sur ce point fort difficile à bien saisir. En tout, je penche à croire qu'elle revenoit à adopter les deux propositions suivantes. Premièrement : nous n'avons aucune raison de croire à l'existence des essences, ou idées universelles, qu'on prétend correspondre aux termes généraux. Secondement : l'esprit a le pouvoir de raisonner sur les genres ou classes d'individus, *sans l'emploi du langage*. Et véritablement, je ne saurois quelle autre hypothèse on pourroit imaginer sur ce sujet, en s'écartant des deux sectes célèbres dont je me suis jusqu'ici exclusivement occupé. Nous savons que les conceptualistes s'accordoient avec les nominaux en niant l'existence des universaux. Sur quoi donc pourrions-nous supposer qu'ils différassent de leurs opinions, si ce n'est sur la nécessité du langage, envisagé comme instrument de la pensée, pour suivre toute espèce de méditation ou de raisonnement relatif à des objets généraux [7] ?

Pas de détour par le langage, donc, mais une espèce d'anatomie de la pensée faisant l'économie du langage. La suite déconcerte : tout en dénonçant le flou de la position conceptualiste médiévale, qui oblige l'historien à la conjecture, Stewart, comme Reid, enrôle Locke sous la bannière du conceptualisme – Locke dont les thèses sont, pourtant, tout sauf floues. Mais il ne s'arrête pas là, et « prend la liberté » d'en faire autant, à quelque nuance près, pour Reid lui-même, qui, au minimum, soutient une version proche de C1 et de C2, et n'est, de toute façon, ni platonicien ni nominaliste, comme le prouvent ses critiques de Berkeley et de Hume. Remarquez : par défaut on va placer Locke dans le camp de la philosophie qui paraît *la plus confuse et la moins argumentable*. Je vous rappelle que le conceptualisme était en revanche *le triomphe de la philosophie à la française selon Cousin*. On a ici des paradigmes nationaux qui travaillent en sous-main.

> May I take the liberty of adding, that Dr. Reid's own opinion seems to me also to coincide nearly with that of the Conceptualists ; or, at least, to coincide with the two propositions which I have already supposed to contain a summary of their doctrine ?
>
> Me sera-t-il permis d'ajouter, que l'opinion du Dr. Reid lui-même me paroît aussi très-voisine de celle des conceptualistes ? Je veux dire, qu'elle coïncide à peu près avec les deux propositions auxquelles j'ai réduit le système de cette secte [8].

L'assignation de Reid au conceptualisme combine une nouvelle fois la conjecture et l'*argumentum ex silentio*, variante médiévale du « qui ne dit mot consent ». Voilà donc un historien au travail, qui va faire son affaire à Reid en disant : écoutez, il ne dit rien de très clair là-dessus, mais précisément, puisqu'il ne dit rien qui aille ni dans un sens, ni expressément dans l'autre, je peux vous dire, moi, qu'il y a tout lieu de croire que...

> That language is not an essential instrument of thought in our general reasonings, he has no where positively asserted. At the same time, as he has not affirmed the contrary ; and as he has declared himself dissatisfied with the doctrines of Berkeley and

Hume, his readers are naturally led to conclude, that this is his real opinion on the subject. His silence on this point is the more to be regretted, as it is the only point about which there can be any reasonable controversy among those who allow his refutation of the ideal hypothesis to be satisfactory. In consequence of that refutation, the whole dispute between the Realists, and the Conceptualists falls at once to the ground ; but the dispute between the Conceptualists and the Nominalists (which involves the great question concerning the use of signs in general speculation) remains on the same footing as before.

Il ne nie expressément nulle part que, dans nos raisonnements généraux, le langage ne soit un instrument nécessaire de la pensée. Toutefois il n'affirme point non plus que la chose soit ainsi. Et comme il déclare n'être point satisfait des doctrines de Berkeley et de Hume, les lecteurs doivent naturellement en conclure qu'il rejette leur assertion à cet égard. Il est d'autant plus à regretter que cet auteur ne se soit pas expliqué sur ce point, que c'est le seul sur lequel il puisse raisonnablement y avoir dissentiment entre ceux qui sont satisfaits de la réfutation que Reid a faite du système des idées. En admettant cette réfutation, il n'y a plus de discussion possible entre les réalistes et les conceptualistes. Mais entre les conceptualistes et les nominaux, la dispute, relative à la grande question de l'emploi des signes dans les spéculations générales, demeure en son entier [9].

Concernant le Moyen Âge, d'où Stewart tire-t-il ses informations ? Où trouve-t-il une description des thèses de ces conceptualistes, dont il ne comprend pas, dit-il, la doctrine ? La question est intéressante : il y répond lui-même en note, en donnant les textes sur lesquels il s'appuie. La réponse est plus intéressante encore que la question, car elle nous livre la clé de tout le dispositif, que j'appellerai le *topos* des « trois familles du nominalisme ».

Deux sources sont mentionnées, et précisément citées : la première est le monument historique du XVIIIe siècle, l'*Historia critica philosophiae* de Brucker (c'est la bible de Stewart). La seconde est une œuvre du XVIIe, le *Polyhistor* de Daniel Morhof [10]. C'est en lisant ces auteurs-là que Stewart construit son montage. Disons deux mots de ces historiens, pour que vous ayez une idée de ce que peut être l'histoire sans les documents – ou avec des documents, mais lesquels ? parce qu'on va bien, à un moment quelconque, tomber sur un document médiéval. Extraordinaire de voir comment les choses se resserrent petit à petit.

Stewart cite trois lignes de Brucker pour nous expliquer ce que sont les conceptualistes. Il emploie le mot que nous étions bien en peine de trouver au Moyen Âge – puisqu'il n'existait pas – à savoir *conceptuales*, « conceptualistes » (qu'emploie Cousin à longueur de pages). Les « conceptualistes », littéralement les « conceptuels », ce qui, notez-le, constitue pour nous, jusqu'ici, la première apparition du mot, sont les nominalistes qui prennent la relève du nominalisme d'Abélard, une fois celui-ci abandonné. Le conceptualisme est une branche du nominalisme.

> Nominales, deserta paulo Abelardi hypotesi, universalia in notionibus atque conceptibus mentis ex rebus singularibus abstractione formatis consistere statuebant, unde conceptuales dicti sunt. Brucker, vol. III, p. 908 (Lips. 1766).

Ces trois lignes de Brucker citées par Stewart sont prélevées sur un ensemble plus copieux, qu'il faut parcourir, car le volume III de l'*Historia critica* cite une bonne quinzaine de fois les *Nominales*, donne un compte rendu assez détaillé de la querelle, mais aussi et surtout, on l'a annoncé lors du séminaire du 15 mai, un *parallèle entre les trois sectes médiévales aux prises et les trois grandes écoles de l'Antiquité* – geste capital.

Le § XXVIII, vol. III, de l'édition de Leipzig, 1766, p. 904, pose clairement qu'on ne peut comprendre la querelle (*contentio*, « conflit, rivalité ») et découvrir (*detegi*) son origine sans remonter à l'histoire de la philosophie telle que la pratiquaient les Grecs, à l'histoire de la philosophie « à la manière grecque » (*graecanica*) et il propose la grille des écoles antiques comme clef de lecture du moment médiéval : c'est aux hypothèses de Platon, d'Aristote et de Zénon, que Porphyre nous « renvoie ».

> § XXVIII. Historia contentionis inter Nominales et Reales intelligi, eiusque origo vera detegi non potest, nisi ad Graecanicae

> philosophiae historiam respiciamus, quae illius occasionem exhibuit. Nempe ad Platonis, Aristotelis et Zenonis hypotheses de ideis, siue speciebus rerum uniuersalibus attendendum est, ad quas digitum intendit Porphyrius [11].

Le texte que citait Stewart tout à l'heure (les *Nominales, deserta paulo Abelardi hypotesi*) est un peu coupé et si on va à l'original on voit que ce qui manque ce sont les cinq premiers mots, qui donnaient le contexte : les réalistes ont « tendu leur toile d'araignée » autour des nominaux, c'est pour leur échapper, une fois « désertée » la thèse d'Abélard, qu'ils ont embrassé le conceptualisme, et la doctrine de l'abstraction qui le sous-tend.

> *Quorum tela ut evitarent Nominales*, deserta paulo Abaelari hypothesi uniuersalia in notionibus atque conceptibus mentis ex rebus singularibus abstractione formatis consistere statuebant, vnde Conceptuales dicti sunt...

Brucker connaît aussi la distinction des trois états de l'universel, métaphysique, physique et logique, *ante rem*, *in re* et *post rem*, la distinction dont nous avons lue la version originale sous la plume d'Ammonius d'Alexandrie, fils d'Hermias, maître de Jean Philopon, mort dans les années 520. Brucker l'attribue aux philosophes éclectiques, ceux qui au IIIe siècle, comme Ammonius Saccas, maître de Plotin entre 232 et 242, un autre Ammonius donc, professaient un syncrétisme accordant Platon et Aristote, antérieur au néoplatonisme, et le préparant [12]. Il explique les efforts faits par les philosophes éclectiques « nés après le Christ » pour concilier les trois positions antiques sur les universaux, une fois mise en place leur confrontation indirecte. Cette tentative de conciliation, le moins que l'on puisse dire, c'est qu'elle n'est pas heureuse dans ses effets à distance, à long terme, puisqu'elle est l'origine du débat scolastique et de l'affrontement entre les sectes médiévales. Ce qui était une tentative d'harmonisation devient la clef conceptuelle d'un affrontement. Les trois états de l'universel, issus de cette première confrontation de l'Académie, du Lycée et du Portique, mobilisant Platon, Aristote et Zénon, deviennent la matrice de l'affrontement des thèses philosophiques au Moyen Âge.

> Scholasticorum voces si huc trahimus, illi de uniuersali disputantes, quod in metaphysicum, physicum et logicum diuidunt, triplicem hunc universalis respectum ita exprimunt ut primum uniuersale dicunt *ante rem*, secundum *in re*, tertium *post rem*. Haec subtiliis disputatio non modo Academiam, Lyceum et Stoam inter se commisit ; sed et post Christi nati tempora Eclecticis philosophis occasionem dedit, subtilissimas tricas suas syncretisticas ad hanc quoque pugnam componendam adhibendi, et in isto argumento Platonem, Aristotelem et Zenonem inter se conciliandi[13].

Puis, aux pages 906-907, Brucker présente l'histoire de la querelle, les trois états de l'universel, et le retour du stoïcisme. Durant ce que nous appelons aujourd'hui le « haut Moyen Âge », on n'avait pas accès, faute de traductions, aux œuvres originales. Le réalisme aristotélicien des « formes immergées » ou « noyées » dans la matière – l'expression reprise par Dugald Stewart – régnait. La dispute sur les universaux commence avec Roscelin, qui rejette l'existence réelle des universaux, qu'elle soit « avant la chose » ou « dans la chose ». Contre toute attente structurelle, cependant, celui-ci n'opte pas pour l'existence «*post rem*», il se situe sur un autre plan, plus radical. Il rejette toute *existence réelle d*e l'universel, que ce soit avant ou dans les choses. Roscelin ne se demande pas si les universaux existent réellement dans la pensée ou hors de la pensée, il rejette pour eux la notion même d'existence réelle. Ce qui existe ce sont les choses singulières dénotées par les « voix » ou les « noms ». Ce nominalisme radical est quand même une forme de « stoïcisme », parce qu'il est une philosophie du *ni... ni...* : ni Platon, ni Aristote, ni « avant les choses » ni « dans les choses ». Notez la formule : « *in Stoicorum castra ita transiit*, ut statueret, uniuersalia, *nec ante rem, nec in re* existere ». Le langage est militaire, on a affaire à des « camps ». La place de l'universel *post rem* reste inoccupée. Elle attend son locataire :

> Neque vero Aristotelem legere vel Platonem vel Stoicos licebat, vnde impossibile fuit, aliquod inter partes has arbitrium interponere. Itaque Aristotelis dialectica scripta, quae Latine extabant, sequebantur, prout poterant, et universale non ante rem esse, nec post rem, sed in re, idest formas rerum materiae esse

immersas statuebant. Quae opinio, quantum memoriae ex istis temporibus seruatum est, obtinuit, usque ad seculum XI, quo Roscelinus vel Rucellinus sacerdos et philosophus Compendiensis, de quo supra iam diximus, ab Aristotele secessum fecit, *et in Stoicorum castra ita transiit, ut statueret, uniuersalia, nec ante rem, nec in re existere, nec ullam habere realem existentiam, sed esse nuda nomina et voces, quibus rerum singularium genera denotantur* : a quo dogmate sectae Nominalium nomen haesit, quae per Roscelini discipulum, Abaelardum propagata est [14].

Dernier point : l'onomastique. On parle depuis le début de *nominales,* de *reales,* de *conceptuales*. *Nominales* et *reales* sont deux expressions médiévales ; *conceptuales* n'existe pas au Moyen Âge ; il figure sous la plume de Brucker et réapparaîtra sous celle de Cousin. En revanche il y a toute une série de termes qui ne sont pas repris dans les histoires actuelles de la philosophie et que les historiens du XVIIe et du XVIIIe siècle nous rapportent comme ayant été d'usage courant au Moyen Âge, ou après, pour désigner les nominalistes. Brucker fait allusion aux sobriquets infamants dont les réalistes ont affublé les *nominales* à Paris, où les batailles n'ont pas cessé après l'édit de Senlis, pris par Louis XI le 1er mars 1474, ordonnant que « les livres [des Nominaux] restent sous clef et enchaînés dans les bibliothèques, pour qu'il n'y soit plus regardé » : *tyrones, verbales, terministae* [15]. C'est assez curieux : où trouve-t-on ce terme de *tyrones* – les « débutants » ? Il ne court pas les rues ! On le trouve dans un écrit galénique sur le pouls. C'est un traité très diffusé, un des ouvrages de médecine les plus célèbres de Galien : Περὶ τῶν σφυγμῶν τοῖς εἰσαγομένοις ; *De pulsibus libellus ad tirones*, ou *Petit traité sur le pouls à l'usage des « débutants »*, des *bleus*. Les réalistes se considèrent, pour leur part, comme les « anciens », au sens vénérable du terme. C'est assez drôle, aussi, parce que vous savez que le docteur des nominalistes au XIVe siècle, Guillaume d'Ockham, n'a jamais obtenu de poste universitaire de professeur et est donc resté dans l'histoire sous le titre de *Venerabilis Inceptor* : le « vénérable débutant ». Ockham n'en finissait pas de commencer, mais sans jamais commencer vraiment (comme ce séminaire). Autre nom d'oiseau : les *verbales*, les « verbaux. » Je ne l'ai jamais trouvé non plus ! En revanche on trouve très couramment *terministae*, mais ce n'est pas une injure. La logique « terministe » désigne l'ensemble des traités de ce qu'on appelait au Moyen Âge la *Logica Modernorum* – la « logique des modernes » – centrée sur les propriétés des termes : référence, ampliation, restriction, etc. toute une série de propriétés sémantiques. Les logiciens qui s'occupaient de cela étaient appelés les « terministes. » Notons que Brucker n'emploie qu'une fois le mot « *conceptuales* » [16].

Passons à présent à Morhof [17]. Je disais tout à l'heure que Stewart voyait dans le conceptualisme une branche du nominalisme. Il ne va pas chercher cela très loin. Pour montrer que le conceptualisme est une branche du nominalisme, il s'appuie sur le *Polyhistor* de Morhof [18]. C'est sous sa plume, en effet, qu'apparaît la seconde division tripartite dans l'histoire de la Querelle, non pas entre nominalisme, conceptualisme, réalisme et leurs antécédents grecs supposés, mais à l'intérieur même du camp nominaliste [19]. Morhof explique en effet qu'il y avait « trois familles de nominalistes » : ceux qui, comme Roscelin, faisaient des universaux « de simples voix » ; ceux qui les plaçaient seulement dans l'intellect, et affirmaient qu'ils n'étaient que « de simples concepts de l'esprit » – ce sont eux que certains ont appelés (*vocant* : « appellent », c'est au présent) les « conceptualistes », *conceptuales* (le mot est donc chez Morhof avant d'être chez Brucker), en les distinguant des « nominaux », bien que d'autres se soient refusés à faire cette distinction ; enfin il y avait ceux qui cherchaient les universaux non pas tant dans les « voix » que dans les « mots complets » (et là, tout à coup, comme dirait Hegel, on a envie de crier « Terre ! Terre ! » parce qu'un auteur du Moyen Âge est mentionné) : une théorie que Jean de Salisbury attribue à Pierre Abélard, mais dont le sens n'apparaît pas clairement à Morhof, qui déclare : *Mihi non satis liquet.* La formule frappe. On pense au *I find myself unable to comprehend their doctrine* de Stewart [20]. En général, nous sommes responsables de nos incompréhensions, de nos difficultés à entendre quelque chose, des obstacles que nous rencontrons dans l'analyse ou la réception d'une thèse ou d'un thème ; là, on a l'impression que Morhof a déteint sur

Stewart, qui semble reprendre son incompréhension, pour ainsi dire « de confiance ».

> Nominalium tres erant familiae. Aliqui, ut Rocelinus, universalia meras esse voces docuerunt. Alii iterum in solo intellectu posuerunt, atque meros animi conceptus esse autumarunt, quos conceptuales aliqui vocant, et a nominalibus distinguunt, quanquam alii etiam confundant. Alii fuerunt, qui universalia quaesiverunt, non tam in vocibus quam in sermonibus integris, quod Joh. Sarisberiensis adscribit Pet. Abelardo ; quo quid intelligat ille, mihi non satis liquet. [21].

Sur la question de savoir si le conceptualisme et le stoïcisme sont plus liés philosophiquement que le nominalisme et le stoïcisme, Stewart n'est pas original, il refuse de se prononcer : notre ignorance des thèses stoïciennes est trop grande.

> Whether this doctrine of the Stoics coincided entirely with that of the Nominalists, (whose opinions I shall afterwards endeavour to explain,) or whether it did not resemble more a doctrine maintained by another sect of schoolmen called Conceptualists, I shall not inquire. The determination of this question is interesting only for men of erudition, for the knowledge we possess of this part of the Stoical philosophy, is too imperfect to assist us in the farther prosecution of the argument, or even to diminish the merit of those philosophers who have, in modern times, been led to similar conclusions.

> Je ne recherche point si la doctrine des stoïciens coincidoit exactement avec celle des nominaux, dont j'exposerai bientôt les opinions ; ou si elle ne ressembloit pas plutôt à celle que professoit une secte des scolastiques, connue sous le nom de conceptualistes. Cette question n'a d'intérêt que sous le rapport de l'érudition. Ce que sous savons de cette partie de la philosophie stoïque est trop imparfait pour éclairer le sujet, ou même pour rien ôter au mérite des philosophes modernes qui ont obtenu les mêmes résultats [22].

Avec cela, voilà notre parcours bouclé : Reid, Stewart, l'école écossaise et ses sources : Brucker et Morhof. Il est temps de revenir, comme annoncé au début de l'heure, à l'école française et au tandem Gérando-Cousin. Je laisse de côté Cousin, dont on a suffisamment parlé, mais il faut revisiter Gérando parce qu'il rejette, je l'ai dit, le tableau brossé par Stewart. Il en fait la critique, dans une longue note, où il cite ses propres sources.

> M. Duguald Stewart a remarqué avec raison, dans son excellent chapitre sur *l'origine de la dispute entre les Nominaux et les Réalistes*, que nous n'avons que des notions bien imparfaites sur les opinions particulières aux *Conceptualistes*, mais il me semble qu'on pourrait rectifier, sous quelque rapport, son hypothèse, et lui ajouter quelques nouvelles données [23].

Selon Gérando, trois points définissent le conceptualisme par rapport au nominalisme : 1. le langage a une importance dans la formation des idées générales, comme le soutiennent les nominalistes, mais ce n'est pas le plus important ; 2. le plus important est la « manière de voir » de l'esprit ; d'autre part, 3. les universaux n'ont pas le fondement (réel) dans l'objet que leur accorde Abélard. On peut donc dire que *les conceptualistes du Moyen Âge sont les idéalistes d'aujourd'hui.*

> Les *Conceptualistes* ne différaient pas précisément des Nominaux, en refusant au langage tout concours dans la formation des idées générales, comme le pense M. Stewart ; seulement ils lui accordaient une *moindre importance* dans cette opération ; ils la faisaient consister surtout dans une manière de voir de l'esprit, et ils refusaient, aux Universaux, cette espèce de fondement réel, qu'Abeilard leur avait donné dans les objets. Tels sont, si je ne me trompe les trois éléments de ce système. Les *Conceptualistes* correspondaient donc à peu près aux Idéalistes de nos jours [24].

La caractéristique des conceptualistes est donc de *rejeter* une thèse d'Abélard, qui n'est pas une thèse nominaliste, mais une thèse qui dit que *les universaux ont un fondement réel dans l'objet*. La thèse de Gérando est clairement fondée sur le scénario de Brucker : rappelez-vous l'expression *deserta paulo Abelardi hypotesi* – le point fondamental est que les nominalistes sont devenus conceptualistes après Abélard, non pas en suivant Abélard, mais au contraire, après avoir rejeté sa thèse la plus personnelle, qui faisait son originalité par rapport à Roscelin, celle qui le rapprochait d'Aristote, autrement dit : celle d'un fondement de l'universel *in re* – la thèse dite de la « forme immergée ».

Relu par Gérando, le dispositif du nominalisme n'est constitué ni par N1 + N2 (« il n'y a pas d'existence dans la nature correspondant aux termes généraux » + « les objets d'attention dans les spéculations générales ne sont pas idées mais les mots ») ni par C1 + C2 (« il n'y a pas d'essences ou d'idées universelles correspondant aux termes généraux » + « l'esprit peut raisonner sur les genres et les espèces sans passer par la médiation du langage »). Les nominalistes soutiennent la thèse selon laquelle les universaux ont deux fondements : la conception de l'esprit et le langage, autrement dit : les concepts et les mots, dans le triangle sémantique. L'originalité d'Abélard est d'accorder aux universaux une « sorte d'existence physique » (un fondement réel dans l'objet), ce qui est un rejet ou une modification de N1/C1, que l'on peut noter *N1/*C1. L'origine du conceptualisme est l'abandon par les nominalistes de cette thèse du fondement réel dans l'objet.

En somme, après le nominalisme radical de Roscelin, il y a eu deux sectes de nominaux, les uns qui, avec Abélard, qu'on n'appelle pas pour rien le « Péripatéticien », se rapprochaient d'Aristote ; les autres non. Ce sont ces derniers qui sont les conceptualistes : ceux qui ont abandonné le nominalisme mitigé d'Abélard – faisant place à l'universel *in re* – pour investir le seul sommet du triangle – le concept –, dont Roscelin avait occupé le côté gauche : la *vox*, et Abélard, le côté droit, la *res*. En bref, c'est parce qu'il n'a pas compris Abélard, l'originalité de la « seconde secte de Nominaux », sa fidélité à Aristote, que Stewart n'a pas vu ce qui distinguait véritablement le conceptualisme du nominalisme.

Sur quoi Gérando s'appuie-t-il pour poser ce diagnostic ? Stewart avait deux sources majeures : Brucker et Morhof ; Gérando a, pour l'essentiel, les mêmes. La différence est qu'il cite Jean de Salisbury.

> Je m'appuie à cet égard, écrit-il : 1° du témoignage de Jean Salisbury, qui distingue ainsi les trois sortes de Nominaux :

Suit une citation latine du *Metalogicon*, dont voici la traduction française :

> « L'un s'en tient aux *sons vocaux*, quoique cette opinion ait à peu près complètement disparu avec Roscelin, son auteur. Un autre y veut voir les *paroles* et il y ramène de force tout ce qu'il se rappelle avoir lu où que ce soit à propos des universaux. Le Péripatéticien du Pallet, [notre maître] Abélard, s'est même laissé prendre par cette opinion, [...] [25].
>
> Un autre se mêle des *intellections* et dit que les genres et les espèces ne sont que cela. Ils saisissent en effet l'opportunité que leur offrent Cicéron et Boèce en citant Aristote comme leur source de ce qu'ils doivent être considérés et désignés comme des *notions* [26].

Par rapport à Stewart, Gérando ne donne pas seulement une lecture plus fouillée du passage de Brucker cité par le philosophe écossais, il prend le détail du texte de Salisbury, qui, dès lors, apparaît comme la principale source médiévale, la grille de toute l'histoire du *premier nominalisme*, celui du haut Moyen Âge, chez tous les historiens du XVIIe et du XVIIIe, jusqu'au XIXe siècle. Tout repose donc sur un seul document ! l'œuvre de Jean, principalement le *Metalogicon*. Salisbury, qui a assisté à Paris à toutes les passes d'armes qui opposaient Abélard et les réalistes, explique aussi quelles sont les dissensions dans la grande famille – que nous savons à présent triple – des *Nominales*. L'homme n'est pas n'importe qui ; c'est le représentant principal de ce qu'on a appelé « la Renaissance du XIIe siècle » ou « l'humanisme du XIIe siècle ». C'est un Anglais venu en France à l'âge de dix-sept ans, qui a étudié la philosophie et la théologie avec Abélard et les maîtres de l'école de Chartres ; c'est un des grands intellectuels de l'époque, quelqu'un qui a participé à la vie politique de son temps – il a été le conseiller du pape Adrien IV et surtout le secrétaire de l'archevêque de Cantorbery, Thomas Becket (on ne quitte jamais le théâtre avec moi). Il a dédié à Becket son autre chef-d'œuvre, le *Policraticus*, un des fleurons de la première philosophie politique médiévale. Après l'assassinat de l'archevêque il a quitté l'Angleterre et est devenu évêque de Chartres, où il est mort, en 1180. C'est donc un grand personnage[27]. Les détails qu'il nous donne sont ceux d'un grand lecteur, familier de tout ce que l'on pouvait lire à l'époque, y compris les Anciens. Il connaît par cœur Cicéron, il lit Sénèque, ce n'est pas quelqu'un qui n'a lu que trois malheureux traités de logique.

Les autres sources de Gérando sont Brucker, Morhof, Meiners et Turmair.

> [Je m'appuie en outre] 2° de l'opinion de Brucker (*Hist. phil. des idées*, p. 217), qui définit ainsi les Conceptualistes : *Non tam in vocibus, quam in notionibus et conceptibus animae Universalia consistere*, ce qui suppose que ces derniers ne laissent au langage qu'une fonction moins essentielle, opinion partagée par Meiners dans son excellente dissertation sur les Nominaux et les Réal. (*Mémoires de la Société de Gœttingue*, tom. IX) ; Laurentius Valla, d'après Morhoff (*Polyhist. Lit.* tom. II, liv. 1), considère les Universaux comme une collection d'individus ; Pierre la Ramée demande ce qu'il y a de plus facile que de dire que le sens des termes généraux et les notions résident dans l'esprit, et que les objets seuls résident au dehors. Enfin, le passage de Brucker, tom. III, p. 908, lorsqu'il dit : qu'après Abeilard, les Nominaux, [249] s'écartant de ses opinions, devinrent conceptualistes ; ce passage s'explique à la fois, et par le caractère particulier du système d'Abeilard, qu'on s'accorde universellement à regarder comme presque conforme à celui d'Aristote, en accordant une sorte d'existence physique aux notions générales, et par les opinions que continuèrent de professer les Nominaux, opinions dans lesquelles nous retrouvons toujours la conception de l'esprit, et le langage, comme les deux fondemens [*sic*] des notions générales. Voyez Aventin, liv. C. 9, p. 33 ; voyez surtout la déclaration de leurs sentimens [*sic*], que les Nominaux adressèrent à Louis XI. En général, M. Duguald Stewart n'a peut-être pas assez distingué cette seconde secte de Nominaux, qui se rapprochaient d'Aristote, et qui expliquent l'origine de la troisième (*Élémens* [*sic*], etc., chap. IV, p. 192)[28].

N'oublions pas Morhof. Gérando puise abondamment dans le *Polyhistor*, qui lui sert à illustrer le rapport entre la triple division des sectes médiévales – réaliste, nominaliste et conceptualiste – et celle des écoles anciennes – Platon, Aristote, les stoïciens [29]. Il y trouve également de quoi poser et expliquer un lien entre nominalisme et stoïcisme. La portée philosophique de l'explication est limitée. Le geste est polémique. C'est, pour parler familièrement, une réponse du *berger réal* à la *bergère nominale*. Les nominalistes accusaient les réalistes de *platoniser*, ou plutôt de « propager les songes platoniciens », les réalistes les accusent, à leur tour, de *donner dans le « stoïcisme »* [30].

Pour Gérando, les *nominaux* ne sont pas des extrémistes réduisant l'ensemble de la connaissance métaphysique à la manipulation de signes vides ou à un jeu de voix, ils s'appuient sur les concepts et sur les mots.

Reste ce pauvre Abélard, devenu le docteur de l'universel « réal », de l'universel *cum fundamento in re*. Vous devez vous dire : « Eh bien, je n'aurais pas imaginé cela. » Effectivement, il était difficile de l'imaginer. Pour une bonne raison : la doctrine de l'universel *cum fundamento in re* n'est pas d'Abélard, elle est de Thomas d'Aquin. La formule, *fundamentum in re*, qui, chez Gérando, sert à qualifier la position d'Abélard, quand il dit « cette espèce de fondement réel, qu'Abeilard leur avait donné dans les objets », n'est attestée, en gros, qu'à partir du *Commentaire des Sentences* de Thomas, et c'est là que Morhof et Gérando l'auront trouvée, que ce soit chez Thomas ou l'un de ses successeurs. Le *fundamentum in re* est la clef de voûte des positions que l'on décrit aujourd'hui encore alternativement comme « réalisme modéré » ou « conceptualisme *cum fundamento in re* », et que l'on attribue en général à Thomas. Toutes ces étiquettes donnent le tournis. Mais chaque fois, lorsqu'on essaie de clarifier les choses, on s'aperçoit qu'une opération violente a eu lieu. On a réorganisé l'histoire de la querelle des universaux et les positions d'Abélard à partir d'une formule de Thomas d'Aquin. Sur ce point, pas de doute : c'est bien Thomas qui explique, dès son *Commentaire* au premier livre *des Sentences* datant des années 1252, qu'il y a trois sortes d'entités, celles qui ont un être complet à l'extérieur de l'âme, comme l'homme et la pierre, celles qui n'ont aucun être à l'extérieur de l'âme, comme les rêves et « l'imagination d'une chimère », celles qui ont « un fondement dans la chose extérieure à l'âme » *(quae habent fundamentum in re extra animam)*, mais dont « le complément de la notion du point de vue formel » *(complementum rationis eorum quantum ad id quod est formale)*, dépend de l'opération de l'âme *(est per operationem animae)*, ce qui est le cas de l'universel [31].

Après Thomas, la formule du « *fundamentum in re* » a eu un succès considérable, bien au-delà du thomisme, pour rendre compte du mode d'être des universaux, des abstractions, des relations, des *entia rationis*, et même des *absurda*, comme en témoigne un passage de la *Psychologie du point de vue empirique* de Brentano [32]. En fait, cette expression est si peu abélardienne, elle sanctionne si peu le nominalisme d'Abélard, que vous la trouvez utilisée pour qualifier aussi bien la position de Duns Scot (c'est-à-dire ce qu'il y a de plus réaliste !), ou de Suárez, que certaines thèses des nominalistes. Il ne faut donc pas faire confiance à cette notion : elle n'est pas du XIIe siècle, elle n'est pas d'Abélard. Son principal mérite, négatif, est d'interposer un écran entre les thèses d'Abélard et nous. Avec cela en perspective, vous ne pouvez rien comprendre à sa position exacte. Il est grand temps de faire le point, grand temps de résumer les choses.

Notes

1. Dugald Stewart, *Elements of the Philosophy of the Human Mind*, London, Printed for A. Strahan & T. Cadell in the Strand, and W. Creech, Édimbourg, 1792, p. 168.

2. D. Stewart, *Éléments de la philosophie de l'esprit humain,* trad. fr. P. Prevost, Genève, J.J. Paschoud, 1808, p. 260. On aura garde d'oublier que la traduction Prevost est dédiée à J. M. De Gérando.

3. D. Stewart, *Elements*..., p. 169 ; *Éléments*..., trad. Prevost, p. 261. Pour « l'école de Zénon », Stewart renvoie à sa note (H), p. 544-546, trad. Prevost, p. 417-420, où sont cités les textes latins (ou leur traduction anglaise), sur lesquels il s'appuie : J.J. Brucker, Morhof et Jean de Salisbury.

4. D. Stewart, *Elements*..., p. 169 ; trad. Prevost, p. 261.

5. D. Stewart, *Elements*..., p. 191 ; trad. Prevost, p. 294.

6. D. Stewart, *Elements*..., p. 191, n. ; trad. Prevost, p. 294, n. 1.

7. D. Stewart, *Elements*..., p. 191-192 ; trad. Prevost, p. 294-295.

8. D. Stewart, *Elements*..., p. 192 ; trad. Prevost, p. 296.

9. D. Stewart, *Elements*..., p. 193-194 ; trad. Prevost, p. 297-298.

10. *Cf.* D. Stewart, *Elements*..., p. 191, n. ; trad. Prevost, p. 294, n.

11. J.J. Brucker, *Historia critica philosophiae a mundi incunabulis ad nostram usque aetatem deducta*, vol. III, § xxviii, Leipzig, B. Ch. Breitkopf, 1766, p. 904.

12. *Ibid.*, p. 905.

13. J.J. Brucker, *Historia*..., p. 905.

14. *Ibid.*, p. 906-907.

15. *Ibid.*, p. 912 : « Hinc et, ignominiosa nomina, Realibus Nominales *tyronum, verbalium, terministarum*, immo, si Salaberto a Thomasio citato fides est, Sabellianorum nominibus passim infamantibus, culpantibusque, quod omnem scientiam peffundarent. »

16. *Cf. ibid.*, p. 908.

17. Daniel Georg MORHOF, né le 6 février 1639, mort le 30 juillet 1691, est l'auteur du *Polyhistor sive de notitia auctorum et rerum commentarii. Quibus praeterea varia ad omnes disciplinae consilia et subsidia proponuntur*, Lübeck, 1688-1692. Sur cet auteur et sur le genre littéraire de la polyhistoire – « that is, the work of the *polyhistor*, a scholar who is an active researcher into several different fields at once », *cf.* I. TOLOMIO, « The *'Historia philosophica'* in the Sixteenth and Seventeenth Centuries », *in* F. BOTTIN, L. MALUSA, G. MICHELI, G. SANTINELLO, I. TOLOMIO [pour l'édition italienne, Brescia, La Scuola, 1981] & C.W.T. BLACKWELL, P. WELLER [pour l'édition anglaise] (éd.), *Models of the History of Philosophy,* vol. I : *From Its Origins in the Renaissance to the 'Historia Philosophica'*, Springer (Archives internationales d'histoire des idées. International Archives of the History of Ideas, 205), 2010 [[1]1993], p. 66 [p. 66-160]. Tolomio décrit précisément la méthode « polyhistorique », ses caractéristiques et ses objectifs, dans la notice qu'il consacre à Morhof, p. 82-85. « The characteristics of polyhistory [are] curiosity about literature in the broadest sense of the word, erudition, encyclopaedism, census-taking of everything written not only by the ancients, but also by medieval and modern writers » (p. 82). « Morhof's critical presentation of past texts in the fields of literature, philosophy, civil customs, and applied science provided a somewhat schematic outline of the cultural history of various peoples. In the *Polyhistor* he collected and presented what could be defined as the seventeenth-century scholar's 'library', by furnishing a quantity of bibliographical material in the tradition of erudition and polyhistory » (p. 83). Concernant la philosophie, Tolomio note que : « He did not provide a proper history of philosophy according to sects, but continued to present a critical catalogue of works on the various philosophical schools : the Pythagorean, Socratic, Stoic, and Epicurean schools ; Sceptics and Platonists ; Aristotle, the Aristotelians, and the adversaries of Aristotle ; the Scholastics ; and finally the *novatores*, philosophers and thinkers of the modern age. » « In presenting this veritable seventeenth-century scholar's 'library', poursuit-il, Morhof's principal intention was not to illustrate the thought and personalities of the principal philosophers, but to review the critical studies on different sects and to list current editions of past philosophers' works. » C'est ce qui fait son intérêt archéologique.

18. Sur la vision de l'histoire de la philosophie dans le *Polyhistor*, et l'importance de la querelle des universaux, *cf.* I. TOLOMIO, « The

'Historia philosophica'... », p. 84 : « According to Morhof, the history of philosophy is always the history of philosophical sects. Aristotle, in particular, and his successors and commentators are given conspicuous prominence in spite of the waves of anti-Aristotelianism created by Bacon's theory of science and by seventeenth-century Cartesianism. *Medieval philosophy, identified with Scholasticism, was subdivided into the two great movements of the Nominalists and the Realists. To Morhof, the whole problem of the Middle Ages was covered by this dispute*. The moderns, the *novatores in philosophia*, were viewed as anti-Aristotelians, ambitious, and incapable of a profound renewal of philosophy » (c'est moi qui souligne).

19. Je cite ici la 4e édition du *Polyhistor philosophicus et practicus*, parue à Lübeck en 1747, avec une Préface de J. MOLLER, et des *Addenda* de J. FRICK & J. MOLLER : *Danielis Georgii Morhofii Polyhistor literarius, philosophicus et practicus cum Accessionibus virorum clarissimorum Iohannis Frickii et Iohannis Molleri, Flensburgensis*. Editio Quarta. Tomus secundus et tertius, sive *Polyhistor philosophicus et practicus*, Lubecae, Sumtibus Petri Boeckmanni, MDCCCLVII.

20. *Cf.* D. STEWART, *Elements*..., p. 191, n. ; trad. PREVOST, p. 294, n. 1.

21. Daniel Georg MORHOF, *Polyhistor philosophicus*, *Tom. Sec. Lib. I, Cap*. XIII, § 2, p. 74.

22. D. Stewart, *Elements*..., p. 166 ; trad. PREVOST, p. 257-258. Pour plus de détails Stewart renvoie à la note G (*Elements*..., p. 543-544 ; trad. PREVOST, p. 416-417), mais là, il se contente de renvoyer à Stilpon, suivant « BRUCKER, t. I, p. 619 » : « The Stoics, who borrowed many of their doctrines from the other schools of philosophy, seem, in particular, to have derived their notions on this subject from some of their predecessors. Stilpo, who was of the Megaric sect, is said to have held opinions approaching nearly to those of the nominalists » (« Les stoïciens, qui empruntèrent plusieurs de leurs doctrines à d'autres écoles de philosophie, paroissent en avoir usé ainsi à l'égard de celle dont nous nous occupons. Stilpon, qui étoit de la secte de Mégare, avoit, à ce qu'on rapporte des opinions assez semblables à celles que les nominaux ont professé dans la suite »). Et de citer Brucker : « Stilpo universalia plane sustulit, etc. ». De fait, Stilpon de Mégare, un des maîtres de Zénon, mais mégarique, donc antérieur aux stoïciens, est présenté dans l'*Historia critica* comme le premier représentant de la doctrine reprise ensuite par les « partisans d'Abélard et la secte tout entière des nominaux » (« ... quorum partes postea susceperunt Abaelardi sequaces et tota Nominalium

secta ») : la non-existence des universaux (« ... Stilponem inter eos, qui uniuersalia praeter nuda nomina nihil esse dicerent »). *Cf.* BRUCKER, *Historia critica...*, I, p. 619, § 10 : « Etsi vero totus erat in dialecticis Stilpo, et fama quoque propter ingenii artisque subtilitatem super aethera notus inclarescebat, pauca tamen, quod mireris, de doctrina eius restant, eaque obscura et non satis expedita. Illa huc redeunt : 1. Uniuersalia eum plane sustulisse. Dicebat enim : qui hominem dicat, eum neminem dicere, quod non hunc vel illum ea vox significet, nec huic magis, quam alteri conueniat. »

23. GÉRANDO, *Histoire comparée des systèmes...*, p. 247.

24. *Ibid.*, p. 247-248.

25. *Ibid.*, p. 248, n. 1. Suivent, dans le *Metalogicon*, plusieurs lignes coupées par Gérando, que je restitue entre crochets, dans la traduction Lejeune : « Le Péripatéticien du Pallet, [notre maître] Abélard, s'est même laissé prendre par cette opinion, [lui qui a abandonné beaucoup de monde et qui cependant, jusque maintenant en tout cas, a encore tel ou tel pour disciples et qui témoignent en faveur de son enseignement. Ils sont de mes amis, quoique la plupart du temps ils font du sens littéral un captif qu'ils mettent au supplice au point que l'esprit même le plus dur en est pris de compassion. Ils jugent aberrant *qu'une réalité soit prédiquée d'une réalité*, quoique Aristote soit l'auteur de cette aberration et que très souvent il affirme qu'une réalité est prédiquée d'une réalité. Et ceci est bien connu de ceux à qui son œuvre est familière, s'ils veulent bien le reconnaître]. » « Rien de plus raisonnable que cette maxime d'Abeilard, écrit GÉRANDO, p. 246-247, n. 1 : *Rem de re praedicari non posse, sed ideam de ideis.* Abeilard (*Intr. Ad theologiam*) », qui a donc eu sous les yeux le passage du *Metalogicon*, qu'il n'a finalement pas retenu dans la note bibliographique de la page 248.

26. JEAN DE SALISBURY, *Metalogicon* II.17 (éd. HALL et KEATS-ROHAN, Turnhout, Brepols, 1991), trad. F. LEJEUNE, p. 197.

27. Pour plus de détails, *cf.* J.-L. SOLÈRE, « Jean de Salisbury (*Ioannis Saresberiensis*). *Metalogicon* », *Revue belge de philologie et d'histoire*, Année 1994, vol. 72, n° 4, p. 966-967.

28. GÉRANDO, *Histoire comparée des systèmes...*, p. 248-249, n. 1

29. D. G. MORHOF, *Polyhistor philosophicus*, *tom. Sec. Lib. I, Cap.* XIII, § 2, p. 73-74 : « Primae itaque debentur Joh. Rucelino, Nominalis Sectae primo autori propagatorique. Notum enim est, Scholasticos fuisse distinctos in Nominales & Reales, & ex utriusque sectae placitis acerrima inter illos fuisse orta bella, ac nonnunquam etiam

inter discipulos cruenta. Campus autem harum velitationum erat Dialectica : hanc quoniam habebant a Boëtio Latino sermone traditam, in illam omnem operam impenderunt. Atque haec diffidia in reliquas disciplinas, imo ipsam Theologiam, postea penetrabant, cum illi, qui se Reales appellabant, Nominales, velut haereticos, aversarentur. Anselmus certe appellavit haereticos Dialecticos. Tota res versabatur in doctrina de existentia universalium, quae ad Metaphysicos potius, quam Logicos, referenda. Alii non existere universalia autumabant, alii habere in re ipsa fundamentum, adeoque illi Nominales, illi Reales, vocabantur. Non fuit vero haec doctrina primum in istorum cerebellis nata, sed jam tum in veterum Philosophorum scholis agitata. Qui ante Platonem erant Philosophi, negabant quid in rebus universale esse, sed omnia fluere, ac nihil esse stabile. Plato ideas suas in scenam produxit, velut eorum, que sensu percipimus, exemplaria alterna, quae essent tanquam universalia ante res. Has impugnavit postea Aristoteles, ac ipsa universalia, quasi rebus immersa, tradidit. Stoici autem putabant, tum demum existere, cum cogitatio illa fingeret. Triplex ita hoc universalium genus, *ante multa*, *in multis, et post multa ;* ac fuit, ob hanc distinctionem, in ipsis etiam Scholasticis Nominalibus differentia. »

30. *Polyhistor*, *loc. cit.*, p. 74 : « Reales Scholastici Nominales incusabant Stoicismi, cum vicissim Nominales Reales arguerent, quod Platonica somnia propagarent. »

31. *Cf.* THOMAS D'AQUIN, *Super Sent.*, lib. 1 d. 19 q. 5 a. 1 co : « Respondeo dicendum, quod eorum quae significantur nominibus, invenitur triplex diversitas. Quaedam enim sunt quae secundum esse totum completum sunt extra animam ; et hujusmodi sunt entia completa, sicut homo et lapis. Quaedam autem sunt quae nihil habent extra animam, sicut somnia et imaginatio Chimerae. Quaedam autem sunt quae habent fundamentum in re extra animam, sed complementum rationis eorum quantum ad id quod est formale, est per operationem animae, ut patet in universali. Humanitas enim est aliquid in re, non tamen ibi habet rationem universalis, cum non sit extra animam aliqua humanitas multis communis ; sed secundum quod accipitur in intellectu, adjungitur ei per operationem intellectus intentio, secundum quam dicitur species : et similiter est de tempore, quod habet fundamentum in motu, scilicet prius et posterius ipsius motus ; sed quantum ad id quod est formale in tempore, scilicet numeratio, completur per operationem intellectus numerantis. Similiter dico de veritate, quod habet fundamentum in re, sed ratio ejus completur per actionem intellectus, quando scilicet

apprehenditur eo modo quo est. Unde dicit philosophus, quod verum et falsum sunt in anima ; sed bonum et malum in rebus. »

32. *Cf.* F. Brentano, *Psychologie vom empirischen Standpunkt*, éd. O. Kraus, 2 vol., Hambourg, Felix Meiner, Bd. 2, *Anhang. Neue Abhandlungen aus dem Nachlasse*, Ab. XVII, *Vom ens rationis. Diktat vom 6. Januar 1917*, Hamburg, Felix Meiner, 1924, p. 248-249 (« *Absurda cum fundamento in re* ») ; trad. fr. *La Psychologie au point de vue empirique*, *Suppléments posthumes. Nouveaux traités tirés du Nachlaß (1924)*, App. XVII, *De l'*ens rationis *(Des êtres de raison). Dictée du 6 janvier 1917*, trad. M. de Gandillac, Paris, Aubier-Montaigne, 1944, p. 364, même pagination dans *Psychologie du point de vue empirique*, nouv. éd. revue et présentée par J.-F. Courtine, Paris, Vrin, 2008 : « § 4. En ce qui concerne les abstraits, il vaut de s'y arrêter davantage. Ils jouent notamment un rôle parfois important dans nos procédés méthodiques ; on les forme volontairement, on s'en sert un bon bout de temps, puis, une fois qu'ils ont rendu les services qu'on attend d'eux, ils disparaissent des résultats. À la différence d'autres absurdités, on pourrait les définir comme justifiés rationnellement d'une certaine façon ou, si l'on préfère l'expression, comme des *absurda cum fundamento in re*. » « Les *mathématiques* pourraient nous en fournir plus d'un bon exemple », mais aussi, trad. p. 365 : « la *jurisprudence* lorsqu'elle considère la tour Saint-Étienne à Vienne comme propriétaire de grands biens à cause des grosses sommes qu'exige son entretien, ou encore lorsqu'on parle de la volonté d'un peuple ou du décret d'un Parlement ». Et encore, la métaphysique, trad. p. 365-366 : « La *métaphysique* n'ignore pas ce genre de fictions ; elles sont sans inconvénients, voire même recommandables, pourvu qu'on n'oublie pas qu'il s'agit de fictions, et de fictions absurdes. C'est ainsi qu'un homme pensé, un souverain qui a vécu voici mille ans apparaissent aussitôt comme des absurdités si je prétends leur attribuer le caractère d'une chose réelle et si j'en fais l'objet d'affirmations proprement dites. Il n'en est pas de même si je me rends compte que les véritables objets de la reconnaissance proprement dite sont celui qui pense un homme et le présent qui est distant de mille ans, à titre de postérieur, du souverain son antérieur. » Nous reviendrons sur la réduction brentanienne du jugement au jugeant dans la dernière séance de ce séminaire, ainsi que dans celui de l'année prochaine.

Séminaire du 12 juin 2014

*L'archéologie de la Querelle des universaux en seize points. — Comment introduire de l'intelligibilité en histoire des idées sans reconduire les diverses mythologies que l'on retrouve à l'œuvre dans la lecture d'un Cousin ou d'un Gerando ? De quoi va-t-on faire l'histoire, si l'on ne fait pas l'histoire du conceptualisme ou du nominalisme tels que compris dans l'horizon historiographique cousinien ? — Retour à la confrontation entre le questionnaire original de Porphyre et le questionnaire de Proclus sur le mal. — Échangeurs conceptuels et nouveaux parcours. — L'étude de la distinction entre l'*epinoia *et la* psilê epinoia, *ouvre sur l'histoire des objets imaginaires, sur les problèmes de la référence vide, sur les questions du rapport entre universel, néant et fiction, et par là sur le rôle du stoïcisme dans la « geste de l'universel ». — Le questionnaire de Porphyre, construit sur une première question – les universaux sont-ils de vrais êtres ou des concepts vides ? – organise, sur la base d'un chiasme entre êtres et concepts, la confrontation du concordisme aristotélico-platonicien avec le Portique. — Examen des thèses stoïciennes sur l'universel. — Le témoignage du Commentaire d'Origène sur l'Évangile de Jean. — L'exégèse de Jn 1, 3 : Toutes choses furent par lui* (Πάντα δι' αὐτοῦ ἐγένετο)*, et sans lui rien ne fut* (καὶ χωρὶς αὐτοῦ ἐγένετο οὐδὲ ἓν)*. — Deux thèses sur le mal : « le mal n'a pas d'hypostase », « le mal est un non-quelque chose ». — La distinction stoïcienne entre néant et non-quelque chose. — Ontologie et tinologie. — Deux positions possibles : les universaux ont le même statut que les fictions. – Les universaux n'ont pas même le statut des fictions. — Retour au* tragelaphos, *et à la distinction entre* psilê epinoia *et* epinoia, *bouc-cerf et universel abstrait.*

Après un long excursus historiographique, si incomplet soit-il, dans la querelle des universaux, qui, aux yeux de Victor Cousin, père de l'histoire de la philosophie en France, constituait la « philosophie scholastique tout entière », il est temps, pour approfondir notre réflexion sur l'archéologie philosophique et l'histoire des idées, de faire le point, de voir ce que, grâce aux universaux, nous avons appris de *ce qui lie genèse et structure dans la saisie d'un processus historique en histoire de la philosophie*, mais aussi, plus radicalement, *dans la philosophie comme histoire*. Je résumerai le tout en 16 points.

1. Nous avons vu comment le schème théorique articulé par Aristote dans le *Peri hermeneias* : MOTS, CONCEPTS, CHOSES, avait fonctionné par une sorte de mouvement récursif comme schème d'interprétation du *skopos* des *Catégories* puis, par voie de conséquence, de l'*Isagoge*, « introduction » aux *Catégories*.

2. Nous avons vu ensuite comment le triangle sémantique d'Aristote avait prédéterminé les modèles d'interprétation surimposés ou substitués au questionnaire original de Porphyre en dictant pour ainsi dire d'avance, *a priori*, les trois seules positions concevables à partir de cette donne initiale : le réalisme, le nominalisme, et, en position intermédiaire, comme les concepts entre les mots et les choses, le conceptualisme. C'est le schéma que l'on trouve chez Reid et que l'on retrouve aussi bien chez Dugald Stewart, Gérando, Victor Cousin [1], et leurs sources respectives.

3. Nous avons ainsi vu que le schéma ou triangle sémantique du *Peri hermeneias*, micro-exemple d'*a priori* historique, avait gouverné sur la longue durée non seulement la définition de l'objet des *Catégories* et de l'*Isagoge*, mais encore, par son élévation au rang de schème *épistémique*, la lecture, la réécriture ou l'abandon du problème de Porphyre dans la formulation qu'il lui avait lui-même originairement donnée.

4. Nous avons pu suivre ainsi non seulement les premières et décisives lignes de l'histoire de l'interprétation du texte, mais encore la construction progressive des positions philosophiques mobilisées par les premiers historiens aux XVIIe et

XVIIIe siècles : réalisme, conceptualisme, nominalisme, reprises, par les philosophes et les historiens au début du XIXe siècle – et parfois aujourd'hui encore à l'œuvre –, en logique, psychologie, ontologie ou métaphysique.

5. Dans le même temps, pour ainsi dire parallèlement, nous avons vu que la distinction entre les trois états de l'universel, forgée au Ve-VIe siècle par le néoplatonicien d'Alexandrie, Ammonius – fils d'Hermias : « avant le multiple, dans le multiple, après le multiple » –, devenue chez les Latins du XIIIe, « avant les choses, dans les choses, après les choses » – *ante rem, in re, post rem* –, directement issue de l'exégèse du questionnaire original/originel de Porphyre avait eu un destin propre, et avait joué un rôle dans l'histoire de la querelle médiévale des universaux.

6. Ainsi, ce sont deux schémas qui ont porté en sous-main la réception et les métamorphoses du questionnaire de Porphyre : le schéma récursif du *Peri hermeneias* et le schéma concordiste d'Ammonius.

7. Nous avons vu que les premiers historiens modernes de la querelle avaient tenté de connecter le conflit des « sectes » médiévales avec celui de trois d'entre les écoles philosophiques de l'Antiquité : l'école de Platon, celle d'Aristote, et celle de Zénon : l'école stoïcienne, rejoignant ainsi, mais *par leurs propres voies*, une des dimensions authentiques du questionnaire originaire de Porphyre.

8. C'est ainsi qu'un Gérando, suivant l'historiographie des XVIIe et XVIIIe siècles, connecte expressément le schéma des trois états, *ante rem, in re, post rem*, avec les trois positions antiques : le platonisme des Idées, le réalisme aristotélicien des formes immanentes et sa doctrine de l'abstraction, et le conceptualisme stoïcien.

Remarque : je vous disais que le grand problème du XVIIIe et du XIXe siècle était de distinguer nominalisme et conceptualisme ; mais là, on se dit que le problème serait plutôt de distinguer l'universel dans la chose, en tant qu'il est détaché des individus pour être représenté dans l'esprit, et le concept, qui est conçu par l'esprit, par comparaison, et qui se voit imposer un signe qui, désormais, le représentera.

9. Le problème est de connecter la tripartition des sectes médiévales à celle dérivée du *Peri hermeneias* : dans celle-ci en effet, les protagonistes « naturels » ne sont pas Platon, Zénon et Aristote, mais Platon, Aristote et – normalement – une position philosophique, le nominalisme radical de Roscelin, réduisant les universaux à des voix, que l'on ne peut précisément faire correspondre ni à l'universel *post rem*, ni à Zénon.

10. Comment intégrer le nominalisme au schéma récursif du *Peri hermeneias* sans le confondre avec le conceptualisme ? C'est un vrai problème, qui pose celui de la distinction même entre conceptualisme et nominalisme et de son bien-fondé.

11. Le problème est résolu à un premier niveau en distinguant les positions de Zénon et de Roscelin, tout en les rapprochant par ce qu'elles ont formellement en commun : le rejet de Platon et d'Aristote – ce qui revient à articuler les quatre positions en losange, deux triangles communiquant par la base, comme le suggère un passage de Brucker. Puis dans la seconde étape, en faisant monter Abélard en position « conceptualiste », en réduisant le losange à un triangle – la position de Victor Cousin.

12. La solution trouvée au problème de l'intégration du nominalisme au schéma récursif du *Peri hermeneias* consiste à mobiliser le schéma pour un nouvel usage. Le triangle des mots, des concepts et des choses, issu du premier chapitre du *Peri hermeneias* connaît, de fait, un second usage historiographique dès les premières histoires modernes, notamment chez Morhof, suivi par Gérando : la distinction des « trois familles du nominalisme », mobilisant l'expression non abélardienne – attestée à partir de Thomas d'Aquin – de *fundamentum in re*.

13. Posé sur la « base » des choses, le triangle sémantique/épistémique du *Peri hermeneias*, fait se distinguer et s'affronter : nominalisme (Roscelin), conceptualisme stoïcien, et péripatétisme (Abélard) – les « trois familles du nominalisme »,

tiraillées par un conflit majeur, puisque de Roscelin à Abélard l'écart est gigantesque – en combinant seulement deux variables : le langage et l'esprit – les choses étant ce sur quoi repose la structure. C'est le cas chez Gérando, où l'on voit, en outre, sous l'expression thomiste de *fundamentum in re*, affleurer l'équivalence entre « être fondé dans » et « exister dans », qui, aux yeux d'un lecteur d'aujourd'hui, apparaît comme l'écho lointain de la distinction grecque entre « avoir hypostase » et « exister ». En grec, cela correspond aux deux substantifs *hypostasis* et *hyparxis*, mais dans les deux cas l'idée est qu'il y a « quelque chose à la base ».

En parlant d'« opérations de l'esprit », Gérando a un coup de génie parce qu'il nous met sur la piste de ce que j'ai appelé, il y a deux séances, la « *théorie de l'acte* », qui restait un peu obscure quand on évoquait Descartes. On y reviendra l'année prochaine. En tout cas, vous voyez qu'on a ici et maintenant concilié, à peu près, tout ce qu'on essayait de concilier, à savoir la théorie des trois états de l'universel, les sectes médiévales, les écoles antiques et le schème récursif tiré du *Peri hermeneias*.

14. Plus généralement, nous avons vu que le nominalisme avait nourri deux scénarios nationaux – ou intrigues « identitaires » : l'anglais, *via* Ockham, faisant du nominalisme un trait du naturel philosophe britannique ; le français, *via* Abélard, faisant du conceptualisme un élément natif de la philosophie française.

15. Nous avons vu Abélard lui-même passer d'une position à une autre, d'une école à une autre, d'un sommet du triangle sémantique et de son double épistémique à un autre, au gré des interprétations : tantôt nominaliste (Reid, Dugald Stewart), tantôt conceptualiste (Cousin), tantôt péripatéticien, *i.e.* nominaliste tenant du *fundamentum in re* (Morhof, Gérando) – autrement dit, nous l'avons vu occuper les trois sommets « mots », « concepts », « choses », du triangle sémantique du *Peri hermeneias*. C'est pour cela que nous étions embarrassés au cours des deux dernières séances : nous peinions à comprendre comment un philosophe de référence, « le » philosophe du XIIe siècle, Pierre Abélard, aux yeux d'un lecteur d'aujourd'hui,

premier héros du… nominalisme, pouvait occuper successivement les trois sommets du triangle censé mettre en place les oppositions irréconciliables entre thèses philosophiques fondamentales [2].

16. Enfin, onomastiquement, nous avons vu que les médiévaux eux-mêmes ne se définissaient pas comme « conceptualistes », que le mot *conceptuales* n'était pas médiéval, mais tardif – avec Morhof et Brucker – et peu attesté avant que Victor Cousin ne l'imposât ; qu'aucun des grands protagonistes de la querelle des universaux au XIIe ou au XIVe siècle, qu'aucun des scolastiques du XIIIe n'utilise les mots *tirones (tyrones)* ou *verbales*, allégués par Morhof et Brucker pour désigner les nominalistes, alors que le mot *vocales*, utilisé par les médiévaux pour désigner les tenants de la position de Roscelin (ou, à un moment, d'Abélard), semble inconnu des historiens du XIXe siècle, et n'a émergé du gouffre de l'oubli que ces dernières décennies.

L'archéologie philosophique a pour utilité de remettre en cause et en perspective, historiquement et philologiquement, les grilles d'interprétation imposées rétrospectivement par les historiens à la « matière » médiévale. Mais qu'est-ce que l'archéologue peut substituer aux grilles traditionnelles pour rendre intelligible l'évolution des discours ? Il est facile de dire que le ternaire nominalismè/conceptualisme/réalisme ne capte pas la réalité historique, mais par quoi le remplacer ? Comment introduire de l'intelligibilité en histoire des idées sans reconduire les diverses *mythologies* que l'on retrouve à l'œuvre dans la lecture d'un Cousin ou d'un Gerando ? De quoi va-t-on faire l'histoire, si l'on ne fait pas l'histoire du conceptualisme ou du nominalisme tels qu'on les comprend dans l'horizon historiographique cousinien ?

La confrontation entre le questionnaire original de Porphyre et le questionnaire de Proclus sur le mal suggère une réponse : suivre en détail et au plus près l'exégèse des textes fondateurs et l'histoire de la constitution, de la transmission et de la reproduction des corpus. Les distinctions conceptuelles, les règles, les principes, les théorèmes mis en œuvre dans la réception et la discussion des textes fondateurs sont les premiers objets de l'archéologue, s'ils ne sont évidemment pas les seuls ; ce sont, dirons-nous, les plus immédiats, mais ce sont aussi les déclencheurs, les orienteurs, les incitateurs des recherches nouvelles ou, si l'on préfère, les aiguilleurs, les *échangeurs conceptuels* pour de nouveaux parcours. L'étude de la distinction entre l'*epinoia* et la *psilê epinoia* conduit à s'intéresser à l'histoire des objets imaginaires et plus généralement aux problèmes de la référence vide[3], à s'interroger, sur le rapport entre universel, néant et fiction, et par là même sur le rôle du stoïcisme dans la « geste de l'universel ».

Je reviens donc au problème du mal et aux êtres imaginaires, laissé en suspens lors du séminaire du 10 avril. Après une confrontation entre le questionnaire original de Porphyre sur le statut ontologique des genres et des espèces et le questionnaire de Proclus sur le statut ontologique du mal dans le *De subsistentia malorum* et un premier examen de la notion de « parhypostase » (παρυπόστασις), entendue comme existence latérale, parasitaire, une première approche de ce qui est sans avoir *une hypostase*, un fondement, une base *ou une existence* propre, qui nous avaient permis d'établir que, par-delà la différence des siècles et des idiomes, des auteurs comme Augustin, Proclus, Denys le Pseudo-Aréopagite et Isaac le Sébastocrator, se rejoignaient pour dire que *le mal est un parasite du bien*, nous avions indiqué que nous étions loin d'en avoir fini avec le mal, le non-existant et le parhypostatique, avec le double parallèle entre la question des universaux et celle du mal, d'une part, entre la question du statut des universaux et celle du statut des fictions, tel que le bouc-cerf (τραγέλαφος), d'autre part. Nous avions également évoqué le rôle, en l'affaire, des stoïciens, et annoncé la lecture d'un texte du IIe livre du *Commentaire* d'Origène *sur l'Évangile de Jean*, censé nous éclairer sur ce point. Depuis, beaucoup de temps a passé. Les voix de Brucker, Morhof, Stewart, Gérando, Cousin, ont couvert celles des anciens.

Il est urgent de reprendre le fil. L'ignorance relative des protagonistes, philosophes ou historiens, à l'égard du passé, lointain, voire proche, leur niveau d'information variable, les lacunes partielles des dossiers, qui sont suffisamment apparues lors des trois dernières séances, montrent la nécessité de toujours articuler dans la pratique historienne histoire des corpus et histoire des réseaux. Le questionnaire de Porphyre – construit comme il est sur une première question : les universaux sont-ils de vrais êtres ou des concepts vides ? – organisant, sur la base d'un chiasme entre *êtres* et *concepts*, la confrontation du concordisme aristotélico-platonicien avec le Portique, produit des effets au long cours, qui, si l'on y prête attention, sont, pour finir – et même s'ils ne sont pas entièrement reconnus comme tels par les protagonistes – conformes à sa visée initiale : l'intégration des stoïciens au jeu. *Un débat peut continuer à l'insu de ceux qui y participent, à l'insu même de ceux qui le conduisent.* Dans le cas présent, il faut voir quels CQR la première question de Porphyre suscite, abrite, recueille en route ou transmet en contrebande (la première question de Porphyre est une question-valise, qui peut contenir beaucoup de choses). Les CQR relatifs au « mal » nous apportent un éclairage. À commencer par le texte du IIe livre du *Commentaire* d'Origène sur l'*Évangile de Jean*.

Origène n'est pas un philosophe. C'est un père de l'Église d'Orient, né à Alexandrie vers 185 et mort à Tyr vers 253, qui a commenté l'ensemble des Écritures, en y distinguant trois sens : le sens littéral, le sens moral et le sens spirituel, correspondant à une division tripartite de l'homme, en *corps, âme et esprit*, dont nous aurons l'occasion de voir, je pense, l'année prochaine, l'extraordinaire prégnance dans l'histoire de l'anthropologie philosophique du Moyen Âge à l'Âge classique [4].

Origène commente Jn 1, 3 : *Toutes choses furent par lui* (Πάντα δι' αὐτοῦ ἐγένετο), *et sans lui rien ne fut* (καὶ χωρὶς αὐτοῦ ἐγένετο οὐδὲ ἓν [ὃ γέγονεν]). L'exégèse, c'est la ponctuation. Les exégètes construisent le texte qu'ils commentent. Le premier acte de l'exégèse est de construire le texte, de le *pauser*, de définir les pauses/poses énonciatives qui en donnent la syntaxe herméneutique. En l'occurrence, on a deux versions possibles de Jn 1, 3 : dans un cas, ὃ γέγονεν est le sujet du verbe ἐγένετο ; dans l'autre, il est le sujet de la phrase suivante (Jn 1, 4), ce qui correspond à deux lectures de οὐδὲν.

Parlons latin, le latin de la Vulgate. De deux choses l'une, après $_3$*Omnia per ipsum facta sunt* (toutes choses ont été faites par lui) *et sine ipso factum est nihil,* vous rattachez là, ou pas, *quod factum est* (le grec ὃ γέγονεν), selon que vous en faites la fin de *sine ipso factum est nihil* ou bien le début de ce qui suit : *(quod factum est)* $_4$*in ipso vita erat* ($_4$ἐν αὐτῷ ζωὴ ἦν). Autrement dit, on peut lire : « Toutes choses furent par lui, et sans lui rien ne fut *de ce qui fut fait* » ou bien : « Toutes choses furent par lui, et sans lui rien ne fut ; *ce qui fut fait* en lui était vie. » Ce que j'ai mis entre crochets – [ὃ γέγονεν] – est donc baladeur, il appartient soit au texte que vous avez sous les yeux, soit à un texte que vous n'avez pas sous les yeux et qui est la suite immédiate de Jean, I, 3 (*i.e.* « $_4$*en lui était la vie*, et la vie était la lumière des hommes » [καὶ ἡ ζωὴ ἦν τὸ φῶς τῶν ἀνθρώπων]).

Quelle importance ? Quel enjeu ? Pourquoi faut-il connecter *quod factum est* à *sine ipso factum est nihil* ? Parce que rôdent à l'horizon les cathares, et, bien entendu, d'abord le manichéisme. Le problème est de savoir si l'on entend *sine ipso factum est nihil* au sens de « le néant est advenu sans lui, en dehors de lui ». Parce que, si l'on entend cela, on a deux principes opposés face à face : l'être et le néant, le bien et le mal, la lumière et l'obscurité. Si, en revanche, on a *sine ipso factum est nihil quod factum est,* « sans lui rien de ce qui a été fait n'a été fait », on doit entendre que *tout ce qui a été fait* l'a été en lui et par lui, autrement dit, que *tout* a été fait par lui – « tout ce qui a été fait » et « tout » étant équivalents. Si vous entendez ou voulez entendre – dans ce qui n'est pas dit, mais pourrait être dit si on voulait vraiment l'y entendre – « le néant est advenu sans lui », vous avez une thèse manichéenne à prolongements cathares possibles au Moyen Âge [5].

Évidemment, ici, nous sommes face au grec, nous sommes avec Origène, et nous avons χωρὶς αὐτοῦ ἐγένετο οὐδὲ ἕν. Comment entendre cela ? Ce texte que commente et interprète Origène comporte un problème philosophique et, avant tout, théologique, facile à saisir. Origène note que, faute de définir le sens des termes « tout » (« πάντα ») et « rien » (« οὖδέν »), on pourrait admettre que, toutes choses étant par le Verbe, si « le mal, la profusion du péché, et les vices, font partie de toutes choses », ils soient « eux aussi par le Verbe ». Et dans ce cas on n'est pas face au manichéisme, mais face à une autre hérésie, qui fait du Verbe le principe du mal aussi bien que du bien, des maux autant que des biens. C'est pour éviter de faire du Verbe le principe du mal et des maux que certains ont posé que le mal, *n'étant rien*, ne pouvait être par le Verbe – ce qu'Origène va discuter en reprenant la distinction de « tout » et de « rien ».

> Χρὴ τοίνυν εἰδέναι, πῶς δεῖ ἀκούειν τοῦ « πάντα » καὶ πῶς τοῦ « οὐδέν ».
>
> Il s'agit donc de savoir comment il faut interpréter « toutes choses » et « rien ».

On voit ici à quel point l'archéologie philosophique a partie liée avec la philologie. Origène doit démontrer que, si tout fut par le Verbe, entendons que si *toutes les créatures furent par le Verbe*, cela vaut pour « les belles actions et les traits de vertu des bienheureux », à savoir : que tous ont été accomplis par le Verbe –, mais que cela ne vaut pas « pour les péchés » – les ἁμαρτήματα [ἁμάρτημα = péché, chez Marc], « et pour les chutes » – les ἀποπτώματα. La démonstration est donnée dans un paragraphe, qu'il faut lire attentivement. Je cite la traduction française de Cécile Blanc, dans le volume 120 des « Sources chrétiennes », p. 267 :

> C'est pourquoi plusieurs ont supposé que, puisque le mal *n'a pas d'existence propre* (ἀνυπόστατον εἶναι) – il n'était pas au commencement et il ne demeurera pas éternellement –, ces choses-là sont le « rien » (ταῦτ' εἶναι τὰ « μηδέν »).
>
> Et de même que certains Grecs disent
>
> que les genres et les espèces [...] *font partie du « non-être »*
>
> εἶναι τῶν "οὔ τινων" τὰ γένη καὶ τὰ εἴδη
>
> de même, ils ont pensé que ce qui n'a reçu sa constitution apparente ni de Dieu ni par son Verbe *est « rien »* (« οὐδέν ») [6].

Chaque terme mériterait un commentaire. Je me borne à ce qui sert mon propos. L'expression « certains Grecs » désigne les stoïciens. « Le mal n'a pas d'existence propre » est la traduction de ce que l'on aurait pu et dû traduire par « le mal n'a pas d'hypostase », il est *anhypostatique* (ἀνυπόστατον ; ἀνυπόστατος). Mais voici le point principal : contrairement à ce que suggère la traduction française, lorsqu'il compare les universaux (τὰ γένη καὶ τὰ εἴδη) et le mal (les péchés et les chutes), Origène ne dit pas que, selon les stoïciens, les genres et les espèces font, comme le mal, partie du « non-être », mais bien qu'ils appartiennent à la classe des « non-quelque-chose », εἶναι τῶν « οὔ τινων ». Il faut distinguer des énoncés comme « le mal n'existe pas », « le mal n'a pas d'hypostase », « le mal n'est pas (un) quelque chose » et « le mal est un non-quelque chose ».

Dans son *Commentaire de l'Évangile de Jean*, Origène évoque la théorie stoïcienne des universaux en utilisant un double registre, un double vocabulaire : le vocabulaire *ontologique* (« non-étant ») axé sur l'être et le vocabulaire *tinologique* (« non-quelque-chose ») axé sur le *ti*, le *quid*, l'*aliquid* [7].

Cette différence entre ontologie et tinologie est fondamentale. Elle ouvre la voie à une définition de la métaphysique comme science surtranscendantale, dont les premiers essais, chez Timpler, Lorhardus ou Clauberg [8], aboutiront à la théorie de l'objet de Meinong, où la métaphysique n'est plus qu'une province de la *Gegenstandstheorie*, une petite province vouée à l'étant. Ici, elle nous invite à distinguer deux positions stoïciennes : une position faible, une position dure.

La position faible est décrite par Sénèque dans la *Lettre 58* : au-dessus du genre suprême de l'étant, du *quod est*, du « ce qui est », les stoïciens veulent placer un généralissime absolu, le *quid*, le « quelque chose. » Pour tout le monde le genre suprême c'est l'être, ce qui est ; pour les stoïciens il y a quelque chose de plus général que l'être : le « quelque chose » en général.

> Illud genus 'quod est' generale supra se nihil habet ; initium rerum est ; omnia sub illo sunt. (13) Stoici uolunt superponere huic etiam nunc aliud genus magis principale ; de quo statim dicam, si prius illud genus de quo locutus sum merito primum poni docuero, cum sit rerum omnium capax [Sénèque, *Lettre* 58, 13-15 (= SVF II, 332).]
>
> [...] *primum genus Stoicis quibusdam videtur "quid" ; quare videatur subiiciam, in rerum, inquiunt, natura quaedam sunt, quaedam non*

sunt. Et haec autem quae non sunt rerum natura complectitur, quae animo succurrunt, tamquam Centauri, Gigantes et quicquid aliud falso cogitatione formatum habere aliquam imaginem coepit, quamvis non habeat substantiam [9]. »

[...] *Le premier genre, dans l'opinion de certains stoïciens, est « quelque chose ». Voici sur quoi ils fondent leur opinion : « Dans la nature, disent-ils, il y a des choses qui sont, des choses qui ne sont pas. Or la nature embrasse les choses qui ne sont pas : ce qui se présente à l'esprit comme les Centaures, les Géants, et tout ce qui, issu d'une pensée fausse, a commencé à prendre quelque consistance d'image, tout en étant dépourvu de substance.* »

Selon cette position, le *quid*, le « quelque chose en général » embrasse à la fois les êtres et les non-êtres, comme les fictions, issues d'une « pensée fausse » *(falso cogitatione formatum),* et privées de « substance » *(quamvis non habeat substantiam).* Ce type d'ontologie, impliquée dans le questionnaire original de Porphyre, est en fait une tinologie, incluant une ontologie, comme de nos jours, *mutatis mutandis*, la théorie des objets de Meinong inclut la métaphysique de l'étant [10].

Tous les stoïciens s'accordent pour placer dans la colonne « être » : les substrats (corps), les qualités, les manières d'être et les manières d'être relatives ; tandis que les incorporels, à savoir : le *lekton* ou « dicible », le vide, le lieu, et le temps viennent se ranger dans la colonne « non-être », τὸ μὴ ὄν, subordonnée au τι. Ce sont ces entités qui n'ayant pas d'hypostase propre « ont hypostase en dépendance d'autre chose ». C'est le cas des fictions, pour Sénèque, et des incorporels comme le *lekton*, pour la position stoïcienne standard. Cette thèse est bien connue des anciens, de Porphyre à Sextus Empiricus.

Dans ses « Notes » sur la *Sentence 44* de Porphyre, où ce dernier soutient, notamment, que le temps « accompagne l'activité de l'âme et subsiste en dépendance du mouvement de l'âme » [11], Jean Pépin évoque le témoignage de l'*Adv. math.*, qui « passe tous les autres en importance », puisqu'on y apprend que, « dans la sémantique stoïcienne, le "signifié" est la chose même manifestée par le son vocal », chose « incorporelle » et « exprimable », « que nous appréhendons "comme subsistant en dépendance de notre pensée" (τῇ ἡμετέρᾳ παρυφισταμένου διανοίᾳ) »[12]. Rappelez-vous notre lointain conceptualisme ; on commence à comprendre un peu mieux ce que cela veut dire que le signifié subsiste en dépendance de notre pensée : il a hypostase en notre pensée. Dire que le λεκτόν n'a d'existence que « subordonnée à la représentation rationnelle », qu'il n'a qu'une « existence subordonnée à la pensée », c'est dire qu'il *n'a pas d'hypostase propre*[13]. Vous voyez se nouer ces notions fondamentales de l'ontologie grecque de l'époque : exister de façon autonome, par soi, c'est avoir sa propre hypostase.

En résumé : les incorporels ont un mode d'être parhypostatique. *Est-ce le cas des universaux ?* Est-ce que vous allez classer les universaux dans τὸ μὴ ὄν ou pas ?

Oui, pour la position faible. Les universaux relèvent du non-être, exactement comme le signifié, le *lekton*, les fictions.

Non, pour la position dure. Dans la position dure, les universaux ne relèvent pas du non-être, donc du *ti*, mais de l'*outi*, du non quelque chose, si l'on ose dire : du rien de rien. Ils sont rejetés de la sphère du « quelque chose ». Les incorporels (le dicible, le vide, le lieu, le temps) sont à la fois non-étants et quelque chose, parce qu'ils entrent dans la sphère du *ti*. Si l'on soutient que les universaux sont des non-quelque-chose, cela veut dire qu'ils n'ont aucune réalité, même dans la pensée[14]. Dans la position dure, l'universel stoïcien n'a même pas le statut ontologique d'un personnage de fiction. Long et Sedley résument la chose d'une formule :

> There simply is no such thing as the universal man, not even in the way in which there is such a character as Mickey Mouse[15]

C'est de cette acception de l'universel – comme « moins que rien » – que témoigne le texte d'Origène quand il place l'universel dans la sphère du non-quelque chose. Il est donc fâcheux de traduire « font partie du *non-être* », en attribuant cela à « certains Grecs » au sujet des genres et des espèces. Car ces « Grecs »-là, ces stoïciens-là, sont *les partisans de la position dure*, qui place les genres et les espèces dans le non-quelque chose, c'est-à-dire dans le rien du tout, et pas dans l'univers de la fiction, qui est quand même quelque chose, même si la fiction n'est rien d'étant.

Quelle que soit la position adoptée, la question se pose de savoir si les universaux ont le statut parhypostatique des fictions, ou *s'ils n'ont même pas ce statut*. On répond dans un sens ou dans l'autre, mais, dans tous les cas, la comparaison avec la fiction est déterminante. L'universel a-t-il au moins le statut d'une fiction ou pas ? Telle est la question.

NOTES

1. On peut y ajouter les héritiers ou les premiers lecteurs de COUSIN et de ses éditions d'Abélard, comme Charles DE RÉMUSAT, dans son *Abélard*, 2 vol., Paris, Ladrange, 1845, qui s'appuie sur les *Ouvrages inédits d'Abélard, pour servir à l'histoire de la philosophie scolastique en France*, ainsi que sur le *De intellectibus*, publié par COUSIN « dans la 4e édition de ses *Frag. phil.*, t. III, Append. XI, p. 448 *sq.* » L'aspect combinatoire ou taxinomique, dérivé du « triangle » d'Aristote, est clair, dans les analyses de Rémusat, notamment dans *Abélard*, livre II. *De la philosophie d'Abélard*, chap. VII, *De la psychologie d'Abélard – De intellectibus*, p. 505-506 : « Le [nominalisme] ne niait pas seulement les essences générales, mais les conceptions générales et abstraites ; il ne laissait aux genres, aux espèces, aux êtres de raison, pas même une place dans l'esprit. Il était absolu. Cela nous explique comment le conceptualisme, qu'on est souvent porté à confondre avec le nominalisme, s'élevait alors à l'importance d'une doctrine positive, distincte, déterminée. *C'était un intermédiaire réel entre le réalisme et le nominalisme. Le premier disait que les universaux étaient non-seulement des idées et des mots, mais des réalités ; le conceptualisme, qu'ils n'étaient pas des réalités, mais des idées et des mots ; le nominalisme, qu'ils n'étaient ni des réalités, ni des idées, mais des noms.* Le fond du nominalisme était donc que nous n'avons d'idées que des objets sensibles. La psychologie se réduisait donc à la sensation et à la

mémoire, pour toutes facultés fondamentales. L'intelligence, purement passive, faculté à la suite de la sensation et de la mémoire, se bornait à concevoir leurs objets, c'est-à-dire à la simple représentation. Il ne lui restait en propre que je ne sais quelle activité vaine qui se produisait dans le langage, lequel débordait nécessairement la réalité et la pensée. Les langues étaient pleines de fictions gratuites. » Et de conclure, p. 506 : « On voit comment le nominalisme se ramenait à un étroit sensualisme. » L'œuvre de Rémusat a connu un vif succès. Une seconde édition se lit sous le titre : *Abélard. Sa vie, sa philosophie et sa théologie*, nouv. éd., 2 vol., Paris, Didier, [2]1855 (même pagination). Rappelons que le texte édité jadis par Cousin sous le titre de *Fragmentum Sangermanense De generibus et speciebus* (*Ouvrages inédits*, p. 507-550) n'est pas d'Abélard, mais d'un auteur désigné tantôt comme Joscelin de Soissons, tantôt comme le « Pseudo-Joscelin ». P.O. KING, qui tient pour « Pseudo-Joscelin », en a donné une nouvelle édition et une traduction anglaise dans un appendice de sa thèse *Abailard and the Problem of Universals*, Doctoral dissertation in Philosophy, Princeton University, vol. II (Dissertation Abstracts International # 8220415). Le même volume contient la traduction anglaise du *Tractatus de intellectibus* ; trad. fr. P. MORIN (†), PIERRE ABÉLARD, *Des intellections*, Paris, Vrin (Sic et Non), 1994.

2. Déjà, au XIXe siècle, Rémusat notait qu'« Abélard, au gré des critiques et des interprètes, aurait parcouru tous les degrés de toutes les doctrines sur la question fondamentale de la scolastique », et s'interrogeait : « Peut-être ces jugements si divers ont-ils tous quelque vérité ? » En fait, le disciple de Cousin notait finement que la position d'Abélard « n'était pas la seule [...] qui sur cette question [des universaux] fût difficile à saisir », et voyait « un fait remarquable » dans « l'incertitude avec laquelle on avait de tout temps caractérisé sur ce point les sectes et leurs chef ». Et d'accumuler les exemples alors accessibles, en quelques pages vertigineuses. *Cf.* Ch. DE RÉMUSAT, *Abélard*, Livre II, *De la philosophie d'Abélard*, chap. X, Paris, Ladrange, t. II, 1845, p. 112-114. « Nous avons vu, écrit-il, Abélard et Jean de Salisbury rattacher la même doctrine, l'un au nominalisme, l'autre au réalisme. Le dernier, qui dédaigne les nominaux, en sépare Abélard, et lui reconnaît cependant une doctrine qui se distingue malaisément de la leur. Pour son propre compte, il s'indigne qu'on réduise les universaux à des noms ou à des pensées, et il les considère, d'après Aristote, dit-il, comme des fictions de la raison, comme des ombres de la réalité, se déclarant en cette matière, non pour la doctrine la plus vraie, mais pour *la*

plus logique. Geoffroi de Saint-Victor, qui montre le dernier mépris pour les nominaux, attaque le réalisme dans Gilbert de la Porrée, qu'il place au même rang qu'Abélard, et traite d'*insensés* les disciples d'Albéric, le plus ardent adversaire du nominalisme. Pierre Lombard, qui passe pour l'élève d'Abélard, ce chef des nominaux, est appelé le *prince des réalistes*. Amaury de Chartres, condamné au concile de Paris pour avoir renouvelé les erreurs d'Abélard, avait soutenu des idées empreintes du réalisme particulier de Scot Érigène, et Brucker les rattache au platonisme, tandis que Buddée [*sic*] les dérive d'Aristote. Ce même Brucker, d'accord avec Jean de Salisbury, traite de réaliste Joslen [*sic*] de Soissons, que Dom Clément soupçonne de nominalisme, et lorsque plus tard Guillaume Occam argumentait contre le réalisme, il semblait quelquefois réfuter Abélard. » Tout se délite dans ce flou général. « Il ne faut donc pas s'étonner qu'il y ait quelque variation, quelque obscurité dans le jugement que l'histoire de la philosophie porte de la doctrine définitive du maître d'Héloïse. Un grand nombre, avec Othon de Frisingen, l'assimilent à la doctrine de Roscelin. D'autres y voient le conceptualisme, que Brucker regarde comme une déviation de l'hypothèse d'Abélard. Ce conceptualisme est pour M. Cousin un nominalisme inconséquent ; c'est presqu'un réalisme pour M. Rousselot qui, ainsi que Buhle, croit Abélard plus près de Guillaume de Champeaux que de Roscelin. » *In cauda venenum* : « Caramuel, outrant la même idée, l'accuse d'avoir ressuscité le panthéisme ». On espère avoir introduit ici un peu de clarté.

3. Sur ces problèmes, voir A. de Libera, *La Référence vide. Théories de la proposition*, Paris, PUF (Chaire Étienne Gilson), 2002.

4. La division tripartite de l'homme en corps, âme et esprit ou celle dite « trichotomique » de l'homme en corps, âme et intellect, sont au croisement de l'anthopologie philosophique et de la christologie, étant donné le rapport étroit existant entre le problème de l'union de l'âme et du corps et la théologie de l'Incarnation. La distinction entre les deux divisions pose elle-même un problème à l'historien et au philosophe. Au *début* du *De fide et symbolo*, 10.23 (BA 9, p. 66) Augustin affirme que « *trois* éléments constituent l'homme : l'esprit, l'âme et le corps », *tria sunt quibus homo constat, spiritus, anima et corpus*. Mais, face à l'hérésie apollinariste, c'est pour déclarer aussitôt que « ... celui qui s'attache à la foi catholique et croit que notre nature tout entière fut assumée par le Verbe de Dieu – c'est-à-dire notre corps, notre âme et notre esprit » ne saurait croire,

comme Apollinaire, que le Christ n'a pas assumé ce que l'on appelle en latin la *mens*, autrement dit l'intellect ou l'intelligence : le νοῦς des Grecs. L'argument est le suivant : « sauf la forme des membres qui varie avec les diverses espèces d'êtres vivants, l'homme ne diffère de l'animal que par la possession d'un *esprit rationnel, qu'on appelle aussi intellect (nisi rationali spiritu, quae mens etiam nominatur)*. Comment serait-ce donc une foi saine de croire que la Sagesse de Dieu ait assumé ce que nous avons de commun avec l'animal, mais non pas ce qui en nous est éclairé par la lumière de la sagesse et constitue le propre de l'être humain » (*De fide et symbolo*, 4.8 ; BA 9, p. 36-37). À l'évidence, le *rationalis spiritus* désigne ici l'âme raisonnable, la partie raisonnable de l'âme, et *spiritus,* l'âme – l'homme étant corps et âme (vie, souffle de vie) et l'âme ayant deux parties, dont l'une, la rationnelle, est le νοῦς (je ne suis pas la traduction de J. Rivière, qui rend : *nisi rationali spiritu, quae mens etiam nominatur,* par « la possession d'une *âme raisonnable*, qui s'appelle également l'*esprit* »). La « division trichotomique » corps, âme, intellect, est clairement présentée dans le *De natura hominis* de Némésius, où est dit que « chercher comment se fait l'union d'une âme et d'un corps est chose difficile, surtout si, comme le veulent certains, l'homme se compose en outre d'une intelligence (νοῦς) ». Némésius attribue la constitution tripartite de l'homme à Plotin, en ajoutant qu'Apollinaire de Laodicée a suivi cette tradition et en a fait le fondement d'une théologie de l'Incarnation soutenant que le Christ « a pris une âme », mais sans ce que les Grecs appellent νοῦς. Au-delà de la référence erronée à Plotin, le texte de Némésius pose le problème de l'équivalence ou de la différence (pour ne pas dire des multiples différences) entre πνεῦμα et νοῦς, *spiritus* et *mens*, *anima* et *mens*, *spiritus* et *anima* – sans oublier le rapport de *spiritus*, *mens* et *anima* au couple néotestamentaire formé par *corpus* et *caro* –, dans la littérature patristique, puis médiévale. Sur tout cela, voir A. de Libera, *Naissance du sujet*, n. compl. 48*, et J. Pépin, « Une nouvelle source de saint Augustin : le ζήτημα de Porphyre *Sur l'union de l'âme et du corps* », *Revue des Études augustiniennes*, 66 (1964), p. 53-107 (repris dans *'Ex platonicorum persona'. Études sur les lectures philosophiques de saint Augustin*, Amsterdam, Adolf M. Hakkert, 1977, p. 213-267).

5. Sur l'ensemble du dossier exégétique patristique et médiéval de Jn 1, 3, voir les commentaires de Maître Eckhart, avec les notes et les notes complémentaires de la traduction française de *Maître Eckhart : Commentaire du Prologue à l'Évangile de Jean*, Introd., trad. et notes par A. de Libera, É. Wéber et É. Zum Brunn, Paris, Cerf (L'Œuvre Latine de Maître Eckhart, 6), 1989.

On consultera également l'exégèse de JEAN SCOT ÉRIGÈNE, avec lequel on confond souvent Origène (la confusion étant elle-même courante au Moyen Âge). Dans l'*Homélie sur le Prologue de Jean*, Érigène part de la phrase : « Quod factum est in ipso vita erat » (« Ce qui a été fait en lui était vie») et déclare : « Quae sententia dupliciter pronuntiatur. Potest enim subdistingui : *Quod factum est*, ac deinde subiungi : *in ipso vita erat*. Potest etiam sic : *Quod factum est in ipso*, ac deinde subinferri : *vita erat*. Ac per hoc in duabus pronunciationihus duos speculamur intellectus. Non enim eadem theoria est quae dicit : Quod factum est locis temporibusque discretum, generibus, formis numerisque distinctum, sensibilibus intelligibilibusque substantiis seu compactum seu segregatum, hoc totum in ipso vita erat ; et quae declarat : Quod factum est in ipso, non aliud erat nisi vita ; ut sit sensus : Omnia quae per ipsum facta sunt, in ipso vita sunt et unum sunt. » É. JEAUNEAU, Jean SCOT, *Homélie sur le Prologue de Jean*, Introduction, texte critique, traduction et notes (Sources chrétiennes 151), Paris, 1969, p. 242-243, traduit : « Cette phrase peut être ponctuée de deux façons. On peut, en effet, la couper ainsi : *Ce qui a été fait, en lui était vie*. On peut encore la couper comme suit : *Ce qui a été fait en lui, était vie*. Ainsi, grâce à cette double ponctuation, nous contemplons dans le même texte deux sens différents. Première contemplation : Ce qui a été fait et distribué dans le lieu et le temps, selon des genres, des formes et des nombres distincts, qu'il s'agisse de substances sensibles ou intelligibles, réunies ou séparées, tout cela était vie en lui. Deuxième contemplation : Ce qui a été fait en lui, n'était pas autre chose que vie. Soit donc le sens suivant : Toutes les choses qui ont été faites par lui, en lui sont vie et en lui sont un. » La libre disposition de la lettre dans la prononciation est un trait essentiel et non accidentel de la lecture médiévale. Scot ne parle pas simplement de contempler « deux sens différents dans le même texte », mais de contempler « deux sens différents dans deux prononciations différentes ». Autrement dit, c'est bien la lecture du supposé texte qui constitue la lettre, savoir : ce en quoi le sens est découvert ou, mieux, « contemplé ». Avant la ponctuation du « texte », il y a la prononciation de la lettre. Avant l'écrit, l'oral. Le texte n'existe que prononcé. C'est l'héritage des grammairiens latins. Sur la méthode des *grammatici* et le sysème des *positurae*, *cf.* les explications de H.-I. MARROU, *Saint Augustin et la fin de la culture antique*, Paris, E. de Boccard, 1937, p. 21 : La méthode de travail des *grammatici* « s'explique en fonction des conditions particulières faites au travail philologique par la technique du livre antique : l'absence, ou tout au moins le caractère embryonnaire, de la ponctuation, faisant de la *lectio* un exercice plus complexe et plus utile que notre simple lecture ; pour un ancien, lire un texte c'était déjà commencer à l'interpréter ; il lui fallait, dans la plupart des cas, couper les mots *(distinguere)*, les membres et les périodes, et marquer par des silences et des inflexions de la voix *(pronuntiare)* tout ce qu'aujourd'hui notre système complexe de ponctuation se charge d'indiquer. Dans un texte un peu étendu il se rencontrait nécessairement toute une série de cas douteux dans lesquels la coupe des mots ou la ponctuation pouvait se faire de diverses façons, donnant ainsi au texte autant de sens différents. Problèmes où butait l'écolier, et qu'il appartenait au professeur de résoudre ».

6. ORIGÈNE, *Commentaire sur saint Jean*, t. I (liv. I-V). Texte grec, av.-prop., trad. et notes, par C. BLANC, Paris, Cerf (Sources chrétiennes, 120), 1966. Les livres III à V du *Commentaire* sont perdus, et ne subsistent que de courts fragments des livres IV et V.

7. Sur la « tinologie » dans sa différence d'avec l'ontologie, *cf.* P. AUBENQUE, « Une occasion manquée : la genèse avortée de la distinction entre l'"étant" et le "quelque chose" », in *Études sur le Sophiste de Platon,* éd. P. AUBENQUE & M. NARCY, Naples, Bibliopolis, 1991, p. 365-385. Sur « l'interdit platonicien de la tinologie » et le rôle, en l'affaire, du *Sophiste* (surintitulé, tardivement, περὶ τοῦ ὄντος - περὶ τοῦ μὴ ὄντος), *cf.* J.-F. COURTINE, « De l'ontologie a la théorie de l'objet (Brentano, Twardowski, Meinong) », in *La Cause de la phénoménologie*, chap. IV, Paris, PUF (Épiméthée), 2007, p. 96 : « L'Étranger demande (237 a) si, quand il s'agit du μὴ ὄν ou plus prudemment de ce nom, de ce groupe de mots μὴ ὄν, on peut le dire, l'énoncer, le proférer (φθεγγέσθαι) ? Autrement demandé : à quoi s'applique, sur quoi porte (ἐπιφέρειν) ce nom ? Sûrement pas à ce qui est, à de l'étant (τὸ ὄν). Mais alors à quoi ? εἰς τί και επί ποίον ? "À quoi, à quel objet ?", traduisait avec une sûreté somnambulique Mgr Diès. À quoi et comment [...] l'attribuons-nous, ce nom : μὴ ὄν. Notons la réponse, plus savante que naïve, de l'interlocuteur Théétète : peut-être au "ti" (τι). Si ce n'est pas ἐπὶ τὸ ὄν, puisqu'il s'agit justement du non-être, c'est peut-être : ἐπὶ τό τι qu'advient l'ἐπιφέρειν, l'attribution référentielle ? Mais l'Étranger ferme aussitôt la voie, qui s'entrouvrait, d'une théorie de l'objet ou de l'*etwas überhaupt* », du quelque chose en général. « Il est clair encore pour nous [...] que ce vocable "quelque" (τι), c'est à de l'être que nos expressions l'appliquent (ἐπ' ὄντι ἑκάστοτε λέγομεν). Le formuler tout seul, en effet, comme nu, dépouillé de tout ce qui a l'être, c'est

impossible, n'est-il pas vrai ? » Courtine commente : « Le raisonnement platonicien est donc ici le suivant : dire quelque (τι), c'est toujours en vérité dire quelque "un" (ἕν τι). Le τι est donc lui-même nécessairement σημεῖον τοῦ ὄντος. Et dire l'un, c'est aussi dire l'être (*cf.* 238 B) », car « d'après nous, le nombre dans son ensemble, c'est de l'être ».

8. Voir sur ce point J.-F. COURTINE, *Suárez et le système de la métaphysique*, Paris, PUF, 1990, IVe partie, et T. KOBUSCH, « Das Seiende als transzendentaler oder supertranszendentaler Begriff. Deutungen der Univozität des Begriffs bei Scotus und den Scotisten », *in* L. HONNEFELDER *et al.* (éd.), *John Duns Scotus. Metaphysics and Ethics*, Leyde, Brill, 1996, p. 345-366 ; W. GORIS, « The Foundation of the Principle of Non-Contradiction. Some Remarks on the Medieval Transformation of Metaphysics », *Documenti e studi sulla tradizione filosofica medievale*, XXII (2011), p. 527-557. Voir aussi V. CARRAUD, « L'ontologie peut-elle être cartésienne ? L'exemple de l'*Ontosophia* de Clauberg, de 1647 à 1664 : de l'*ens* à la *mens* », *in* Th. VERBEEK (éd.), *Johannes Clauberg (1622-1665) and Cartesian Philosophy in the Seventeenth Century*, Springer (International Archives of the History of Ideas, 164), 1999, p. 13-38. Sur CLAUBERG, *cf.* J. ÉCOLE, « La place de la *Metaphysica de ente quae rectius Ontosophia* dans l'histoire de l'ontologie et sa réception chez Christian Wolf », *ibid.*, p. 61-74.

9. Traduction G. GUYOMARC'H, « Les sources post-hellénistiques du questionnaire de Porphyre », *Methodos*, 13 | 2013. http:// methodos. revues. org/3093, n. 72. Le travail de M. Guyomarc'h, qui discute et, le cas échéant, rectifie certaines de mes analyses ou hypothèses, est essentiel pour la question qui nous occupe ici.

10. *Cf.* A. MEINONG, *Théorie de l'objet et présentation personnelle*, trad. J.-F. COURTINE & M. DE LAUNAY, Paris, Vrin, 1999. Sur la théorie meinongienne de l'objet, *cf.* A. CHRUDZIMSKI, *Gegenstandstheorie und Theorie der Intentionalität bei Alexius Meinong*, Springer (Phenomenologica, 181), 2007.

11. Comme l'écrit D.P. TAORMINA, « De l'éternité et des temps chez Jamblique », dans *Jamblique, critique de Plotin et de Porphyre* : quatre études, chap. II, Paris, Vrin (Tradition de la pensée classique), 1999, p. 70. Voir, PORPHYRE, *Sentence* 44 ; traduction L. BRISSON (éd.), *Porphyre. Sentences*, Introduction, texte, traduction et commentaire par l'UPR 76 du CNRS, I, Paris, Vrin (Histoire des doctrines de l'Antiquité classique, 33), 2005, p. 376 (texte)-377 (trad.) : « Ainsi donc, *c'est en dépendance du mouvement de l'âme que subsiste le temps* (… μὲν οὖν ταύτης κινήσει παρυφίσταται

χρόνος), en dépendance de la permanence en soi-même de l'intellect que subsiste l'éternité, laquelle n'est pas séparée de lui plus que le temps ne l'est de l'âme, puisque *même les réalités dont l'existence est dépendante sont unies* là-haut (... ὅτι καὶ αἱ παρυποστάσεις ἥνωνται ἐκεῖ). »

12. *Adv. math.* VIII 12 = SVF II 166, p. 48, 18-24. *Cf.* J. Pépin, « Sentence 44 », *in* L. Brisson (éd.), *Porphyre. Sentences*, II, 2005.

13 . Sur le *lekton*, *cf.* G. Nuchelmans, *Theories of the Proposition. Ancient and Medieval Conceptions of the Bearers of Truth and Falsity*, Amsterdam-Londres, North-Holland (Linguistic series, 8), 1973, p. 45 *sq.* Les métamorphoses du couple *pragma/lekton*, de l'ontologie stoïcienne aux grammaires d'un Denys le Thrace ou d'un Apollonius Dyscole, sont une pièce importante dans l'histoire de la réception/déformation du stoïcisme. *Cf.*, sur ce point, A. Grondeux, « *Corpus dicitur quidquid videtur et tangitur* : origines et enjeux d'une définition », *Voces* 14, 2003 [2004], p. 42 : « Les *lekta* sont en effet dans l'ontologie stoïcienne, face au *ti* qui regroupe les *somata*, une des quatre composantes du *me*, ce qui est pensé mais n'a pas d'existence par soi-même. Aux corps s'opposent donc les incorporels, le vide, le lieu, l'espace et les *lekta*, qui expriment les *pragmata* accomplis ou subis par les *somata*. L'influence de cette pensée se retrouve chez Denys le Thrace, qui définit le nom *(onoma)* comme une partie du discours pourvue de flexion et signifiant soit un *soma (lithos)* soit un *pragma (paideia)*. Mais ses Scholies définissent le *soma* comme ce qui est accessible aux sens *(aistheton)*, peut être vu, entendu, touché, et le *pragma* comme un *noeton*, qui peut seulement être pensé, ce qu'elles illustrent par des exemples comme 'rhétorique', 'grammaire', 'philosophie', 'dieu', 'raison', opérant ainsi un glissement du couple *soma/pragma* au couple *aistheton/noeton* (ce qui est saisi par les sens/ce qui est pensé). » Ce glissement est important, car il entraîne un complet changement de signification pour le « pragme », qui passe de *l'action/passion* signifiée ou pensée à la *chose* signifiée ou pensée. « L'usage technique de la paire *soma/pragma*, propre aux grammairiens, apparait donc dérivé de sources stoïciennes, mais dans une optique très différente de l'attitude ancienne des Stoïciens, chez lesquels *sapientia* serait par exemple un *soma*, *sapit* un *pragma*, et qui n'auraient pas fait de *paideia* un incorporel : *pragma*, anciennement 'action ou passion pensée', est ainsi devenu 'chose pensée'. » *Cf.*, sur ce point, G. Nuchelmans, *Theories of the Proposition*, p. 66-67.

14. *Cf.* A. DE LIBERA, « Introduction », *Porphyre, Isagoge*, p. XLVI-XLIX et, du même, « Subsistance et existence : Porphyre et Meinong », *Revue de métaphysique et de morale*, 2/1997, p. 167-192.

15. *Cf.* A.A. LONG et D.N. SEDLEY, *The Hellenistic Philosophers*, t. 1, *Translations of the Principal Sources with Philosophical Commentary*, Cambridge, CUP, 1987, p. 164.

Séminaire du 19 juin 2014

Retour sur la notion de feedback *textuel. — Dans la projection rétrospective du* Peri hermeneias *sur l'*Isagoge, *certains CQR du* Peri hermeneias *ont été importés en même temps que le triangle sémantique, et ont « pris » une dimension nouvelle en s'insérant dans le dispositif porphyrien. — C'est le cas des CQR du « bouc-cerf ». — Le tragelaphos n'est pas le seul protagoniste du débat sur le statut fictionnel, infrafictionnel ou suprafictionnel de l'universel. — On a aussi Homère, la montagne d'or, la licorne, la chimère et le centaure. — Examen de quelques aspects de la littérature sur le « bouc-cerf » (*Tragelaphus strepsiceros, *ou Grand Kudu). —Origine de la distinction entre définition nominale et définition réelle. — Les néo-platoniciens mettent l'universel plus haut que la fiction. — Un poème d'Oscar Wilde. — Histoire philosophique de la « Montagne d'Or ». — Les « monts d'Or » chez Thomas d'Aquin et Roger Bacon. — Russell et Meinong. Existence et subsistence — La «Montagne d'Or» chez Heidegger :* Vorhandensein vs *être objectif (imaginé). — Le chiasme du sujet et de l'objet. —La « Montagne d'Or » chez Foucault. — La distinction foucaldienne entre énoncé et proposition. — Ne pas « confondre le rapport entre un énoncé et ce qu'il énonce, avec le rapport entre une proposition et son référent ». — Les logiciens, disent qu'une proposition comme « La Montagne d'Or est en Californie » ne peut pas être vérifiée parce qu'elle n'a pas de référent. — Réponse de Foucault. — L'énoncé ne se rapporte pas à un état de choses qui serait une variable externe à sa visée intentionnelle. L'énoncé se rapporte à un objet discursif. — La lecture deleuzienne de Foucault. — Sur la différence entre personnages et choses qui n'existent pas. Le point de* *vue d'un logicien. — La thèse de Leonard Linsky : à la question de savoir comment nous pouvons parler d'objets qui n'existent pas, la bonne réponse est que, en rigueur de termes, nous n'en parlons pas.*

Dans la position stoïcienne dure, l'universel n'a même pas le statut ontologique d'un personnage de fiction. La mention du personnage de fiction – de Mickey Mouse chez Long et Sedley – nous ramène au *tragelaphos* et à la distinction d'Élias, un des grands commentateurs néoplatoniciens d'Aristote au VIe siècle, évoquée dans le séminaire du 27 mars, entre *psilê epinoia* et *epinoia*, le bouc-cerf et l'universel abstrait [1]. Le τραγέλαφος, à son tour, nous ramène au problème de la dérivation d'un CQR à partir d'un autre CQR, de la loi de leur enchaînement, des règles de passage d'un événement de pensée à un autre – bref au problème de l'archéologie philosophique, tel que je l'entends de mes deux oreilles, l'une tendue vers Foucault, l'autre vers Collingwood.

Le *feedback* textuel et conceptuel qui a vu, par le biais du *skopos* des catégories, le triangle sémantique du *Peri hermeneias* refluer sur le questionnaire de Porphyre pour lui substituer ce que l'on appelle « le problème des universaux » ne se limite pas à ce transfert de structure ou de schème. Dans la projection rétrospective du *Peri hermeneias* sur l'*Isagoge*, il n'y a pas que le triangle qui a été transféré, certains CQR du *Peri hermeneias*, immédiatement liés aux éléments de sémantique mis en place dans le premier chapitre à l'aide du triangle, ont été importés du même coup, et ont « pris » une dimension nouvelle en s'insérant dans un dispositif ou contexte nouveau, celui des prédicables ou universaux de Porphyre. Certaines questions qui étaient posées à propos du nom dans le *Peri hermeneias* se retrouvent posées à propos des universaux et des prédicables dans la tradition interprétative de Porphyre et de *l'Isagoge*.

Le CQR du « bouc-cerf » a été transféré dans la lecture de l'*Isagoge*, autrement dit les CQR organisés à l'occasion de la distinction entre nom, verbe et énoncé à la fin du 1er chapitre du *Peri hermeneias*, 16 a 14-18, autour de la figure du *tragelaphos*. Le bouc-cerf n'est pas cependant le seul protagoniste du débat sur le statut fictif – ou infrafictionnel ou suprafictionnel – de l'universel. Il a des compagnons de jeu : j'en évoquerai pour vous plusieurs, afin de vous montrer que le travail d'archéologie philosophique puise bien aux deux sources – histoire des corpus (littéraires, philosophiques) et histoire des réseaux (conceptuels, argumentatifs) – que je m'efforçais de réunir sous le titre d'*histoire épistémique*, auquel je préfère depuis la fin des années 1990, celui d'*archéologie philosophique*.

Ces compagnons de jeu sont la Montagne d'Or, la Licorne, la Chimère et, ne l'oublions pas, car il est présent à la fois chez Boèce, Reid, Stuart Mill, Brentano et Heidegger, sans parler évidemment de Husserl : le Centaure. Le Centaure figure dans une phrase qu'ont discutée aussi bien Mill que Brentano ou Heidegger : « Le Centaure est une invention des poètes. »

Nous parlerons aujourd'hui du *Tragelaphos* – le τραγέλαφος, en anglais '*Goatstag*' (littéralement '*bouc-cerf*'), introduit, je le disais il y a un instant, dans le *De interpretatione*, 16a3-18, pour illustrer la différence entre le nom (qui ne comporte pas de position d'existence) et l'assertion prédicative (qui en comporte une).

> En eux-mêmes les noms et les verbes sont semblables à la notion qui n'a ni composition, ni division : tels sont l'homme, le blanc, quand on n'y ajoute rien, car ils ne sont encore ni vrais, ni faux. En voici une preuve : *bouc-cerf signifie bien quelque chose*, mais il n'est encore ni vrai ni faux, à moins d'ajouter qu'il est ou qu'il n'est pas, absolument parlant ou avec référence au temps [2].

Le bouc-cerf a changé de statut au cours de l'histoire de la zoologie. Plus exactement, ce qui était pour Aristote un nom vide, est aujourd'hui le nom générique d'un genre de bovidés dont il existe plusieurs espèces. Cela signifie qu'aujourd'hui, on pourrait dire qu'il y a des boucs-cerfs ; on ne pouvait le faire au temps d'Aristote. Ce qui, de ce que nous appelons aujourd'hui « bouc-cerf », se rapproche le plus de ce qu'Aristote visait par cette appellation, est le Grand Kudu, ou *Tragelaphus strepsiceros*, l'autre espèce étant le Petit Kudu, ou *Tragelaphus imberbis :* bouc-cerf imberbe (décrit par Edward Blythe en 1869). Si je comprends bien, notre Grand Kudu est une antilope à barbe – en fait : à crinière – et à cornes. Les cornes sont bien connues puisqu'on les utilise depuis très longtemps dans la liturgie juive de *Roch hachana* ; ce sont les cornes dont on se sert pour la fabrication du *chofar*. Et ça me fascine : quelqu'un, au Yémen, probablement, devait donc bien connaître le Kudu, donc le τραγέλαφος, sans savoir qu'il n'existait pas !

Le *tragelaphos* intervient plusieurs fois dans l'œuvre d'Aristote, dont deux nous concernent plus particulièrement. Une première fois dans le texte du *De interpretatione* [16a3-18] ; une seconde fois, il permet à Aristote de formuler une thèse importante – où d'aucuns veulent voir, ce qui paraît bien hâtif, une formulation de la distinction entre essence et existence [3] qui, comme vous le savez, n'est pas aristotélicienne (alors qu'il s'agit plutôt de ce qui l'a rendue nécessaire, cette distinction, mais n'est à ce stade qu'esquissée dans la distinction, évoquée dans le cours, du *Was-sein* et du *Daß-sein*, de la quiddité et de la quoddité) [4]. Je veux parler du passage des *Seconds Analytiques*, II, 7, 92b 5-8, où Aristote écrit :

> Nécessairement, quand on sait ce qu'est l'homme, ou toute autre chose, on sait aussi qu'il est, car pour ce qui n'est pas, personne ne sait ce qu'il est : on peut seulement savoir ce que signifie le discours ou le nom, comme lorsque je dis *bouc-cerf*, mais ce qu'est un bouc-cerf, il est impossible de le savoir (trad. Tricot, p. 184).

Vous voyez, il y a là un jeu sur *ce que c'est que d'être* : on ne sait ce que c'est que d'être, pour une chose, que si elle est. Sinon, on a affaire à ce que signifie le mot qui la désigne, et c'est tout. Ce passage est important, plutôt que de s'y perdre en y cherchant la distinction naissante entre essence et existence, autant y trouver ce qu'il y a, en l'occurrence l'expression « ce que signifie le discours ou le nom », qui est la source de ce que l'on va appeler dans la suite « définition nominale » (opposée à « définition réelle »), définition fournissant ce que les médiévaux vont appeler le « *quid nominis* » : ce que désigne le nom, son signifié [5].

L'expression « définition nominale » n'est pas une invention médiévale : elle est tirée par les commentateurs néoplatoniciens de la distinction d'Aristote. J'ai l'air d'insister sur de petites choses, qui peuvent vous sembler des détails, mais c'est pour vous montrer qu'en tirant un fil – en l'occurrence celui des universaux – on fait venir tout un réseau, dans lequel nous pensons et qui, d'une certaine manière, nous contraint. Les questions qui nous viennent ne tombent pas du ciel, elles sont tissées, tressées dans des réseaux de notions, d'exemples, de questions, de problèmes, de thèses, de distinctions qui déjà et toujours nous devancent. Nous entrons dans ce champ en croyant être souverainement libres de nos questions et de nos réponses ; en réalité nous ne faisons que prendre un itinéraire qui est déjà très largement construit et qui nous prescrit un certain nombre de parcours.

On trouve l'expression « définition nominale » chez Porphyre : c'est la distinction entre « logos [énoncé, discours] verbal (ὀνοματώδης λόγος), « logos conceptuel » (ἐννοηματικὸς λόγος) et « logos essentiel » (οὐσιώδης λόγος). Voilà des distinctions fondamentales pour l'histoire de la philosophie : un discours qui ne porte que sur le nom, l'autre qui porte sur le concept, l'autre qui porte sur l'essence (et vous vous dites : mais bigre, j'ai déjà entendu cela quelque part ! mots, concepts, *ousia*. Eh oui ! « Le » triangle. On approfondit une donne initiale). Robbert Van Den Berg, l'auteur d'une belle étude sur le *Commentaire* de Proclus sur le *Cratyle* [6], explique bien la chose dans « Language, experience and the philosophy of time » :

> Porphyry and other commentators distinguish between the ὀνοματώδης λόγος or, as they often call it, ἐννοηματικὸς λόγος (conceptual definition) on the one hand, and the οὐσιώδης λόγος (essential definition) on the other hand. The former consists in the meaning of a word (ὄνομα). It coincides with the concept (ἐννόημα) that we have of a thing based on sense perception. According to Porphyry, we acquire these concepts by separating the immanent Form from its matter. These concepts are rather general in nature and easily acceptable to all [7].

C'est à cela, à cette capacité d'abstraire la forme immanente de la matière, que je faisais allusion en évoquant l'abstraction du triangle de bronze, laissant dans l'esprit la notion de triangle, tirée de la perception sensible, par dématérialisation, séparation ou dépouillement de la matière, évoquée dans le cours du 10 avril et le séminaire du 5 juin, à propos des deux sens d'abstraction chez Aristote : abstraction mathématique et induction abstractive. Il s'agit donc ici de ce que chacun fait : se forger la représentation particulière d'une chose en faisant abstraction de la matière dans laquelle cette forme est engagée. Tout le monde s'accorde là-dessus, fait ça sans problème ; aucune difficulté entre les hommes ne surgit de ce type d'opération. En revanche, le logos de l'essence, la troisième forme de logos, οὐσιώδης λόγος, la définition dite « essentielle » est d'un tout autre niveau, comme en témoigne le désaccord même entre les écoles philosophiques, que souligne Simplicius dans son commentaire des *Catégories* :

> The οὐσιώδης λόγος, by contrast, gives an account of the essence (οὐσία) of a thing. It is the product of philosophical speculation and therefore not uncontested, as appears from the heated debates between the various schools. To quote the ancient definition that Simplicius offers when he paraphrases a passage from Porphyry's *Commentary on the Categories* : « Conceptual definitions, in that they are commonly (κοινῇ) agreed by everybody, are the same, while essential ones are produced according to individual schools and are disputed by those who hold differing opinions » (Simp., *In Cat.* 213.18–20 ; trad. Fleet, 2002, p. 71) [8].

L'expression « définition nominale » – avec le mot technique grec pour « définition » : ὁρισμός – figure chez Philopon, qui, dans son commentaire au second livre des *Seconds Analytiques*, 360.4, dit clairement que le *tragelaphos* a une définition nominale, ὁρισμὸς ὀνοματώδης. On se promène au pays des boucs-cerfs, et ce pays s'étend très loin, jusqu'en Arménie. On retrouve le *tragelaphos* chez le philosophe arménien « David » l'Invincible – l'élève d'Olympiodore auquel nous avons fait allusion dans le séminaire du 10 avril. Comme l'écrit V. Calzolari, à propos des fictions :

> Un exemple frappant, souvent cité, est [...] constitué par la traduction du grec τραγέλαφος (*tragelaphos*) « bouc-cerf » par l'arménien *aralez*, nom donné à des créatures de la démonologie

de l'Arménie païenne, et qui se prêtait bien pour exprimer l'idée d'être 'dépourvu de réalité' (ἀνύπαρκτον), fruit de la seule imagination des hommes [9].

Et de rappeler « le passage d'Eznik de Kolb (ou de Koghb) ou Eznik Koghbatsi (théologien arménien du ve siècle) sur les *ara'lez* et autres êtres réputés chimériques » :

> Ceux-ci ne sont pas des 'personnes' [...], mais des noms d'êtres fabuleux et des balivernes d'esprits fourvoyés par les démons. [...] Mais tout cela n'est que fables et bavardages de vieilles femmes, et surtout fruit de la séduction des démons (*Contre les hérésies*, § 122) [10].

On notera le mot ἀνύπαρκτον, à rapprocher de ἀνυπόστατον, correspondant au latin *insubstantivum*.

Les néoplatoniciens ne sont pas comme les stoïciens : ils ne veulent pas mettre l'universel plus bas que le *fictum* ; ils veulent au contraire le mettre plus haut que la fiction. Ce pourquoi ils le placent au rang de l'*epinoia* et non de la *psilê epinoia*. L'universel est un concept, mais pas un concept vide, comme la *psilê epinoia*, c'est un vrai concept, un concept dérivé des choses sensibles, qui a une base expérimentale. Pour les néoplatoniciens, l'universel n'est pas comme le bouc-cerf.

Ce bouc-cerf a donc hanté longtemps l'imaginaire. La dernière mention du bouc-cerf, figure, je pense, dans le poème d'Oscar Wilde sur *La Sphynge*, dédié à Marcel Schwob :

> *... ou bien, pendant que les bateaux de terre cuite s'échouaient*
> *dans les marécages du Nil, au crépuscule,*
> *et quand les chauves-souris au vol incertain tournaient*
> *autour des triglyphes du temple,*
> *alliez-vous d'un pas furtif jusqu'au bord de la berge, pour*
> *traverser à la nage le lac silencieux,*
> *et de là vous insinuant dans la voûte, faire de la Pyramide*
> *votre lupanar,*
> *au point que de chacun des noirs sarcophages surgissait le*
> *défunt, peint et emmailloté ?*
> *Ou bien attiriez-vous dans votre couche le Tragelaphos aux*
> *cornes d'ivoire ?*

> *Or did you lure unto your bed the ivory-horned*
> *Tragelaphos* [11] *?*

Dans ce poème de 1894, Wilde répond à sa manière à la question posée par Aristote en *Physique*, IV, 1, 208a30-31 : « Le non-étant n'est nulle part. En effet, où sont le bouc-cerf et le sphinx [12] ? »

Laissons à présent le *tragelaphos*, pour nous intéresser au reste du bestiaire – ou plutôt des fictions vedettes de l'ontologie médiévale et moderne. Je commence par la Montagne d'Or, dont la longévité philosophique est impressionnante.

Comme tous les objets non existants, la « Montagne d'Or » a une histoire philosophique : au Moyen Âge, après l'encyclopédiste Barthélemy l'Anglais, Thomas d'Aquin l'évoque pour illustrer le fonctionnement de l'imagination. Selon Thomas, l'imagination se forme des *similitudines rerum*, à la fois images des choses et semblants de choses, qui n'ont jamais été perçues par les sens, à partir des images de celles que les sens ont perçues : en composant et divisant celles-ci, elle forme celles-là. C'est le cas des « monts d'Or » :

> ... ipsa enim imaginatio format sibi aliquarum rerum similitudines, quas nunquam sensu percepit, ex his tamen quae sensu recipiuntur, componendo ea et dividendo ; sicut imaginamur montes aureos, quos nunquam vidimus, ex hoc quod vidimus aurum et montes [13].

Cette capacité de produire des fictions en combinant ou dissociant des éléments réels est bien connue depuis Boèce, et n'a d'intérêt qu'à partir du mowment où l'on s'interroge sur le mode d'être de ces entités factices. C'est le cas, par exemple, chez le franciscain Roger Bacon dans ses *Quaestiones supra tertium prime philosophie* [14]. Bacon affronte précisément le problème sur le terrain des universaux, en faisant un parallèle entre trois sortes d'entités :

1. la Chimère, exemple de fiction (*figmentum*) impossible ;
2. la Montagne d'Or, exemple de fiction non existante ;
3. les universaux.

Bacon rejoint à distance les commentateurs néoplatoniciens, distinguant les concepts authentiques, directement dérivés des choses sensibles, qui ont à la base des choses qu'on perçoit – c'est le cas des universaux « abstraits » – et les concepts fictifs, concepts d'entités composées d'éléments réellement incompossibles, comme le « bouc-cerf », le *tragelaphos* – l'*Yrcocervus* dans le latin de Boèce repris par Bacon. Le *tragelaphos* est un exemple d'objet impossible, pour Bacon, et la Chimère tout autant [15]. Or, les universaux ne sont pas pour lui des objets fictifs, composés d'éléments incompossibles. L'universel est donc plus qu'une fiction ; il a un statut suprafictionnel, même si c'est un concept abstrait et non une chose concrète.

Il serait intéressant de tracer la « Montagne d'Or » de la philosophie antique à nos jours. L'intéressant, en l'affaire, serait de déterminer dans quels contextes, quels complexes de questions et de réponses, quelles problématiques, et avec quels partenaires conceptuels. On pourrait évoquer de ce point de vue plusieurs débats modernes fondamentaux : par exemple celui entre Twardowski et Bolzano, sur les *gegenstandslose Vorstellungen*, les « représentations sans objet » (qu'a particulièrement étudiées Jacques Bouveresse), où, pour discuter la thèse de Bolzano, Twardowski reprend les exemples de Bolzano. Dans la *Wissenschaftslehre,* § 67, Bolzano évoque des représentations comme celles du « rien » *(Nichts),* d'un cercle carré, d'une montagne d'or ou d'une vertu verte, pour illustrer la distinction entre la question de savoir si une représentation a un objet et celle de savoir si cet objet existe ou non [16]. La représentation d'une montagne d'or n'est pas sans objet, mais d'objet « montagne d'or », il n'y a pas.

On pourrait aussi évoquer le débat entre Russell et Meinong [17] sur la distinction entre noms propres et descriptions définies (par exemple « l'actuel roi de France »), la distinction que fait Alexius Meinong entre existence *(Existieren)* et subsistance *(Bestehen)* [18], et les pseudoparadoxes de l'assomption *(Annahmen)* – le plus célèbre paradoxe étant le paradoxe de Meinong : *Es gibt Gegenstände, von denen gilt, daß es dergleichen Gegenstande nicht gibt.* « Il y a des objets dont il vaut – (« von denen gilt », *gelten* – c'est la sphère de la validité) – de dire qu'il n'y a pas de tels objets »[19], ou si vous préférez : « Il y a des objets dont il est vrai de dire que de tels objets, il n'y en a pas[20]. » C'est très célèbre, vous retrouvez cela dans *My Philosophical Development* de Russell.

> Another important distinction between names and descriptions is that a name cannot occur significantly in a proposition unless there is something that it names, whereas a description is not subject to this limitation. Meinong, for whose work I had had a great respect, had failed to note this difference. He pointed out that one can make statements in which the logical subject is 'the golden mountain' although no golden mountain exists. He argued, if you say that the golden mountain does not exist, it is obvious that there is something that you are saying does not exist–namely, the golden mountain; therefore the golden mountain must subsist in some *shadowy Platonic world of being*, for otherwise your statement that the golden mountain does not exist would have no meaning.

On connaît la solution de Russell, qui consiste à reformuler la proposition existentielle ayant « la Montagne d'Or » pour sujet grammatical, en éliminant le sujet « la Montagne d'Or » dans la reformulation :

> I confess that, until I hit upon the theory of descriptions, this argument seemed to me convincing. The essential point of the theory was that, although 'the golden mountain' may be grammatically the subject of a significant proposition, such a proposition when rightly analysed no longer has such a subject. The proposition 'the golden mountain does not exist' becomes 'the propositional function "x is golden and a mountain" is false for all values of x'[21].

On retrouve la « Montagne d'Or » chez Heidegger dans le cours de 1934, sur lequel je reviendrai l'année prochaine, lorsqu'on parlera de toutes ces théories du jugement, mais aussi lorsqu'on entamera la question de la *déconstruction* de la déconstruction heideggérienne, parce que le cours de 1934 est le cours où quelque chose demande décidément à être vu et repensé dans la pensée de Heidegger. Je vous rappelle que ce cours sur *la logique comme question sur l'essence de la langue* avait été primitivement annoncé sous le titre « l'État et la science ». C'est l'époque où Heidegger était recteur de l'université, et il faudra revenir là-dessus pour d'autres raisons que celles qui nous occupent aujourd'hui. Dans ce cours de 1934, donc, Heidegger, fait, à juste titre, de la Montagne d'Or un exemple d'*obiectum*, illustrant ce que j'appelle le « chiasme du sujet et de l'objet », évoqué dans la leçon inaugurale, p. 60-62, pour dire que ce que nous appelons aujourd'hui « sujet » a trait à la sphère de ce qu'on appelait « objectif » au Moyen Âge, et que ce que nous appelons « objet » c'est ce que les médiévaux appelaient un « sujet » – les deux termes ont échangé leur signification.

> Au Moyen Âge, « sujet » a pour signification : chose présente en soi là-devant. Un sujet, c'est-à-dire quelque chose qui se soutient sur sa propre base, c'était par exemple une maison, un arbre, une pierre, etc. Le Moyen Âge connaît aussi déjà ce qu'il appelle *objectum*, en tant que ce qui s'étend en face, se tient en face, l'objet *(Gegenstand)*, et à la vérité au sens premier de ce qui se tient en face de moi, pour autant que je le pose devant moi, me le pose en face, me le représente.

Au passage : il est évident que pour entendre la représentation, au sens heideggérien du terme, il faut l'entendre en allemand : *Vorstellung. Stellen-vor. Ich stelle etwas vor* : je pose devant, je m'ob-jecte mentalement quelque chose. Ça n'a donc rien à voir en allemand avec ce que j'évoquais tout à l'heure sur la *re-présentation,* à savoir : le fait de rendre de nouveau présente une chose absente en la convoquant par la pensée – elle que j'avais perçue par les sens une première fois et que je ne voyais plus, ou ne touchais plus, au moment où je l'ai fait revenir par son image. Mais poursuivons.

> L'*objectum*, c'est le représenté. Si je me représente par exemple une montagne d'or, c'est là un *objectum*. L'objet *(Objekt)* est ce qui est par moi pensé, imaginé, ce qui en vérité est seulement subjectif, comme nous disons aujourd'hui – alors que cette

maison présente en soi là-devant, nous l'appelons à l'inverse justement « objet »[22].

Heidegger aime la montagne. Elle revient dans *Die Frage nach dem Ding*[23], et jusque dans le séminaire du 23 novembre 1965 tenu à Zurich[24].

Plus étonnant, peut-être, elle figure également p. 118-119, de *L'Archéologie du savoir*, dans le passage du chapitre II, où Foucault traite de la fonction énonciative. Je peux vous assurer que personne n'a prêté attention à cela ! Ce n'est peut-être pas non plus le cœur de la pensée de Foucault, quoique… comme vous allez voir, cela engage des théories extrêmement importantes et qui pourraient expliquer que certains philosophes, notamment analytiques, ou que certains logiciens, finissent par s'en prendre à Foucault sur ce point – qui est un point de pure philosophie. La question de Foucault est de savoir s'il faut aligner l'énoncé sur la proposition du point de vue de la référence, autrement dit : traiter l'énoncé comme les logiciens le font de la proposition dont le sujet ne réfère pas. Est-ce qu'on va dire d'un énoncé qui n'a pas de référence ce qu'on va dire d'une proposition qui n'a pas de référence ? Est-ce qu'on va traiter de la même façon, du point de vue de l'absence de référence, un énoncé et une proposition (*a statement* et *a proposition*, en anglais) ? La réponse est négative :

> Il ne faut pas [...] confondre le rapport entre un énoncé et ce qu'il énonce, avec le rapport entre une proposition et son référent.

D'où l'appel à la « Montagne d'Or ». Par rapport à Bacon et Thomas d'Aquin ou même Russell, l'exemple a évolué : il ne s'agit plus d'un énoncé comme « la Montagne d'Or n'existe pas » ou « la Montagne d'Or est dorée »[25], mais d'un énoncé – qui s'en étonnera ? – californien. Sachant que, pour Foucault, un énoncé est « ce qui donne existence à une proposition », la question est la suivante :

> Les logiciens, [...], disent qu'une proposition comme « La Montagne d'Or est en Californie » ne peut pas être vérifiée parce qu'elle n'a pas de référent : sa négation n'est alors ni plus vraie ni moins vraie que son affirmation[26].

C'est une certaine théorie de la référence qui veut qu'une proposition dont le sujet n'a pas de référence, qui ne porte sur rien et ne parle de rien (puisqu'il n'y a rien dont elle parle), n'est ni vraie ni fausse, puisque ce n'est tout simplement pas une proposition : une proposition dont le sujet ne réfère à rien n'est pas vraiment une proposition et donc, de ce point de vue, puisqu'il n'y a rien dont elle parle, il n'y a rien dont elle puisse nous dire quelque chose qui soit ou vrai ou faux. Ça, c'est une certaine théorie, c'est la théorie que prend en compte Foucault. La question qui se pose est : faut-il dire la même chose d'un énoncé ?

> Faudra-t-il dire de la même façon qu'un énoncé ne se rapporte à rien si la proposition, à qui il donne existence, n'a pas de référent ?

Il y a la proposition « la Montagne d'Or est en Californie » et puis il y a l'énoncé. Il y a moi qui vous dis : « Ah, vous cherchez la Montagne d'Or ? Écoutez, elle est en Californie », puis je vous indique le RER B, vous donne l'intensité du trafic, comment aller à Charles de Gaulle, prendre l'avion, aller en Californie, etc. Voilà un scénario, une histoire, un récit, un discours, et là-dedans il y a un *énoncé* : « la Montagne d'Or est en Californie », et non pas la *proposition* : « La Montagne d'Or est en Californie. » Sur la base d'une distinction entre corrélat et référent, Foucault soutient qu'il ne faut pas dire qu'un énoncé ne se rapporte à rien, si la proposition à qui il donne existence ne se rapporte à rien (n'a pas de référent).

> Il faudrait plutôt affirmer l'inverse. Et dire, non pas que l'absence de référent entraîne avec soi l'absence de corrélat pour l'énoncé, mais que c'est le corrélat de l'énoncé – ce à quoi il se rapporte, ce qui est mis en jeu par lui, non seulement ce qui est dit, mais ce dont il parle, son « thème » – qui permet de dire si la proposition a un référent ou pas : c'est lui qui permet d'en décider de façon définitive.

Cette thèse est considérée par certains comme le manifeste du relativisme, mais c'est une question qui se pose aux linguistes, aux philosophes du langage et à tout le monde d'une certaine façon, qui est de savoir dans quel ordre prendre les choses. La thèse de Foucault est que l'absence de référent d'une proposition dépend du contexte d'énonciation de l'énoncé, de son « espace de corrélations » ; c'est l'énoncé qui permet de fixer la référence de la proposition. Ce n'est pas mon énoncé qui fait qu'il y a ou qu'il n'y a pas une montagne d'or, mais c'est l'énoncé qui permet de déterminer quelle est la référence de la proposition « la Montagne d'Or est en Californie. » Qu'est-ce que cela veut dire ?

> Supposons en effet que la formulation « La Montagne d'Or est en Californie » ne se trouve pas dans un manuel de géographie ni dans un récit de voyage, mais dans un roman, ou dans une fiction quelconque, on pourra lui reconnaître une valeur de vérité ou d'erreur (selon que le monde imaginaire auquel elle se rapporte autorise ou non une pareille fantaisie géologique et géographique). Il faut savoir à quoi se rapporte l'énoncé, quel est son espace de corrélations, pour pouvoir dire si une proposition a, ou non, un référent.

Pour simplifier, il faut savoir quel est le contexte d'énonciation. Est-ce que c'est un contexte réel ou fictionnel ? Dans une certaine histoire, la Montagne d'Or pourrait avoir un référent. Je pourrais inventer une population de Schtroumpfs qui creuseraient la montagne, ou Picsou qui l'escaladerait...

Il y aurait beaucoup à dire sur la « Montagne d'Or » dont parle Foucault. Sauf erreur, c'est le nom chinois de la Californie, qui précipite des milliers d'émigrants dans les années 1850 vers *gam saan* [27].

Deleuze commente le texte de Foucault, dans son *Foucault,* paru aux Éditions de Minuit :

> Les énoncés de Foucault sont comme des rêves : chacun a son objet propre, ou s'entoure d'un monde. Ainsi « La Montagne d'or est en Californie » est bien un énoncé : il n'a pas de référent, et pourtant il ne suffit pas d'invoquer une intentionnalité vide où tout est permis (la fiction en général) [28].
>
> Une proposition est censée avoir un référent. C'est-à-dire que la référence ou l'intentionnalité est une constante intrinsèque de la proposition, tandis que l'état de choses qui vient (ou non) la remplir est une variable extrinsèque [29].

Une proposition, dans la mesure où c'est une entité logique, a une référence intentionnelle, elle est l'objet d'une visée. Le caractère de visée est interne à la proposition, une proposition vise quelque chose et ce quelque chose qui est visé, et qui vient remplir l'intention de la proposition, est une variable extrinsèque. Que l'état de choses référé existe ou n'existe pas, cela ne dépend pas de la visée intentionnelle qui est celle de la proposition en tant qu'entité mentale tournée, dirigée vers quelque chose, tendant vers un quelque chose. On a donc une proposition et un référent qui est censé correspondre à la proposition, qui est une entité intentionnelle qui a une visée, et ce référent est une variable extrinsèque par rapport à la proposition. Il n'en est pas de même pour l'énoncé. L'énoncé ne se rapporte pas à un état de choses qui serait une variable externe à sa visée intentionnelle. L'énoncé se rapporte à un objet discursif :

> Mais il n'en est pas de même pour l'énoncé : celui-ci a un « objet discursif » qui ne consiste nullement en un état de choses visé, mais dérive au contraire de l'énoncé même. C'est un objet dérivé qui se définit précisément à la limite des lignes de variation de l'énoncé comme fonction primitive. Aussi ne sert-il à rien de distinguer des types d'intentionnalité différents, dont les uns pourraient être remplis par des états de choses, et dont les autres resteraient vides, étant alors fictifs ou imaginaires en général (j'ai rencontré une licorne), ou même absurdes en général (un cercle carré) [30].

Tout énoncé a son monde spécifique, et dans ce monde spécifique il y a des objets de discours, qui peuvent être les objets d'un discours romanesque, poétique, juridique, physique, de physique statistique, que sais-je ? Selon les types de discours, selon les types de corrélations, les énoncés ont un halo de monde qui les accompagne. Chaque énoncé est comme un rêve, il s'entoure d'un monde. Deleuze insiste sur la différence entre l'état de choses, et l'objet discursif (au logicien les états de choses, à nous les objets discursifs !) ; le premier préexiste à la proposition, le second découle ou dérive de l'énoncé. Et donc ce n'est pas la même activité que celle de celui qui s'intéresse aux états de choses et celle de celui qui s'intéresse à l'analyse des discours. Cette différence rend inutile la distinction intentionnelle entre remplissement et non-remplissement d'un acte de visée : l'objet de l'énoncé n'est pas une « variable extrinsèque » ; c'est sur ce point que, une fois n'est pas coutume, Deleuze rapproche Foucault et Sartre.

> Sartre disait que, à *la* différence des éléments hypnagogiques constants et du monde commun de la veille, c'est chaque rêve, chaque image de rêve qui avait son monde spécifique [31].

Quittons Foucault pour un de ces textes présentés comme émanant des « logiciens ». Dans un livre désormais « classique » sur la référence [32], évoquant le problème de la référence vide (« Comment est-il possible de formuler un énoncé vrai sur un objet inexistant ? »), Leonard Linsky, distingue deux grands groupes d'entités ou d'items : 1. le groupe des personnages, comprenant les personnages de fiction (Mr Pickwick), les personnages mythologiques (Pégase), les personnages de contes de fées (Blanche-Neige), les personnages de bande dessinée (Pogo) ; 2. le groupe des choses qui n'existent pas, comprenant, entre autres, « l'actuel roi de France », « la Montagne d'Or », « le cercle carré », « la licorne », « la chimère » ou « l'autobiographie d'Hemingway ».

Pour Linsky, si la question de la référence vide revient à tenter de résoudre le problème de savoir comment nous pouvons parler d'objets qui n'existent pas, « il est erroné d'employer les exemples de la Montagne d'Or et de l'actuel roi de France », car, « quoique nous puissions demander si Mr Pickwick était marié ou non, nous ne pouvons pas *raisonnablement* nous demander si l'actuel roi de France est chauve ou non ». À la question de savoir comment nous pouvons parler d'objets qui n'existent pas, la réponse de Linsky est : *nous n'en parlons pas*. On croit en parler, mais on n'en parle pas ; vous croyez avoir dit quelque chose, vous n'avez rien dit ; plus exactement : vous croyez avoir parlé de quelque chose, mais comme il n'y a pas quelque chose dont vous ayez parlé, vous n'avez pas parlé. Les « exemples philosophiques célèbres comme le cercle carré ou la Montagne d'Or sont tout simplement des choses dont nous ne parlons pas » ou dont nous ne saurions parler *raisonnablement*, sauf à en faire les personnages d'une histoire ou d'un conte de fées, les énoncés portant sur la Montagne d'Or « ne peuvent apparaître » raisonnablement « en dehors de tels contextes » fictionnels, et donc « il n'y a pas à s'interroger philosophiquement sur leur vérité ou leur fausseté. »

C'est la thérapie radicale de style viennois : on peut parler pour ne rien dire, mais de ce dont on ne peut rien dire, on ne *parle* pas [33].

NOTES

1. Selon ÉLIAS, *In Porph.* éd. BUSSE (CAG, XVIII, 1), Berlin, Reimer, 1900, p. 49, 19-20. Voir le séminaire du 27 mars 2014.

2 *Peri hermeneias*, 1, 16a 16-18. On notera que le texte d'Aristote parle de « quelque chose », de *ti*, et non pas, évidemment, d'un « étant » : καὶ γὰρ ὁ τραγέλαφος σημαίνει μέν τι.

3. *Cf. An. Post.*, II, 7, 92b 5-8 p. 184. Comme le montre la traduction de la suite du texte par J. TRICOT, p. 184-185 : « Mais, en outre, si la définition peut prouver ce qu'est une chose, peut-elle aussi prouver qu'elle existe ? Et comment prouvera-t-elle à la fois essence et existence par le même raisonnement, puisque la définition, de même que la démonstration, fait connaître une seule et unique chose ? Or ce qu'est l'homme est une chose, et le fait que l'homme existe en est une autre. »

4. Voir le cours du 3 avril 2014.

5. Sur ce texte, cf. R.M. VAN DEN BERG, « *As we are always speaking of them and using their names on every occasion*. Plotinus, Enn. III.7 [45]. Language, Experience and the Philosophy of time in Neoplatonism », *in* R. CHIARADONNA & F. TRABATTONI (éd.),

Physics and Philosophy of Nature in Greek Neoplatonism. Proceedings of the European Science Foundation Exploratory Workshop (Il Ciocco, Castelvecchio-Pascoli, June 22–24, 2006), Leyde-Boston, Brill (Philosophia Antiqua, 115), 2009, p. 112 : « Aristotle *An. Post.* II.10 93 b 29–94 a 10 distinguishes between various types of accounts (λόγοι). First of all, there is the account 'of what a name (ὄνομα) means'. Next, thus Aristotle, once we have found that the thing to which a name refers in fact exists, we want to know why it is. A second type of account thus offers a demonstration of what a thing is (ἀπόδειξις τοῦ τί ἐστι), for according to Aristotle, to understand why a thing is, is to grasp its essence, *i.e.* what it is. »

6. R.M. Van Den Berg, *Proclus' Commentary on the Cratylus in Context : Ancient Theories of Language and Naming*, Leyde-Boston, Brill (Philosophia Antiqua, 112), 2007.

7. R.M. Van Den Berg, « *As we are always speaking...* », p. 112.

8. R.M. Van Den Berg, *ibid.*, p. 112.

9. V. Calzolari, « La version arménienne des *Prolegomena philosophiae* de David et son rapport avec le texte grec », *in* V. Calzolari & J. Barnes (éd.), *L'Œuvre de David l'Invincible et la Transmission de la pensée grecque dans la tradition arménienne et syriaque* (Commentaria in Aristotelem Armeniaca – Davidis Opera, vol. I), Leyde-Boston, Brill (Philosophia antiqua, 116), 2009, p. 48.

10. V. Calzolari, « La version arménienne des *Prolegomena...* », p. 48, n. 26. Pour plus de détails et d'exemples, *cf.*, de la même, « Aux origines de la formation du corpus philosophique en Arménie : quelques remarques sur les versions arméniennes des commentaires grecs de David », *in* C. D'Ancona (éd.), *The Libraries of the Neoplatonists* (Proceedings of the Meeting of the European Science Foundation Network *'Late Antiquity and Arabic Thought. Patterns in the Constitution of European Culture'*, Strasbourg, March 12-14, 2004), Leyde – Boston, Brill (Philosophia Antiqua, 107), p. 266-267 [p. 259-278].

11 Cf. *The Sphinx*, by Oscar Wilde, with decorations by Charles Ricketts (1894), Ballantyne Press, Londres & Édimbourg [tiré à 200 exemplaires], repris dans O. Wilde, *The Major Works*, éd. I. Murray, Oxford World's Classics, OUP, 2000, p. 543, 59-64 : « *Or did you while the earthen skiffs dropped down the grey nilotic flats/ At twilight and the flickering bats flew round the temple's triple glyphs/ Steal to the border of the bar and swim across the silent lake/ And slink into the vault and make the pyramid your lupanar/ Till from each black*

sarcophagus rose up the painted swathed dead ?/ Or did you lure unto your bed the ivory-horned tragelaphos ? » trad. A. SAVINE, *La Sphinge, in* Oscar WILDE, *La Maison de la courtisane. Nouveaux poèmes,* Paris, Stock, ²1919.

12. ARISTOTE, *Phys.*, IV, 1, 208a30-31 : τὸ γὰρ μὴ ὂν οὐδαμοῦ εἶναι· ποῦ γάρ ἐστι τραγέλαφος ἢ σφίγξ.

13. THOMAS D'AQUIN, *Quodlibet* VIII, q. 2 a. 1 co, « Utrum anima accipiat species quibus cognoscit a rebus quae sunt extra eam ». B. HAURÉAU, dans son *Histoire de la philosophie scolastique*, cite ce passage dans sa savoureuse description de la théorie thomasienne de l'intellection : « Le sens a reçu l'empreinte de la chose ; façonnée par l'imagination, cette empreinte est devenue l'idée, mise en dépôt dans le trésor de la mémoire. Postérieurement, quel que soit le mobile de l'acte nouveau qui va se produire, cette idée, vicaire des choses, cette entité, ce fantôme se présente à l'intellect qui n'est encore qu'en puissance et le provoque à s'actualiser. Dès qu'il s'actualise, une forme nouvelle est produite, et cette forme est l'idée intellectuelle. Or, cette idée, qui, sous plusieurs rapports, diffère du fantôme, a cela de commun avec lui qu'elle est privément quelque essence distincte de la chose pensée, de l'espèce intelligible, de l'acte même par lequel l'intellect a cessé d'être en puissance, et qu'elle persiste, à la manière d'un sujet, dans tous les changements. » *Cf.* B. HAURÉAU, *Histoire de la philosophie scolastique*, IIᵉ partie, t. I, Paris, G. Pedone-Lauriel, 1880, p. 447-448 (avec la note 1, pour la citation latine des « *Quodlibeta*, quodlib. VIII, c. III », fidèlement reproduite).

14. *Cf.* ROGER BACON, *Quaestiones supra tertium prime philosophie*, éd. R. STEELE, *Opera hactenus inedita Rogeri Baconi,* fasc. XI, Oxford, The Clarendon Press, p. 138, 26-34.

15. Ce ne sera pas l'avis de tout le monde au Moyen Âge. Animal composé de la tête d'un lion (ou d'une vierge), du ventre d'une chèvre (ou d'une femme), de la queue d'un dragon (ou d'un poisson) ou monstre à trois têtes, « l'une de lion, l'autre de chèvre, la tierce de serpent » *(whatever !)*, la chimère n'existe pas. Mais, pour certains, le mot « Chimère » signifie, lui, non seulement quelque chose, mais « quelque chose *qui est*, puisqu'il signifie la queue d'un poisson, le ventre d'une femme et la tête d'une vierge ». *Cf.*, sur ce point, J. BIARD, « La signification d'objets imaginaires dans quelques textes anglais du XIVᵉ siècle (Guillaume Heytesbury, Henry Hopton) », *in* P.O. LEWRY *O.P.*, éd., *The Rise of British Logic. 6th European Symposium on Medieval Logic and Semantics*, Balliol College, Oxford

19-24 juin 1983 (*Papers in Mediaeval Studies* 7), Toronto, Pontifical Institute of Mediaeval Studies, 1985, p. 281.

16. *Cf.* J.-F. COURTINE, « De l'ontologie à la théorie de l'objet... », in *La Cause de la phénoménologie*, p. 105. On notera que, dans sa correspondance avec Exner, Bolzano met sur le même plan « vertu verte » et « vertu dépravée ». Voir la Lettre 4, Bolzano à Exner, Tiechobus, le 23.08.1833, in *De la Méthode mathématique* et *Correspondance Bolzano-Exner*, trad. coord. par C. MAIGNÉ & J. SEBESTIK, Paris, Vrin, 2008, p.133 : « Les objets d'une représentation, lorsqu'elle en a, sont tout autre chose que son contenu (les constituants de cette dernière). Par le ou les divers objets d'une représentation (lorsqu'elle en a), j'entends toute chose – réelle ou non réelle – qui est représentée par cette représentation, autrement dit à laquelle elle se rapporte. Ainsi, par exemple, la représentation *Socrate* n'a qu'un seul objet, à savoir l'homme qui s'appelait ainsi (j'imagine présentement qu'il n'y en a eu qu'un seul). La représentation *montagne* est une représentation qui a plusieurs objets. La représentation *vertu* a également plusieurs objets (par exemple, la douceur, la modestie, la bienfaisance). Les représentations "vertu verte", "vertu dépravée" sont des représentations qui n'ont pas d'objet, et donc des représentations non objectuelles, car il n'y a pas de vertu qui soit verte ou qui soit dépravée ». Dans la même lettre, Bolzano explique le Néant ou le Rien *(Nichts)* en termes de « non quelque chose » *(nicht etwas)*. *Ibid.* : « ... de même que toute proposition est nécessairement composée d'au moins trois parties qu'on nomme représentations, de même les représentations peuvent elles aussi être composées d'autres représentations, voire contenir des propositions entières. Ainsi, la représentation : *Rien* (= non quelque chose) est composée des deux représentations *non* et *quelque chose* ; la représentation : corps inanimé [...] est composée de la représentation *corps* et de la proposition *"qui est sans vie"*. »

17. Sur ce dossier, *cf.* J. FARRELL SMITH, « The Russell-Meinong Debate », *Philosophy and Phenomenological Research*, vol. XLV, n° 3 (March, 1985), p. 305-350.

18. Sur le *Bestehen*, *cf.* Ernst MALLY, *Über den Begriff des Gegenstandes in Meinongs Gegenstandstheorie*, Leipzig, Barth Verlag, 1913, p. 8 ; trad. J.-F. COURTINE, « Intentionnalité et objectité... », p. 107, n. 1 : « On voit aussi par là en quoi il n'est absolument pas essentiel pour un objet, tout d'abord considéré comme objet du penser, d'exister, ni même d'être en quelque sens que ce soit. Aux objets abstraits de la mathématique, comme les nombres ou les figures

géométriques et leurs relations, nous ne devons attribuer aucun être au sens de l'existence. Mais en un certain sens ils sont pourtant ; nous pouvons dire qu'ils subsistent *(bestehen)* et nous les distinguons par là essentiellement des objets impossibles, dont on a parlé plus haut ; car à de tels objets ne revient absolument aucun être. Pourtant, ils sont, comme il faut encore le souligner, un objet du penser. »

19. Sur ce paradoxe, *cf.* P. SIMONS, « Alexius Meinong : *Gegenstände, die es nicht gibt* », *in* J. SPECK (éd.), *Grundprobleme der großen Philosophen. Philosophie der Neuzeit*, IV, Göttingen, Vandenhoeck & Ruprecht, 1981, p. 91-127. *Cf.*, en outre, A. DE LIBERA, « Roger Bacon et la référence vide. Sur quelques antécédents médiévaux du paradoxe de Meinong », in J. JOLIVET, Z. KALUZA, A. DE LIBERA (éd.), *Lectionum varietates. Hommage à Paul Vignaux (1904-1987)*, Paris, Vrin (Études de philosophie médiévale, LXV), 1991, p. 85-120.

20. A. MEINONG, *Théorie de l'objet*, trad. J.-F. COURTINE & M. DE LAUNAY, p. 73.

21. B. RUSSELL, *My Philosophical Development*, Londres, Allen & Unwin, 1959, p. 84 ; trad. fr. G. AUCLAIR, *Histoire de mes idées philosophiques*, Paris, Gallimard, 1961, p. 105 : « Le point essentiel de la théorie des descriptions était que, bien que “La montagne d'or” puisse être grammaticalement le sujet d'une proposition ayant un sens, une telle proposition, si elle est correctement analysée, n'a plus ce sujet. La proposition “La montagne d'or n'existe pas” devient : la fonction propositionnelle “(*x* est en or) et (*x* est une montagne) est fausse pour toute valeur de *x*”. »

22. M. HEIDEGGER, *Logik als die Frage nach dem Wesen der Sprach*e [cours fribourgeois du semestre d'été 1934, annoncé sous le titre *Der Staat und die Wissenschaft*], éd. G. SEUBOLD (d'après le ms. de W. HALLWACHS), GA 38, Francfort, Vittorio Klostermann, 1998 p. 142 ; trad. fr. F. BERNARD, *La Logique comme question en quête de la pleine essence du langage*, Paris, Gallimard, 2008, p. 168-169.

23. *Cf.* M. HEIDEGGER, *Die Frage nach dem Ding. Zu Kants Lehre von den transzendentalen Grundsätzen* [cours du semestre d'hiver 1935/36, Fribourg], Tübingen, Niemeyer, 1962, GA 41, 1984, p. 82 ; *Qu'est-ce qu'une chose ?*, trad. fr. J. REBOUL & J. TAMINIAUX, Paris, Gallimard, 1971 [Tel, 1988] p. 115.

24. *Cf.* M. HEIDEGGER, *Zollikoner Seminare, Protokolle – Zwiegespräche – Seminare*, hrsg. von Medard Boss, *3. um Register ergänzte Auflage*, Francfort, Vittorio Klostermann, 2006, p. 153 *sq.*, trad. fr. C. GROS in *Séminaires de Zurich,* éd. par M. BOSS. Séminaires des

23 et 26 novembre 1965, *I. 23 novembre 1965*, Paris, Gallimard, 2010, p. 178 *sq*.

25. Sur cette proposition, *cf.* A. Voltolini, « Ce qui est vivant et ce qui est mort dans la critique de Russell à Meinong », *in* J.-P. Cometti & K. Mulligan (éd.), *La Philosophie autrichienne de Bolzano à Musil : Histoire et actualité*, Paris, Vrin, 2001, p. 104 *sq*.

26. *Cf.*, pour tout ce qui suit, *L'Archéologie du savoir*, chap. II, « La fonction énonciative », p. 118-119.

27. D'où une différence, laissée de côté, apparemment, par les philosophes, entre « La montagne d'or *est en* Californie » et « La montagne d'or *est la* Californie ».

28. G. Deleuze, *Foucault*, « Un nouvel archiviste », Paris, Éd. de Minuit, 1986 (²2004), p. 17-18.

29. *Ibid.*, p. 17.

30. *Ibid.*, p. 17.

31. *Ibid.*, p. 17, n. 11, renvoie à Sartre, *L'Imaginaire. Psychologie phénoménologique de l'imagination*, ¹1940, p. 322-323.

32. L. Linsky, *Le Problème de la référence*, trad. S. Stem-Gillet, Ph. Devaux et P. Gochet, Paris, Seuil, 1974, p. 171.

33. Comme je l'ai écrit dans « Roger Bacon et la référence vide... », p. 88, la position de L. Linsky rappelle la solution médiévale du paradoxe du menteur, appelée « *cassatio* » (« Sa réponse au "paradoxe de Meinong" est [...] du même type logique que la réponse jadis apportée par la *cassatio* au "paradoxe du Menteur" »). *Cf.* « Roger Bacon... », p. 112, n. 21 : « On sait que, pour les partisans médiévaux de la *cassatio*, celui qui dit *ego dico falsum* (« je dis faux») et ne dit rien d'autre ne dit rien du tout. Il y a, toutefois, deux variétés de *cassatio* : la "cassation de la puissance" (il est impossible de dire *je dis faux*) et la "cassation de l'acte" (il n'est pas impossible de dire *je dis faux*, mais en disant cela je ne puis dire quelque chose). La solution du problème de la référence vide selon L. Linsky me paraît, par la magie du mot *raisonnablement*, emprunter aux deux. »

Séminaire du 26 juin 2014

Collingwood et Foucault : le « reenactment » concerne des énoncés. — Statement et sentence selon Skinner. — Ontologie des fictions et théorie de la référence. — La licorne et la chimère. — L'unicorne : de Marco Polo à Umberto Eco. — La licorne chez Kant. Le concept d'être ne peut jamais être prédicat, mais seulement sujet dans un jugement. — Licorne de terre et licorne de mer (narval).— Reformulation kantienne de « la licorne de mer existe » : « à un certain animal marin existant reviennent ensemble les prédicats, que j'attribue mentalement à une licorne ». — Ce qui revient à dire que « la représentation de la Licorne de mer est un concept expérimental ». — La révolution kantienne : « lorsque dans l'usage commun le Dasein *se produit comme prédicat, c'est moins un prédicat de la chose même, que de la pensée qu'on en a. » — Comparaison de la thèse de Kant avec la théorie brentanienne du « jugement double ». — L'interprétation heideggérienne de Brentano. — Sur la distinction entre « l'existence n'est pas un prédicat » et « l'existence n'est pas un prédicat réel ». —La thèse de Kant sur l'existence comme prédicat non de la chose, mais de la pensée qu'on en a est attestée, dès le* XII*e siècle, à propos de « la chimère », exemple de chose impossible, et de « Homère », exemple de chose qui n'existe plus. — Analyse de la thèse de Guillaume de Champeaux rapportée par Abélard. — « Homère est poète » n'attribue aucun être à Homère, c'est à l'œuvre d'Homère que l'être est attribué. — « Une chimère est concevable » n'attribue aucune propriété à la chimère. — Dans cette phrase « concevable » ne renvoie pas au pensable, mais au pensant.— La théorie de Guillaume inaugure les théories adverbiales du jugement comme celle de Curt John Ducasse*

(1881-1969). — L'adverbialisme et le réisme : remarques sur la théorie du « porteur de vérité » dans le dernier Brentano. — Dire : (il y a) un « A-pensé », c'est dire : (il y a un) « pensant-A ». — Conclusions. Porteur de vérité et diseur de vérité (véridicteur).

Dernière séance du séminaire. Je redémarre par une mention de Michel Foucault. La distinction foucaldienne entre énoncé et proposition mériterait qu'on s'y attardât davantage. Mais comme, là encore, il nous faut sinon conclure, du moins ponctuer le travail effectué cette année dans ce séminaire, je me contenterai d'une simple remarque. J'ai à maintes reprises souligné l'importance du « *re- enactment* » (la ré-effectuation, la remise en acte) dans l'activité de l'historien et, en tout cas, dans celle de l'archéologue. Rappelant que, pour Foucault, les concepts ne sont « point formés directement sur le fond approximatif, confus et vivant des idées, mais à partir des *formes de coexistence entre des énoncés* » [1], j'ai souligné que l'historien, l'archéologue avaient essentiellement affaire à des énoncés, et que leur travail consistait dans une large mesure en la ré-effectuation des pensées exprimées dans ces énoncés entendus comme autant d'actions passées [2]. La distinction entre énoncé et proposition est fondamentale pour l'historien. On pourrait en dire autant de la différence strawsonienne entre *statement* et *sentence*, dont Skinner a rappelé l'importance méthodologique en histoire, en en faisant le prolongement de la différence entre signification *(meaning)* et utilisation/usage *(use)* [3]. La récurrence de certaines phrases, censées véhiculer une idée, n'est pas un objet historique en soi ; ce qui compte, c'est la diversité des *statements*, faits avec les mêmes mots par une diversité d'agents ayant des intentions différentes. La *sentence*, prise en dehors des *statements* que divers agents ont faits avec elle, n'est pas un objet d'étude pour l'historien. Pour Skinner, la récurrence de certaines phrases ne nous dit rien d'intéressant historiquement tant que, pour reprendre la thèse de Collingwood qui m'est chère, on ne sait pas à quelle question telle expression était censée répondre, elle ne dit rien, en effet, sur le « statut » que telle ou telle idée a pu avoir à différentes époques (« what status the given idea may have had at various times ») ni, précise Skinner, sur le domaine d'usage qui a pu être le sien (« what range of uses the expression itself could sustain »). Bref :

> ... the persistence of [the] expressions tells us nothing reliable at all about the persistence of the questions which the expressions may have been used to answer, or of the intentions generally of the various writers who may have used the expressions [4].

Durant la dernière séance, consacrée en partie au statut des fictions – thème imposé par les CQR relatifs au statut ontologique des universaux depuis l'antiquité tardive, et la confrontation entre les thèses néoplatoniciennes et les thèses stoïciennes – nous avons évoqué la Montagne d'Or, qui nous a conduits, précisément, de la question du statut de l'universel, à la distinction entre énoncé et proposition. Deux univers épistémiques distincts, mais qui communiquent précisément, dans la mesure où dans l'histoire de la philosophie la question du statut ontologique des « propositions en soi » ou des « vérités en soi » a ouvert à son tour les portes du *« shadowy Platonic world of being »* cette sorte de monde des ombres platonicien, évoqué, critiquement, par Russell, à propos de la Montagne d'Or, et de la distinction de son grand adversaire, Meinong, entre existence *(Existieren)* et subsistance *(Bestehen* – le *Bestehen* étant le mode d'être de ces entités qui peuplent le « royaume platonicien des ombres », mais qu'évidemment Meinong ne considérait pas comme tel).

Je voudrais aujourd'hui vous montrer en guise de conclusion, mais aussi d'introduction au séminaire de 2015, qui sera partiellement consacré aux théories de la représentation et du jugement vues sous l'angle de la théorie des fonctions psychiques, deux autres exemples de trajets effectués par des entités fictives de leur domaine épistémique primitif à un domaine particulièrement intéressant pour notre propos, celui précisément de la théorie du jugement.

Vous vous rappelez la distinction de Leonard Linsky entre ce dont on parle au sens authentique du terme et ce dont on ne parle pas vraiment – c'est-à-dire dont on ne peut rien dire de vrai ou de faux, à moins « d'en faire les personnages d'une histoire ou d'un conte de fées », je veux dire : « le groupe des choses qui n'existent pas », comprenant, entre autres, « la Montagne d'Or », « le cercle carré », « la licorne », « la chimère », « l'autobiographie d'Hemingway » et *last but not least* : « l'actuel roi de France » – le célèbre exemple pris par Russell dans sa controverse avec Meinong: « L'actuel roi de France est chauve. » Est-ce que cette phrase est vraie ou fausse, sachant qu'il n'y a pas de roi de France ? – quoi qu'on ait pu dire sur la monarchie républicaine en France, mais bon [5]...

Eh bien, mettant à profit ce qui vient d'être dit à propos de la différence entre phrase (ou proposition) et énoncé, j'aimerais évoquer aujourd'hui avec vous deux de ces « choses qui n'existent pas » : la licorne et la chimère.

Malgré tout ce qu'on pourrait croire, en allant admirer à deux pas d'ici les extraordinaires *Dames à la Licorne* du musée de Cluny, cette admirable tenture de six tapisseries tissées entre 1484 et 1500, les philosophes médiévaux, les logiciens, en tout cas, ne se sont pas occupés de la licorne. La gloire philosophique de la licorne est due à Kant, *via* Bolzano. Une parenthèse, quand même : quelqu'un a bien parlé de la licorne au Moyen Âge, c'est Marco Polo. Marco Polo, dans le chapitre consacré à « Java La Mineure » (ce n'est pas une danse, c'est Sumatra), dans *Le Devisement du Monde*, écrit :

> Et quand on part du royaume de Ferlec, on entre au royaume de Basman, qui est à la sortie de Ferlec. Ce Basman est un royaume par lui-même. Ils y ont leur langage, mais ils sont des gens qui n'ont nulle loi, sinon celle des bêtes. Ils se réclament de la suzeraineté du Gran Can, mais ils ne lui payent nul tribut, parce qu'ils sont si loin que les gens du Grand Can ne pourraient y aller. Et même, tous ceux de l'île, ils se réclament pour siens ; quelquefois seulement lui font présent de choses étranges : éléphants, unicornes ou autres, et spécialement une espèce d'autours noirs, par l'entremise de ceux qui passent par là. Ils ont maints éléphants sauvages, et assez d'unicornes, qui ne sont guère moins gros qu'un éléphant ; ils ont le poil du buffle, le pied comme celui de l'éléphant, une corne au milieu du front, très grosse et noire. Et vous dis qu'il ne fait aucun mal aux hommes et aux bêtes avec sa corne, mais seulement avec la langue et les

> genoux, car sur sa langue il a des épines très longues et très aigües. Quand il veut détruire un être, il le piétine et l'écrase par terre avec les genoux, puis lui inflige les maux qu'il fait avec sa langue. Il a la tête comme sanglier sauvage, et la porte toujours inclinée vers la terre ; il demeure volontiers dans la boue et la fange parmi les lacs et les forêts. C'est une très vilaine bête à voir, et dégoûtante. Il n'est point du tout comme nous, d'ici, disons et décrivons, quand nous prétendons qu'il se laisse attraper par le poitrail par une pucelle. C'est tout le contraire de ce que nous croyons [6].

Évidemment ce qu'il a vu et nommé « unicorne », ce n'est rien d'autre qu'un rhinocéros de Sumatra, mais je laisse de côté ce point passionnant en vous renvoyant à un très beau livre, que je vous conseille pour les vacances : *Kant et l'ornithorynque* d'Umberto Eco, où vous trouverez, dans le chapitre intitulé « Kant, Peirce et l'ornithorynque », la section « Marco Polo et la licorne », qui est une très belle page, comme beaucoup de pages d'Umberto Eco.

La gloire philosophique de la licorne est due à Kant. Et il n'est pas question des universaux, mais de la thèse probablement la plus célèbre de Kant en logique et métaphysique. Dans *Function und Begriff*, conférence donnée à Iéna en 1891, Frege félicite Kant d'avoir montré que *le concept d'être ne peut jamais être prédicat, mais seulement sujet dans un jugement* [7]. L'expression retient l'attention. En fait, elle figure déjà chez Bolzano, qui dans le tome II de la *Wissenschaftslehre*, l'attribue à Kant. Traitant, précisément, des jugements d'existence, autrement dit : de ces « propositions dans lesquelles est affirmé ou nié un être ou une existence effective », comme par exemple « Je suis », « Dieu est », ou « les vérités en soi n'ont pas d'être », Bolzano note que « la plus grande confusion règne dans l'évaluation » de ce type de jugements ou propositions. C'est à ce moment qu'il cite le philosophe de Königsberg. Dans *L'Unique Fondement possible d'une preuve de l'existence de Dieu*, Kant écrit :

> Le concept d'être ne peut jamais être prédicat, mais seulement sujet dans un jugement, ainsi parlons-nous de façon impropre quand nous disons qu'à une chose revient un être, au lieu de

dire : il y a une chose existante (un être effectif) à qui reviennent telle et telle propriétés [8].

Es gibt ein existierendes Ding (ein Wirkliches), dem diese und jene Beshaffenheiten zukommen. Cette phrase pourrait être de Brentano. Elle est de Kant, cité par Bolzano. Ou plutôt, elle est de Bolzano résumant Kant, car elle ne figure pas telle quelle dans *Der einzig mögliche Beweisgrund zu einer Demonstration des Daseyns Gottes*. Que dit au juste Kant ? C'est là qu'il faut tendre l'oreille, et ouvrir les yeux.

Dans *L'Unique Fondement possible d'une preuve de l'existence de Dieu* [9], Kant parle de la licorne ou, plutôt, il parle des deux sortes de licornes : car *il y a* ou plutôt *on distingue* deux sortes de licorne : la licorne de terre et celle de mer, appelée en français *narval*. Il note que l'existence revient à la licorne de mer, pas à celle de terre : ... *dem Seeeinhorn kommt die Existenz zu, dem Landeinhorn nicht*. Qu'est-ce que cela signifie ?

> Cela signifie simplement que la représentation de la Licorne de mer est un concept expérimental, à savoir la représentation d'une chose existante (« Es will dieses nichts anders sagen, als die Vorstellung des Seeeinhorns ist ein Erfahrungsbegriff, das ist, die Vorstellung eines existierenden Dinges »).

Un concept expérimental est ce que les Grecs et Boèce appelaient *concepts authentiques*, tirés d'une chose sensible. Les photos de licornes de mer ou narvals abondent sur la toile.

Vous imaginez, à les voir, le commerce que ça a pu entretenir...

Réciproquement – et en complétant le propos de Kant : la représentation de la licorne de terre n'est pas un concept expérimental, c'est la représentation d'une chose non existante. Cela ne veut pas dire que, pour Kant, « il y a » des choses non existantes. Bien au contraire. Il faut veiller à l'expression et je dirai, comme tout vieux kantien, qu'il faut admirer le génie de Kant. Que dit en effet Kant ?

Que la proposition : « La licorne de mer existe » n'est pas entièrement correcte. N'est véritablement correcte que l'expression inverse, à savoir que : à un *certain animal marin*

EXISTANT reviennent ensemble les PRÉDICATS que J'ATTRIBUE MENTALEMENT à une licorne.

> Es ist daher kein völlig richtiger Ausdruck zu sagen: Ein Seeeinhorn ist ein existierend Tier, sondern umgekehrt, einem gewissen existierenden Seetiere kommen die Prädikate zu, die ich an einem Einhorn zusammen gedenke [10].

Que dire dans ces conditions de la licorne de terre ? Rien. Pas même qu'elle n'existe pas – ce qui m'obligerait à l'assumer, au sens meinongien du terme '*annehmen*'. Le secret de la licorne, c'est qu'on ne saurait parler d'elle. Tout ce que l'on peut dire, c'est qu'à *aucun animal terrestre* EXISTANT ne reviennent ensemble les PRÉDICATS que J'ATTRIBUE MENTALEMENT à une licorne. Kant va plus loin. Prenant acte de ce que l'existence ou plutôt le *Dasein* (ici *Dasein* a le sens kantien, qui est le sens qu'avait le mot en allemand avant Heidegger : l'être effectif, l'existence) est couramment prédiqué dans le langage ordinaire, il explique que, dans tous les cas où cela se produit, le prédicat « est » ne porte pas tant sur la chose dont on parle que sur la pensée qu'il y a d'elle :

> Es ist aber das Dasein in denen Fällen, da es im gemeinen Redegebrauch als ein Prädikat vorkömmt, nicht so wohl ein Prädikat *von dem Dinge selbst*, als vielmehr *von dem Gedanken, den man davon hat* (« Lorsque dans l'usage commun le *Dasein* se produit comme prédicat, c'est moins un prédicat *de la chose* même, que *de la pensée qu'on en a* »).

Je vous redonne le texte entier :

> Dans les cas où, dans le langage courant, le terme *existence* apparaît comme un prédicat, il s'agit moins d'un prédicat de la chose elle-même que de l'idée qu'on en a. Par exemple, l'existence *(Existenz)* convient à la licorne de mer, non à la licorne de terre. Ceci ne signifie rien d'autre que la représentation de la licorne de mer est un concept d'expérience, c'est-à-dire la représentation d'une chose existante. C'est aussi pourquoi, pour montrer le bien-fondé de cette proposition concernant l'existence d'une telle chose, *on ne cherche pas dans le concept du sujet, car on n'y trouve que des prédicats de la possibilité, mais dans l'origine de la connaissance que j'en ai.*

Il faudrait passer un an sur cette phrase, qui est absolument géniale. Dans le concept du sujet on ne va trouver que des prédicats de possibilité ; les prédicats réaux, les prédicats de la chose, qui définissent la *Sachlichkeit,* la choséité d'une chose, ce sont des prédicats compossibles, qui en mesurent la cogitabilité et la possibilité. Si vous mettez ensemble des prédicats qui s'excluent mutuellement, vous n'obtenez pas une chose, ni un sujet, vous n'obtenez rien du tout. Il n'y a rien qu'on trouve dans le concept d'un sujet ou d'une chose autre que des prédicats de la possibilité. Si maintenant vous parlez de l'*existence* d'une telle chose, ce à quoi vous vous référez en fait c'est à la connaissance que vous en avez, et une connaissance peut être de deux sortes : elle peut être *empirique*, auquel cas vous avez eu un contact direct avec la chose, par la sensation et par l'intuition, et sinon c'est une *représentation imaginaire*, et d'aucune façon vous n'avez eu un contact en présence avec la chose même. Donc, en fait, lorsque vous voulez montrer le bien-fondé d'une proposition concernant l'existence d'une chose quelconque, vous n'avez pas à chercher dans le concept du sujet – parce que dans le concept du sujet vous ne trouverez que les prédicats réaux de la chose, qui définissent la choséité de cette chose – vous avez à vous demander comment vous avez fait connaissance avec ladite chose ; est-ce empiriquement, expérimentalement ? Est-ce dans une expérience possible ou pas ? Si oui...

> On dit : « Je l'ai vu » ou « je l'ai appris de ceux qui l'ont vu ». C'est donc s'exprimer de façon pas tout à fait correcte que de dire : « Une licorne de mer est un animal existant », mais bien au contraire en disant : « À un certain animal marin existant conviennent les prédicats que je pense réunis dans une licorne de mer » [11].

On peut spéculer à l'infini sur le sens exact que Kant attribue à sa théorie, y voir toutes sortes d'anticipations de toutes sortes de doctrines plus ou moins vertueuses, un fait demeure : pour Kant, ce que Brentano appellera la *reconnaissance* (de l'existence) du sujet (ou son rejet) est bel et bien première par rapport à ce que l'on est censé en prédiquer ensuite, une fois le sujet *reconnu* (ou *rejeté*).

Je pense ici à l*a théorie dite du « double jugement » qui veut que juger que* « un S est P » ce soit porter un double jugement, (1) un premier qui *reconnaît (l'existence de)* S, (2) un deuxième qui *attribue à ce S ainsi reconnu le caractère P à titre de prédicat* [12].

Heidegger a commenté ce passage de Kant dans le texte des *Problèmes fondamentaux de la phénoménologie*, consacré à Kant, auquel nous avons fait allusion en cours au début de l'année (c'était la première des quatre thèses, la thèse T1, mentionnée lors du cours du 3 avril) [13]. Voici ce qu'il écrit :

> ... si d'après Kant, « dans le langage courant, on emploie l'être-là [c'est-à-dire l'existence – pas le *Dasein*, l'être-là au sens heideggérien du terme] [14] comme prédicat », autrement dit si demeure ce fait, qui va contre la thèse kantienne que l'être-là n'est pas un prédicat, il s'agit dans ce cas, répond Kant, bien moins d'un prédicat de la chose même que plutôt de la pensée que l'on en a [15]. Quand « par exemple on attribue l'existence au narval », cela signifie pour Kant : « la représentation du narval est un concept tiré de l'expérience, c'est-à-dire la représentation d'une chose qui existe. » La proposition *Dieu existe* devrait, pour parler avec précision, signifier : « quelque chose [*aliquid*] qui existe est Dieu ». En modifiant ainsi la proposition, Kant veut faire comprendre que l'existence n'est pas pensée dans le prédicat, mais dans le sujet de la proposition.

L'existence est pensée dans le sujet, non dans le prédicat : c'était le compliment de Frege à Kant.

Notez que la vraie phrase de Kant n'est pas « l'existence n'est pas un prédicat », mais « l'existence n'est pas un prédicat *réel* » - un prédicat de la chose dans sa réalité, sa *Sachlichkeit*. Vous trouverez de très lucides et remarquables analyses sur ce point dans *Les Problèmes fondamentaux de la phénoménologie* § 4, p. 20, trad. p. 33, *Les Quatre Thèses sur l'être et les problèmes fondamentaux de la phénoménologie* : I. La thèse kantienne : l'être n'est pas un prédicat réel. Au chapitre premier, § 7, Heidegger analyse la teneur de la thèse kantienne : ladite thèse étant : *l'être n'est pas un prédicat réel* ; *Sein ist kein reales Prädikat* (p. 35, *sq.*)

Dans *l'Unique Fondement*, il est question de *Dasein* : *Das Dasein ist gar kein Prädikat oder Determination von irgend einem*

Dinge. Ce qui revient à dire en allemand, en bon allemand, pour être compris de tout le monde, que ce n'est pas *ein reales Prädikat*. Il est aussi question une fois d'*Existenz* ! à propos, justement, de la licorne.

Avant d'aller plus loin, retenons cette formule :

> Es ist aber das Dasein in denen Fällen, da es im gemeinen Redegebrauch als ein Prädikat vorkömmt, nicht so wohl ein Prädikat von dem Dinge selbst, als vielmehr von dem Gedanken, den man davon hat.
>
> Dans les cas où, dans le langage courant, le terme *existence* apparaît comme un prédicat, il s'agit moins d'un prédicat de la chose elle-même que de l'idée qu'on en a.

C'est une formule capitale pour l'archéologie du sujet-agent que nous découvrons ici, en suivant la piste du bestiaire fabuleux de la querelle des universaux et la problématique de la référence vide.

Cette formule capitale de Kant, soulignée par Heidegger, a une contrepartie immédiate et évidente : la théorie de Frege, selon laquelle l'existence est un prédicat *de second ordre*, un prédicat de prédicat, la propriété d'un concept. Comme l'écrit Frédéric Nef dans *Qu'est-ce que la métaphysique ?*... « Dire "la lune existe", c'est [...] attribuer au concept de lune (satellite de la terre, corps céleste dépourvu de vie, etc.) une propriété : celle de dénoter un objet [16]. »

En tant que médiéviste, je veux quant à moi souligner qu'on rencontre la formule de Kant bien avant l'Âge classique, dès le XIIe siècle, à propos d'une autre de nos entités fictives, en l'occurrence « la chimère » [17], exemple de chose impossible, et même à propos d'une chose qui n'existe pas ou plutôt qui n'existe plus : Homère.

Je me contenterai ici d'un exemple : la reprise de thèses de Guillaume de Champeaux sur la prédication accidentelle par Abélard dans sa *Dialectica* [18]. Ce Guillaume est le même que celui qu'Abélard a harcelé lors de la querelle des universaux, et contraint à renoncer à sa première théorie réaliste des universaux. Pourtant, ledit Guillaume a d'autres théories qui trouvent grâce aux yeux d'Abélard, qui ne répugne pas à évoquer le personnage sous l'appellation de « mon » ou « notre maître V. » (probablement pour Willelmus, prononcé à la bretonne...)[19].

« Maître V. », dit-il, considérait la prédication accidentelle comme une *locution figurée et impropre*, appelant « locution impropre celle dont les mots offrent » pris ensemble « un autre sens que celui qu'ils semblent avoir » pris séparément, « selon leur forme vocale ». C'est là que nous retrouvons Homère et que nous attend la chimère.

Voici la thèse. Homère est mort. Dire que 'Homère est poète', ce n'est pas prédiquer sur Homère, qui n'est plus (Homère est un nom vide qui ne renvoie à rien, puisqu'il n'y a plus aucune chose du monde qui soit Homère, ou dont il soit vrai de dire qu'elle a pour nom 'Homère'), c'est dire que « l'œuvre d'Homère, qu'il a composée en tant que poète, existe » : *Homeri opus existit*, voilà le sens de *Homerus est poeta*.

> 'Homerus est poeta', ac si diceretur : 'Homeri opus existit quod ex officio poetae composuit'. Operi itaque Homeri esse attribuitur, quando Homero aliquid[20].

C'est donc à l'œuvre d'Homère que l'être est attribué. Pas à Homère. Ainsi « Maître V. » entendait la phrase 'Homère est poète' non du poète, mais des vers qu'il avait laissés[21]. De même, la phrase affirmant qu'un tyran mort « vit dans ses fils » ne porte pas sur le tyran lui-même, comme la « construction » grammaticale semble le suggérer, mais sur ceux qu'il a engendrés et qui continuent d'exercer son pouvoir tyranique[22].

Le terme au nominatif, *'Homerus'*, qui semble être le sujet de la phrase, ne l'est pas en réalité. Plus exactement, ce n'est pas le véritable sujet d'attribution. Dans *'Homerus est poeta'*, *'Homerus'* est au nominatif, mais *nous l'utilisons avec la signification d'un mot à l'oblique*, en l'occurrence *'Homeri'*, au génitif, au sens de : 'le poème *d'Homère*', 'poema *Homeri*'[23]. De 'Homère est poète' à 'De Homère il y a poème(s)', telle est la réversion. C'est une distinction très remarquable entre sujet grammatical d'une phrase et sujet logique réel d'attribution. Mais la chimère a rendez-vous avec le Centaure. Et Abélard avec Brentano.

Soit la proposition : *'Chimaera est opinabilis'*. Sur quoi porte-t-elle ?

La réponse de Guillaume est remarquable. Elle porte sur *opinabilis*. Le mot vient d'Aristote : il traduit le grec : δοξαστόν ; opinion étant : δόξα – l'opinable est le terme d'une relation psychique, mais sa caractéristique est que dans cette relation-là, la relation opinion (δόξα) – opinable (δοξαστόν), le terme n'existe pas toujours. C'est ce que dit clairement le *De interpretatione* à propos du non-étant :

> Mais il n'est pas vrai de dire du non-étant que, parce qu'il est un opinable, il est un certain étant. De fait, l'opinion portant sur lui n'est pas qu'il est, mais qu'il n'est pas [24].

Comment comprendre qu'un opinable ne soit pas toujours un étant ? Il y aurait une réponse stoïcienne : distinguer *quelque chose* et *étant*, comme on l'a vu dans les semaines précédentes : le *ti* et *on*. On a vu en effet que le *quelque chose* pouvait être soit étant soit non étant, et que ce qui s'opposait au *quelque chose* était le *non-quelque chose* – rappelez-vous le texte d'Origène. Mais on n'est pas chez Origène, on est chez Guillaume de Champeaux et Guillaume de Champeaux lit Aristote. C'est ailleurs que Guillaume doit trouver sa réponse. Et il la trouve. La réponse de Guillaume : *« Opinable » ne renvoie pas au pensable, « opinable » renvoie au pensant*. Dans le cas de la Chimère à celui (celle) qui, dans la réalité, supporte ou soutient l'*opinio de Chimaera* – quelqu'un (quelqu'une) qui pense à la chimère –, *au sujet (pensant) de la chimère ou plutôt au (sujet) pensant la chimère*. Autrement dit : Le prédicat *'opinabilis'* ne renvoie pas à une propriété de la chimère : la chimère n'étant pas, elle n'a pas (et ne peut) avoir de propriétés. *'Opinabilis'* renvoie à une propriété attribuable à celui qui a une représentation de la chimère, qui rend la chimère « opinable » (c'est-à-dire « opinée »).

'Y' est pensable signifie : il y a u̧n *x* capable de penser *y* (*i.e.* un *x* qui a pensé OU pense OU pensera *y*). Telle est, exactement, la position de « Maître V. » Dans *'Chimaera est opinabilis'*, le sujet n'est pas le sujet grammatical, *'Chimaera'*, mais le sujet logique, *le sujet de l'attribution de l'acte de penser,* celui qui, dans la réalité, *fait quelque chose* : celui qui pense à la chimère, celui qui, dans la

phrase, n'est pas directement nommé. Quant au prédicat '*opinabilis*', il renvoie moins à une propriété de la chimère – qui, n'étant pas, n'a pas et ne peut avoir de propriétés – qu'à l'acte d'*opiner* ou de *penser*, attribuable à celui qui a d'elle une représentation, qui fait qu'elle est dite « opinable » ou « pensable ».

> Sic quoque et eam accidentalem et impropriam locutionem <dicebat> qua dicitur : 'chimaera est opinabilis', in cuius sensu nulla proprietas per 'opinabilis' chimaerae, quae non est, attribuitur, sed magis opinio datur animae alicuius opinantis chimaeram, ac si aperte diceretur aliquis opinari chimaeram [25].

En un mot comme en mille : Dire '*Chimaera est opinabilis*', c'est dire qu'il y a un x *imaginant/opinant* une chimère ou bien encore, en donnant à la thèse une forme *adverbiale*, qu'il y a '*x qui* pense-*chimériquement*' – comme dans la théorie adverbiale du jugement critiquée par Fodor, où '*seeing a unicorn*' devient '*seeing-unicornly*' et '*seeing a dragon*' '*seeing-dragonly*'[26]. Cette théorie est appelée théorie adverbiale ; il y a une théorie adverbiale du jugement, il y a une théorie adverbiale de la perception, et cette théorie adverbiale a été introduite par le seul philosophe américain né à Angoulême : Curt John Ducasse (1881-1969), en ces termes :

> ... « blue, » « bitter, » « sweet, » etc., are names not of *objects of experience nor of species of objects of experience but of species of experience itself.* What this means is perhaps made clearest by saying that to sense blue is the to sense bluely, just as to dance the waltz is to dance « waltzily » (*i.e.*, in the manner called « to waltz ») to jump a leap is to jump « leapily » (*i.e.*, in the manner called « to leap »), etc. [27].

J'y reviendrai l'année prochaine. La théorie de Guillaume de Champeaux qu'Abélard présente de manière nuancée n'a pas reçu beaucoup d'attention de la part des historiens, ni d'ailleurs des philosophes. Le premier à avoir remarqué l'intérêt de l'analyse abélardienne est Charles-François-Marie, comte de Rémusat né à Paris le 13 mars 1797 et mort à Paris le 6 juin 1875 – un des auteurs du XIXe siècle, qui ont, sur les pas de Victor Cousin, découvert Abélard, et l'ont apprécié au point, en l'occurrence, de rédiger sur lui le premier grand livre sur sa vie et son œuvre. Rémusat, qui, dans sa présentation de la *Logique d'Abélard*, s'appuie essentiellement sur la *Dialectica*, résume de manière remarquable la théorie reprise de son maître par Abélard, car il présente « pensable », dans un cadre *pragmatique*, comme une sorte de *dénomination extrinsèque* de la chimère, en langage technique on dirait une *dénomination causale* :

> C'est par l'intelligence et la mémoire que nous constatons une signification. Dire que l'oraison proférée signifie, ce n'est pas lui attribuer une forme essentielle, qui serait la signification ; mais c'est reconnaître à l'âme de l'auditeur une compréhension opérée à la suite de l'oraison prononcée. Quand nous disons : Socrate court, le sens ou la signification paraît n'être que la conception produite, après la prononciation, dans l'âme d'un auditeur. Ainsi, la proposition : *La chimère est concevable*, se comprend figurativement, non qu'elle attribue à quelque chose la forme de la chimère ou ce qui n'est pas, mais parce qu'elle produit une certaine pensée dans l'âme de celui qui pense à la chimère. Si donc, par la signification d'un nom, nous n'entendons point une forme essentielle, mais seulement ce qui engendre un concept, l'oraison significative sera celle qui fait naître une idée dans l'intelligence. Le nom de signifiant ou significatif est pris de la cause plutôt que d'une propriété ; il convient à ce qui est cause qu'un concept se produise dans l'esprit de quelqu'un [28].

Vous voyez, on en est à un stade purement pragmatique et à une définition de *signification* qui est une de celles que l'on donnait au Moyen Âge : signifier, c'est susciter, produire, engendrer une intellection dans l'esprit de celui à qui on s'adresse.

À part Rémusat, quelques personnes se sont intéressées à la théorie de Guillaume de Champeaux. De nos jours, on citera les travaux de J. Biard, J. Marenbon [29], I. Rosier [30] et Y. Iwakuma. Avant eux, il faut mentionner W. et M. Kneale qui, dès 1962, s'appuyant sur la toute récente édition critique de la *Dialectica* par L.M. De Rijk, soulignaient l'intérêt de la réécriture de *'Chimaera est opinabilis'* en *'Anima alicuius opinionem habet de Chimaera'* pour l'histoire de la distinction entre les deux sens, existentiel et non existentiel, du verbe 'être' [31]. Par la suite, De Rijk lui-même a, en passant, attiré l'attention sur la dimension selon lui abélardienne de la théorie de Brentano [32]. Alors je voudrais dire quelques mots, pour terminer là-dessus, sur la théorie adverbiale du jugement chez Brentano [33].

Rien ne prouve que Brentano ait lu la *Dialectica* : il le pouvait, naturellement, puisque Cousin l'avait éditée dès 1836 [34]. Cependant, de façon assez extraordinaire, l'une des théories modernes du jugement les plus novatrices, la théorie développée par Brentano, lors de sa phase dite *réiste*, dans sa dernière philosophie, peut être vue comme une espèce de généralisation de la théorie évoquée par Abélard pour rendre compte de la prédication sur la chimère. En tout état de cause, une des thèses les plus constantes de Brentano est que la reconnaissance d'un *pensé* ne porte au sens propre que sur son *pensant*.

Dire : (il y a) un « A-pensé », c'est dire : (il y a un) « pensant-A ». Ces deux expressions sont coréférentielles. La coréférentialité des expressions (il y a un) « pensant-A » et (il y a) un « A-pensé », en tant qu'elle implique qu'il y a un pensant-A, mais pas qu'il y a un A, est une donnée transversale de la théorie brentanienne de l'intentionnalité. C'est la base de la théorie adverbiale de la conscience et du jugement.

Brentano a évolué au cours de son travail et de son œuvre. Selon la formule d'Arkadiusz Chrudzimski et Barry Smith, il est passé du conceptualisme au réisme, et ce, en trois étapes : *conceptualisme* (1862-1874), *ontologie de l'intentionnalité* (1874-1904), *réisme* (1904-1917) [35]. Réduite à l'essentiel, l'évolution de Brentano consiste à passer de l'équivalence de (il y a) un « A-pensé » *et de* (il y a un) « pensant-A » à la *réduction* de (il y a) un « A-pensé » *à* (il y a un) « pensant-A ». C'est pour éviter le *shadowy Platonic world of being*, le monde d'ombres platonicien dénoncé par Russell, que Brentano, bien avant Russell, veut réduire le « il y a un A-pensé » à « il y a un pensant-A. » Cette formule, cette réduction, vaut pour tout pensé. Elle vaudrait pour la licorne de terre, si Brentano parlait de la licorne. Il préfère parler de centaure. Chacun son bestiaire.

Je résume sa thèse : les énoncés sur le centaure ne portent pas sur le centaure, mais, adverbialement, sur celui qui l'imagine, qui se le représente *imaginativement (fingierend, imaginatively)*, le « psychiquement actif » (le « *psychisch Tätiges* »).

Pour bien comprendre cette thèse, il n'est que de rappeler le passage de l'*Appendice* XVI de la *Psychologie du point de vue empirique*, *Über das Sein im uneigentlichen Sinne, abstrakte Namen und Verstandesdinge*, dicté par Brentano le 30 juin 1917, et intégré par Oskar Kraus dans l'édition de 1924, sur lequel je reviendrai, mais duquel j'extrais pour le moment cette série d'énoncés [36], qui n'ont qu'un seul objectif : *éliminer les faits au profit des vraies choses*, des choses particulières. C'est donc une perspective réiste, c'est-à-dire une philosophie de la chose particulière, où il n'existe que des choses particulières. Éliminer les états de choses [37], éliminer les faits, éliminer les « objectifs » au sens de Meinong, éliminer toutes ces entités dites platoniciennes au bénéfice uniquement des vraies choses [38]. Dans cet appendice XVI, on voit que Brentano passe de '*Qu'il y ait un centaure* est faux', à '*Il n'y a pas de centaure*', puis (car c'est très embarrassant, tout de même : de quoi est-ce que je parle si je dis « il n'y a pas de centaure », puisque précisément il n'y a pas de centaure ? c'est toujours le paradoxe de la référence vide : il n'y a aucune chose à pointer ; on veut éliminer les faits au bénéfice des choses singulières, mais il n'y a pas de centaure, alors qu'est-ce que cela veut dire « il n'y a pas de centaure » ? Est-ce que c'est faux, sous prétexte que le sujet n'aurait pas de référence, que le centaure n'existe pas ? Arrêtons), '*Qu'il y ait un centaure* est faux' mène à '*Il n'y a pas de centaure*', et '*Il n'y a pas de centaure*' mène à cette théorie extraordinaire :

'Quiconque reconnaît un centaure *reconnaît faussement*' – où '*celui qui reconnaît un centaure*' (le reconnaissant-un-centaure) et '*celui qui juge faussement*' (le jugeant-faussement) sont présentés, et eux seuls, comme des noms de choses. Les seules choses qu'il y ait sont quelqu'un qui juge ou quelqu'un qui reconnaît, mais de centaure il n'y a point ; centaure n'est pas un nom de chose.

> Lorsqu'il s'agit d'une proposition qui reconnaît quelque chose comme *fait*, on peut également lui substituer une proposition équivalente qui comporte la reconnaissance ou la dénégation d'une *chose proprement dite*. Ainsi la proposition : *Qu'il y a une chose est vrai* équivaut à celle-ci : *Il y a une chose*. La proposition : *Qu'il y ait un centaure est faux* équivaut à celle-ci : *Il n'y a pas de centaure*.

> On pourrait peut-être pourtant préférer une autre équivalence : *Quiconque reconnaît un centaure reconnaît faussement*, car le sujet qui reconnaît un centaure et celui qui porte un jugement faux sont des expressions qui désignent des choses [39].

Le « peut-être » est de trop. C'est le dernier étage de la théorie. La *théorie adverbiale* du jugement est non seulement centrée sur les actes du « sujet », elle est en réalité centrée sur le jugeant lui-même, promu dans le dernier état de la théorie au statut d'unique « porteur de vérité » *(truthbearer)*. Le jugeant est le *truthbearer,* comme on dit aujourd'hui en logique. Beaucoup de gens vous diront : non, c'est la proposition, le porteur de vérité ; ici non, c'est le jugeant, ce n'est même pas son acte de juger, c'est le jugeant lui-même. Encore une fois : « derjenige, welcher ein Gedachtes als Gedachtes anerkenn[t], eigentlich ein es Denkendes anerkennt », « qui reconnaît un pensé en tant que pensé, reconnaît en fait *quelque-un-le-pensant* », – plutôt que : « celui qui reconnaît un pensé en tant que tel, reconnaît en vérité affirmer un sujet pensant », comme le traduit, non sans embarras, M. de Gandillac [40]. Donc, dire que « aucun S n'est P », *c'est se représenter quelqu'un qui juge* : « un S est P », et dire que ce *quelqu'un qui juge* « un S est P », juge *faussement*. Vous vous rendez compte de cette duplication extraordinaire des « pensants », pour préserver un discours qui ne porterait que sur des choses. On pourrait dire que dans la théorie brentanienne du jugement le jugeant est l'unique « vériporteur ». A. Rojszczak, dans un beau livre, malheureusement posthume, intitulé *From the Act of Judging to the Sentence. The Problem of Truth Bearers from Bolzano to Tarski* écrit :

> Given Brentano's reistic ontology of mind, however, there are no judging acts, only judging persons. In the reistic view, therefore, the bearer of truth is someone who judges, i.e. the judger [*der Urteilende*], and the judger can judge truly and falsely. Thus, in the proper sense, the word 'true' should be predicated of a judger. Therefore, we have to deal with the truly and falsely judging person and not with true or false judgments. Since in Brentano's view mental phenomena possess an active character, it is not surprising that truth-predicates are adverbs in this

respect. The bearer of truth is, thus, a subject S who in the act of consciousness asserts or rejects an object of presenting [41].

Le réisme est la forme extrême de l'économie en ontologie : il n'y a d'objet que le sujet.

> L'être ou le non-être d'un centaure ne peuvent devenir objets au sens où pourrait le devenir le centaure lui-même ; seuls peuvent devenir objets celui qui affirme et celui qui nie le centaure, auquel cas le centaure devient également objet selon un certain *modus obliquus*. Par conséquent, seules les choses qui tombent toutes sous le même concept du réel *(Reale)* peuvent devenir objets pour des relations psychiques. Ni le présent, le passé et l'avenir, ni ce qui est présent, passé ou futur ; ni l'existence et la non-existence, ce qui existe ou n'existe pas ; ni la nécessité et la non-nécessité, la possibilité et l'impossibilité, ni ce qui est nécessaire ou non nécessaire, possible ou impossible ; ni la vérité et l'erreur, ni ce qui est vrai ou faux ; ni la bonté et le vice, ni ce qu'Aristote appelle actualité (ἐνέργεια, ἐντελέχεια) ou forme (εἶδος, λόγος, μορφή), c'est-à-dire ce qui correspond dans le langage aux mots abstraits ; rougeur, forme, nature de l'homme, etc.; ni les objets en tant qu'objets, c'est-à-dire par exemple ce qui est reconnu, rejeté, aimé, représenté, rien de tout cela ne peut jamais, au même titre que le réel, devenir l'objet de nos relations psychiques [42].

Un immense coup de balai – ou de rasoir – qui nous fait retrouver – comme après un *tsunami* – le monde de la querelle des universaux : un monde où il n'y a plus que des choses particulières. Un monde, dont nous pouvons à présent prendre congé. Mais le jugeant est aussi un « véridicteur », un « sujet de véridiction », un sujet de vérité : quelqu'un qui *dit vrai*, quelqu'un qui pense juste, quelqu'un qui *juge* vrai. Voilà que nous retrouvons derechef, pour finir ce séminaire, l'expression « foucaldienne », rencontrée tout à l'heure au moment de finir le cours, en posant la question de l'articulation entre sujet de désir et sujet de vérité. On l'a dit, en commençant cette ultime séance, une même expression ne fait pas une même pensée, ni une même théorie. Le « sujet de véridiction », le *Truthteller*, ce que j'appelle le « véridicteur », sur le modèle du « vériporteur » *(truthbearer)* et du « vérifacteur » *(truthmaker)*, appartient à des univers différents de celui de Foucault. Ils méritent d'être évoqués pour eux-mêmes. Nous le ferons. Il nous faudra toutefois patienter quelques mois avant de renouer les fils, de retrouver Brentano, le Centaure, et les théories médiévales et modernes du jugement. Pourrez-vous tenir jusque-là ? Je ne sais pas. En attendant, je vous souhaite à toutes et à tous de bonnes vacances.

NOTES

1. M. FOUCAULT, *L'Archéologie du savoir*, p. 96.

2. Je rappelle la formule de W.H. DRAY résumant la position de Collingwood (le *« Constructive Reenactment »*) : « *All history is a re-enactment of past thought as expressed in past action* », qui synthétise les deux thèses principales de l'historien philosophe et archéologue anglais : le *Re-enactment* et l'affirmation que *« All history is the history of thought »*. Voir, sur ce point, le séminaire du 20 mars et le cours du 15 mai 2014.

3. *Cf.* Q. SKINNER, « Meaning and Understanding in the History of Ideas », *History and Theory*, vol. VIII, n° 1 (1969), p. 37-39 [p. 3-53]. Ajoutons ces remarques importantes, p. 37, n. 155, sur la distinction entre énoncés et propositions ou phrases : « The need for the historian to distinguish in this way between sentences and statements is suggested in a rudimentary way in R.G. COLLINGWOOD, *An Autobiography* (Oxford, 1939), chap. v, esp. 34-35. The classic elaboration of the distinction between sentences, and statements as sentences used to refer, is owed to P.F. STRAWSON, « On Referring », *Mind* 59 (1950), 320-344. For applications, see also P.F. STRAWSON, *An Introduction to Logical Theory* (London, 1952), esp. 4, 9-12, 210-212. I am aware, of course, that the distinction has been criticized by

W.V. Quine, « Mr. Strawson on Logical Theory », *Mind* 62 (1953), 433-451, on the grounds (amongst other things) that the « statements » proposed here look like reified entities. I dare to hope that the historical examples themselves help to cast doubt on the validity of such a criticism. But *cf.* also the more formal defense of Strawson's theory in J. Xenakis, « Sentence and Statement », *Analysis* 16 (1955), 91-94. » On ne saurait mieux dire. En tout cas, c'est la position que je défends ici.

4. Q. Skinner, « Meaning and Understanding... », p. 38-39.

5. Rappelons, sans pousser davantage, que Foucault évoque à la fois l'exemple du roi de France et celui du paradoxe du Menteur – auquel je fais allusion dans les notes du dernier séminaire –, dans les pages consacrées à la différence entre énoncés et propositions : ceux-ci peuvent présenter des caractères énonciatifs distincts, tout en ayant « la même structure propositionnelle », alors qu'il peut y avoir « des formes propositionnelles complexes et redoublées, ou au contraire des propositions fragmentaires et inachevées, là où manifestement on a affaire à un énoncé simple, complet et autonome ». D'où les exemples du roi et du Menteur. Cf. *L'Archéologie du savoir*, p. 108 : « On connaît l'exemple "L'actuel roi de France est chauve" (qui ne peut être analysé du point de vue logique que si on reconnaît, sous les espèces d'un *énoncé unique*, *deux propositions distinctes*, susceptibles chacune d'être vraie ou fausse pour son propre compte), ou encore l'exemple d'une proposition comme "Je mens" qui ne peut avoir de vérité que dans son rapport à une assertion de niveau inférieur. Les critères qui permettent de définir l'identité d'une proposition, d'en distinguer plusieurs sous l'unité d'une formulation, de caractériser son autonomie ou sa complétude ne valent pas pour décrire *l'unité singulière d'un énoncé*. » L'allusion de Foucault aux deux propositions contenues dans l'énoncé sur le roi de France correspond à l'analyse donnée par Russell dans *On Denoting* (1905) où « The present King of France is bald » est construit sous la forme : « One and only one being has the property of being the present King of France, and that being is bald. » Sur la calvitie de *l'actuel roi de France* et celle du, désormais, *ancien président de la République*, Valéry Giscard d'Estaing, *cf.* F. Recanati, *La Transparence et l'Énonciation*, Paris, 1979, Seuil, p. 53-56. Sur le paradoxe du Menteur, *cf.*, du même, « Une solution médiévale du paradoxe du menteur et son intérêt pour la sémantique contemporaine », *in* L. Brind'Amour et E. Vance (éd.) *Archéologie du signe*, p. 251-264.

6. MARCO POLO, *Le Devisement du monde*, chapitre CLXVII – « Ci devise de Java La Mineure. »

7. Cf. *Fonction et concept,* trad. Cl. IMBERT, *in* G. FREGE, *Écrits logiques et philosophiqes*, Paris, Seuil, 1971, p. 98, note [p. 80-101 pour l'ensemble].

8. B. BOLZANO, *Wissenschaftslehre. Versuch einer ausführlichen und größtentheils neuen Darstellung der Logik mit steter Rücksicht auf deren bisherige Bearbeiter*, herausgegeben von mehren seiner Freunde, Zweiter Band, Sulzbach, 1857, Elementarlehre, § 142 (Daseynssätze), 1. Anmerk., 1837, p. 64 : « In der Beurtheilung dieser Sätze herrschet die größte Verwirrung. Kant hatte (1763) in dem einzig möglichen Beweisgrunde zu einer Demonstr. d. Das. Gottes behauptet, "daß der Begriff des Daseyns nie Prädicat, sondern nur immer Subject im Urtheile seyn könne ; daß man uneigentlich spreche, diesem Dinge komme ein Daseyn zu, statt zu sagen : Es gibt ein existirendes Ding (ein Wirkliches), dem diese und jene Beshaffenheiten zukommen". »

9 . Il existe deux éditions courantes de l'*Einzig möglicher Beweisgrund zu einer Demonstration des Daseins Gottes* (1763) : P. MENZER (éd.), *Kant's Gesammelte Schriften*, Berlin, 1912, = AK II, p. 63-163 ; W. WEISCHEDEL (éd.), *Immanuel Kant. Werke in zehn Bänden*, Darmstadt, 1968, Bd. II, p. 617-738, et trois traductions françaises. La première est de Paul FESTUGIÈRE, publiée en 1931 aux Éditions Vrin, en même temps que *Considérations sur l'optimisme* (1759), *Sur l'insuccès de tous les essais de théodicée* (1791) et *La fin de toutes choses* (1794) ; la deuxième est de Sylvain ZAC, parue en 1980, dans le premier volume des *Œuvres philosophiques* de Kant, publiées sous la direction de F. ALQUIÉ, Pléiade, p. 317-435 ; la troisième, de Robert THEIS, parue sous le titre *L'Unique argument pour une démonstration de l'existence de Dieu*, dans la collection Textes et commentaires, Paris, Vrin, 2001. Je m'appuie ici sur la traduction FESTUGIÈRE, pour son importance historique, et sur la récente et excellente traduction de R. THEIS.

10. I. KANT, *L'Unique Fondement...*, trad. fr. P. FESTUGIÈRE, p. 77. De même, *ibid.* : « Il ne faut pas dire : des hexagones réguliers existent dans la nature, mais dire : à certains objets de la nature, tels que les alvéoles des nids d'abeille ou que le cristal de roche, conviennent les attributs compris dans le concept d'hexagone » (« Nicht : regelmäßige Sechsecke existieren in der Natur, sondern : gewisse Dinge in der Natur, wie denen Bienenzellen oder dem Bergkristall kommen die Prädikate zu, die in einem Sechsecke beisammen gedacht werden »).

11. À titre de comparaison, voici la traduction du passage clef par R. Theis, *L'Unique argument possible...*, p. 99 : « Dans les cas où, dans le langage courant, le terme "existence" apparaît comme un prédicat, il s'agit moins d'un prédicat de la chose elle-même que de l'idée qu'on en a. Par exemple, l'existence (Existenz) convient à la licorne de mer, non à la licorne de terre. Ceci ne signifie rien d'autre que la représentation de la licorne de mer est un concept d'expérience, c'est-à-dire la représentation d'une chose existante. C'est aussi pourquoi, pour montrer le bien-fondé de cette proposition concernant l'existence d'une telle chose, on ne cherche pas dans le concept du sujet, car on n'y trouve que des prédicats de la possibilité, mais dans l'origine de la connaissance que j'en ai. On dit : "Je l'ai vu" ou "je l'ai appris de ceux qui l'ont vu". C'est donc s'exprimer de façon pas tout à fait correcte que de dire : "Une licorne de mer est un animal existant", mais bien au contraire en disant : « À un certain animal marin existant conviennent les prédicats que je pense comme réunis dans une licorne de mer. »

12. Sur la théorie du « jugement double », *Doppelurteil*, chez Brentano et Anton Marty, *cf.* K. Mulligan, « Judgings : their Parts and Counterparts », in *La Scuola di Brentano*, Dordrecht, Kluwer, 1989, p. 117-148 [Supplement zu *Topoi* 6.1 (1986)] ; P. Simons, « Judging correctly : Brentano and the reform of elementary logic », *in* D. Jacquette (éd.), *The Cambridge Companion to Brentano*, Cambridge, CUP, 2004, p. 45-65 ; J.-C. Gens, « La doctrine du jugement correct dans la philosophie de F. Brentano », *Revue de métaphysique et de morale*, 101e année, n° 3, *Le Jugement* (juillet-septembre 1996), p. 361-381 ; L. Cesalli, « Anton Martys philosophische Stellung in der Österreichischen Tradition », *Brentano Studien*, 12 (2009), p. 121-181.

13. *Cf.* M. Heidegger, *Die Grundprobleme der Phänomenologie*, éd. F.-W. von Hermann, Francfort, Vittorio Klostermann, 1975, GA 24, p. p. 55-56 ; *Les Problèmes fondamentaux de la phénoménologie*, trad. fr. J.-F. Courtine, Paris, Gallimard, 1985, p. 63.

14. Le *Dasein* dont parle ici Heidegger est évidemment le *Daseyn* au sens de Kant, c'est-à-dire ce que les *Problèmes fondamentaux de la phénoménologie* définissent comme l'existence au sens de l'*existentia* latine, et non pas de l'*Existenz* caractérisant le *Dasein* au sens heideggérien du terme. Sur la différence entre l'Existenz comme mode d'être du *Dasein* que nous sommes, et l'*existentia*, assimilée à la *Vorhandenheit*, cf. *Sein und Zeit*, GA2, p. 56-57, et les textes analysés dans le cours du 3 avril 2014.

15. Autrement dit : « *Le narval existe* » porte, selon Kant, sur le statut du concept de narval, en l'occurrence qu'il n'est pas un concept vide !

16. *Cf.* F. NEF, *Qu'est-ce que la métaphysique ?*, Paris, Gallimard : « Dire que la lune existe c'est dire que *son concept a une extension non vide* [en ce sens c'est bien "nier le nombre zéro", c'est-à-dire l'extension nulle, la classe vide] », qui renvoie à G. FREGE, *Fondements de l'arithmétique*, trad. fr., 1965, p. 180-181 : « Quand je parle de propriétés qui sont dites d'un concept, je n'entends pas évidemment les caractères qui composent le concept. Ceux-ci sont des propriétés des choses qui tombent sous le concept, non du concept lui-même [...]. À cet égard l'existence a quelque analogie avec le nombre. Affirmer l'existence ce n'est rien d'autre que nier le nombre zéro. *L'existence étant une propriété du concept*, la preuve ontologique de l'existence de Dieu n'atteint pas son but. Mais l'unicité pas plus que l'existence n'est un caractère du concept "Dieu". »

17. Nous avons la chance de disposer du journal intime de la Chimère, qui relate par le menu tout ce que les philosophes lui ont fait subir. Nous y renvoyons le lecteur. *Cf.*, donc, S. EBBESEN, « The Chimera's Diary – Edited by Sten Ebbesen », *in* S. KNUUTTILA & J. HINTIKKA (éd.), *The Logic of Being*, Dordrecht, Reidel, 1986, p. 115-143 (REPRIS dans S. EBBESEN, *Greek-Latin Philosophical Interaction. Collected Essays of Sten Ebbesen*, vol. 1, Aldershot – Burlington, Ashgate, 2008, p. 35-57.

18. Je m'appuie ici sur PIERRE ABÉLARD *(Petrus Abaelardus)*, *Dialectica*. First complete Edition of the Parisian Manuscript with an Introduction by L.M. DE RIJK, 2nd, revised edition, Assen, Van Gorcum (Wijsgerige teksten en studies, 1), 1970.

19. Plus sérieusement, dans son « Introduction », L.M. DE RIJK fait l'hypothèse que « Magister V. » – autrement dit, aussi bien : « U » – désigne un certain « Ulgerius », un des maîtres de l'école d'Angers (successeur, et un temps assistant de Geoffroy Babio). Maître V. est donc pour lui Ulger d'Angers, *Ulgerius Andegavensis*, et non pas Guillaume de Champeaux, désigné par « Magister W. » *Cf.* L.M. DE RIJK, « Introduction », p. XX : « I think that we may read in the *Dialectica* for the abbreviation Mag. V.: "Magister Ulgerius"; certainly it is wrong to take it, with Cousin, for "Magister Willelmus" (Campellensis), the name of this logician being abbreviated in our MS. as Mag. W [*Dialectica*, p. 541, 32]. Moreover, the theory of signification attributed (Dial. I, 112, 25-29) to Mag. V. does not fit in with William's ultra-realistic views. » Je ne partage pas cette vue, et

souscrit à l'attribution de Victor Cousin. L'argument de la « théorie de la signification », appuyé, à l'époque (1956), par De Rijk sur le seul témoignage de la *Geschichte der Logik im Abendlande* de Carl Prantl, t. II, Leipzig, 1861, p. 124, n. 83), était réfuté dès 1969 par J. Jolivet dans *Arts du langage et théologie chez Abélard*, Paris, Vrin (Études de philosophie médiévale), 1969 [^{3}2000], p. 66, n. 22, puis, sur la base de l'étude et de l'édition de manuscrits inédits contenant des commentaires sur Porphyre (listés « P »), les *Catégories* (« C ») ou le *Peri hermeneias* (« H »), par Y. Iwakuma, « Pierre Abélard et Guillaume de Champeaux dans les premières années du XIIe siècle : Une étude préliminaire », *in* J. Biard (éd.), *Langage, sciences, philosophie au* XIIe *siècle*, Paris, Vrin (Sic et Non), 1999, p. 102-103, n. 2 [p. 92-123]. Ensuite, et surtout, les passages auxquels Abélard fait allusion ont été trouvés depuis dans les manuscrits de commentaires anonymes susceptibles d'être attribués avec un bon degré de plausibilité à Guillaume de Champeaux. C'est le cas, notamment, du commentaire sur le *Peri hermeneias*, dit « H 9 », éd. Iwakuma, « Pierre Abélard et Guillaume... », p. 113, qui contient le passage sur Homère. De J. Jolivet, voir également, « Données sur Guillaume de Champeaux », repris dans *Perspectives médiévales et arabes*, Paris, Vrin (Études de philosophie médiévale, 89), 2006, p. 71-83, qui permet de mesurer les progrès accomplis ces dernières années dans la découverte et l'étude des œuvres de Guillaume, pour la réhabilitation duquel plaidait J. Jolivet. Sur les commentaires anonymes (« P », « C » et « H »), *cf.* J. Marenbon, *Medieval Latin commentaries and Glosses on Aristotelian Logical Texts, before ca. 1150 A.D., in* Ch. Burnett (éd.), *Commentaries and Glosses on Aristotelian Logical Texts : the Syriac, Arabic and Medieval Latin Traditions*, Londres (Warburg Institute Surveys and Texts, 23), 1993, p. 77-127, repris et actualisé dans J. Marenbon, *Aristotelian Logic, Platonism, and the Context of Early Medieval Philosophy in the West*, Aldershot, Ashgate *(Variorum)*, 2000.

20. Pierre Abélard, *Dialectica*, éd. De Rijk, p. 168, 11-17 : « Magister autem noster V. accidentalem praedicationem secundum figuratiuam atque impropriam locutionem totius enuntiationis accipiebat ; impropriam autem locutionem eam dicebat cuius uerba aliud sententia proponunt quam in uoce uideant<ur> habere ; ueluti cum Homero iam mortuo dicitur : 'Homerus est poeta', ac si diceretur : 'Homeri opus existit quod ex officio poetae composuit'. Operi itaque Homeri esse attribuitur, quando Homero aliquid. »

21. Pierre Abélard, *ibid.*, p. 168, 30-34 : « De carmine autem Homeri potius quam de homine ipso, quem iam defunctum esse

uolebat, suprapositam enuntiationem Magister noster intelligebat, eo scilicet quod ipsum esse simpliciter Aristoteles negare uideretur, quod nequaquam faceret, si uiueret. Ait enim Aristoteles : "ut 'Homerus est aliquid, ut poeta', ergo etiam est, <an> non ?" »

22. Pierre Abélard, *ibid.*, p. 168, 17-21 : « Sic quoque et cum tyranno aliquo defuncto filiis eius superstitibus patrisque tyrannidem exercentibus solemus dicere quod tyrannus ille adhuc uiuat in filiis suis, non in sensu tyranno aliquid attribuimus, sicut constructionis uerba habere uidentur, sed magis illis quos genuit. » La thèse de Guillaume de Champeaux a eu une formidable postérité. Parmi les usages décapants du lieu commun nécrologique, « un écrivain vit dans ses œuvres », on savourera cette page de Trotsky, dans « À propos de la philosophie du surhomme », daté du 23 décembre 1900 : « S'il faut dire "du bien" des morts, ou n'en rien dire du tout, dans ce cas il est préférable d'observer un silence éloquent plutôt que d'obscurcir la signification sociale du disparu par un flot de louanges onctueuses dépourvues de sens. Nous pouvons et nous devons avoir une attitude impartiale envers les personnes de nos ennemis sociaux, en accordant – si cela se trouve – le tribut qui est dû à leur sincérité et à leurs diverses vertus individuelles. Mais *un ennemi – qu'il soit sincère ou pas, vivant ou mort – reste un ennemi, en particulier un écrivain qui vit dans ses œuvres, même après sa mort*. En nous taisant, nous commettons un crime social : "Ne pas s'opposer activement, a dit un célèbre penseur russe, c'est soutenir passivement." On ne doit pas l'oublier, même devant la tragédie de la mort. Ces réflexions nous ont incité à consacrer quelques mots au philosophe Frédéric Nietzsche, mort récemment, et en particulier aux aspects de sa doctrine qui concernent ses conceptions et ses jugements sur la société, ses sympathies et ses antipathies, sa critique sociale, et son idéal de société. » Je laisse la suite aux amants des textes rares, en rappelant que l'article, signé « Antide Oto » (autrement dit : *Antidoto*, en italien), paru dans *Vostotchnoïé Obozriéné* (*La Revue de l'Orient*) d'Irkoutsk, numéros 284, 286, 287, 289 des 22, 24, 25 et 30 décembre 1900, est repris dans L. Trotsky, *Sotchiniénia*, t. XX : *Koultoura starogo mira* (*La Culture de l'ancien monde*), Moscou-Leningrad, Éd. d'État, 1926, et plus facilement accessible sur www.marxists.org.

23. Pierre Abélard, *Dialectica*, *ibid.*, p. 136, 27-32 : « Nec ullum poematis nomen de quo agimus, in enuntiatione continetur. Aut fortasse in eo quoque impropria dici potest constructio quod *'Homerus', qui recti casus uocem habet, in significatione obliqui utimur, cum*

poema Homeri existere dicimus, ac poetae nomen ad poematis nominationem secundum resolutionem sensus non conuenienter reducitur. »

24. ARISTOTE, *De Int.* 9, 21a32-33 : τὸ δὲ μὴ ὄν, ὅτι δοξαστόν, οὐκ ἀληθὲς εἰπεῖν ὄν τι· δόξα γὰρ αὐτοῦ οὐκ ἔστιν ὅτι ἔστιν, ἀλλ' ὅτι οὐκ ἔστιν.

25. *Dialectica*, éd. DE RIJK, p. 168, 21-25. Quelques pages plus haut, dans un passage attribué à son maître, dont dit-il, « il veut défendre la doctrine », Abélard rapporte la même thèse, dans la même formulation. Cf. *Dialectica*, p. 136, 32-36 : « Sic quoque et 'chimaera est opinabilis' in eo figurativa atque impropria locutio dicitur, quod aliud verba quam videatur in voce, proponant in sensu ; non enim chimaerae, quae non est, aliqua proprietas per 'opinabile' datur sed magis animae alicuìus opinio de ipsa attribuitur, ac si ita dice(re)mus : 'anima alicuius opinionem habet de chimaera'. » Curieusement, annotant, la phrase, p. 135, 28-32 : « Nostri vero sententia Magistri non secundum verbum accidentalem dicebat praedicationem, sed secundum totius constructionis figurativam atque impropriam locutionem, quae tota ad alium sensum explicandum composita est quam verba videantur habere », L.M. DE RIJK, p. 135, n. 3, renvoie « nostri Magistri » à *Willelmi Campallensis*, et non pas, comme précédemment, à Ulger d'Angers !

26. Voir J.A. FODOR, « Propositional Attitudes », in *Representations. Philosophical Essays on the Foundations of Cognitive Science*, Brighton, Harvester Press, 1981, p. 180. D. Moran développe ainsi la critique fodorienne de l' *'adverbial view'*, *cf.* D. MORAN, « The Inaugural Address : Brentano's Thesis », *Proceedings of the Aristotelian Society, Supplementary Volumes*, vol. 70 (1996), p. 9-10 : « If *'seeing a unicorn'* differed from *'seeing a dragon'* in that they were actually two entirely different acts *('seeing-unicornly' and 'seeing-dragonly'),* then there is no way we could ever learn the meaning of *'seeing'* and, as Fodor elegantly puts it, the word *'seeing'* would be as accidental to the nature of the act, as the occurrence of the word *'dog'* in *'dogmatic'*. »

27. *Cf.* C.J. DUCASSE, « Moore's Refutation of Idealism », *in* P.A. SCHILPP (éd.), *The Philosophy of G.E. Moore*, La Salle (Illinois), Open Court, 1968, p. 232-233 [225-251].

28. Ch. DE RÉMUSAT, *Abélard*, Livre II, *De la philosophie d'Abélard*, chap. III. *De la logique d'Abélard. – Dialectica, I*[re] *partie, ou Des catégories et De l'interprétation*, Paris, Ladrange, t. I, 1845, p. 388-389. Dans la note 1, p. 389, l'auteur précise : « *Chimaera est opinabilis* (p. 192). *Opinabilis* vaut mieux que *concevable*, l'*opinatio* (δόξα) étant

précisément la pensée à son moindre degré, la pensée de ce qui n'est pas. (ARIST., *Hermen.*, XI ; BOET., *De Interp.*, p. 423.) Au reste, cet exemple de la chimère, la question de savoir comment on pouvait concevoir ou nommer le chimérique, le centaure, l'*hirco-cervus* (Τραγέλαφος. *Hermen.*, I, 1), occupait beaucoup les scolastiques. Voyez sur *chimaera intelligitur* le c. VII.]. »

29. J. MARENBON, « Abélard, la prédication et le verbe *être* », *in* J. BIARD (éd.), *Langage, sciences, philosophie...*, p. 199-215.

30. I. ROSIER-CATACH, « La notion de *translatio*, le principe de compositionalité, et l'analyse de la prédication accidentelle chez Abélard », *in* J. BIARD (éd.), *Langage, sciences, philosophie...*, p. 125-164.

31. *Cf.* W. & M. KNEALE, *The Development of Logic*, Oxford, Clarendon Press-OUP, 1962, p. 207 : « When the verb *est* occurs *tertium adiacens*, as in the proposition *Socrates est homo*, it is merely a link between two explicitly formulated terms. But it can also occur *appositum subiecto* and without any explicit predicate, as in *Socrates est*, and then it is to be understood as an abbreviation for the phrase *est ens*. This account of the two uses of the verb *est* implies, of course, that when the verb occurs as a mere *copula* it does not involve a predication of existence. For as Abelard saw, if it did, *Socrates est ens* could be expanded again to *Socrates est ens ens* and so on *ad infinitum*, and *Chimaera est opinabilis* (where *opinabilis* means 'imaginary') would be plainly false. But in its original use the verb was applied only to existing things, and so there was no difficulty. When it occurs in a proposition such as *Chimaera est opinabilis*, we have a *locutio* which is *impropria* in the same sort of way as a phrase containing *oppositio in adiecto*. For just as use of the phrase 'dead man' may suggest incorrectly that we are talking about a man of a certain kind, so use of the proposition *Chimaera est opinabilis* may suggest incorrectly that we are committed to the truth of the proposition *Chimaera est*. In either case the trouble arises from trying to take separately words which are not intended to be taken so. According to Abelard it was the view of one of his masters (possibly William of Champeaux) that *Chimaera est opinabilis* was a *figurativa atque impropria locutio* because its construction suggested the attribution of a property to a nonexistent chimaera when the real sense to be conveyed was that given by the more complex proposition *Anima alicuius opinionem habet de chimaera*. Abelard does not entirely reject this account of the matter, but he says that we can solve the problem more simply by making clear that the copula is never to be understood as a sign of existence. »

32. L.M. De Rijk, *Giraldus Odonis O.F.M. Opera philosophica,* vol. II, chap. 1, « A Study of the Medieval Intentionality Debate up to ca 1350. Preliminary Matters », Leyde, Brill, 2005, p. 29, n. 20 : « Incidentally, when in his later works [...], Brentano decided to give up a relational analysis of intentionality, defending instead the view that sentences such as 'John is cognizing a horse' should be rephrased in a non-relational form : 'John is a horse-thinker' (in which the 'object' added functions as an internal object merely specifying the act), Brentano did not realize that this interpretation is found as early as in Peter Abelard. »

33. Sur l'adverbialisme, la discussion de pointe est menée par U. Kriegel, « Intentional Inexistence and Phenomenal Intentionality », *Philosophical Perspectives,* 21 (2001), p. 307-340, et *The Sources of Intentionality*, Oxford, OUP, 2011. Le médiéviste consultera avec profit, J. Haldane, « Intentionality and One-sided Relations », *Ratio*, 9 (1966), p. 95-114 et « Brentano's Problem », *Grazer Philosophische Studien*, 35 (1989), p. 1-32 ainsi que, du même, « Aquinas on Sense-Perception », *Philosophical Review*, 92 (1983), p 233-239. Pour d'autres références, je me permets de renvoyer à A. de Libera, « Le direct et l'oblique : sur quelques aspects antiques et médiévaux de la théorie brentanienne des relatifs », *in* A. Reboul (éd.), *Philosophical Papers dedicated to Kevin Mulligan*, Genève 2011, www.philosophie.ch/kevin/festschrift, repris dans A. Reboul (éd.), *Mind, Values and Metaphysics. Philosophical Essays in Honor of Kevin Mulligan*, vol. I, Heidelberg-New York-Dordrecht-London, Springer, 2014, p. 317-347.

34. Brentano n'avait qu'à ouvrir les *Ouvrages inédits* d'Abélard pour trouver l'esquisse de la théorie adverbiale du jugement. Les passages qui nous intéressent se lisent en effet, pour la chimère, p. 192 (« Sic autem et *chimaera est opinabilis* figurative intelligitur, cum non forma aliqua chimæræ, quae non est, attribuitur, sed potius opinio animae alicujus opinantis chimæram »), pour Homère et la chimère, p. 223-224, pour le tyran et ses fils, p. 224, pour Homère et la chimère, derechef, p. 225, notamment le passage clef : « Sic quoque et *chimæra est opinabilis* in eo figurativa atque impropria locutio dicitur, quod alia verba quam quae videantur in voce, proponant in sensu ; *non* enim *chimaerae, quae non est, aliqua proprietas per opinabile datur*, sed magis animae alicujus opinio de ipsa attribuitur, ac si ita diceremus *: anima alicujus opinionem habet de chimæra*. » Je n'ai pas jusqu'ici trouvé d'allusion à ces passages dans l'œuvre de Brentano. Sa présentation d'Abélard dans la *Geschichte der mittelalterlichen Philosophie im christlichen Abendland* (1870), articulée sur sa

propre « théorie des quatre stades » (exposée p. 1 *sq.*, Abélard appartenant à la phase dite de l'*Entwicklung zum Höhepunkt*), montre en revanche qu'il a lu Cousin et les *Ouvrages inédits*, voire les *Opera* – en tout cas les « historiens français récents », qui comptent Abélard au nombre de « ce qu'ils appellent les Conceptualistes » – et souligne qu'il y a de quoi rapprocher Abélard (certes à des degrés divers, et sur un corpus trop réduit) des trois positions aux prises dans la querelle des universaux. *Cf.* F. BRENTANO. *Geschichte der mittelalterlichen Philosophie...,* aus dem Nachlaß herausgegeben und eingeleitet v. K. HEDWIG, Hamburg, F. Meiner (Philosophische Bibliothek, 323), 1980, p. 24 : « 1. *Neuere französiche Historiker rechnen Abaelard zu den von ihnen so genannten* KONZEPTUALISTEN ; das ist zu jenen, welche sagten, das Universale *sei in intellectibus*. Aber vielleicht mit Unrecht ; Unsicherheit wegen des Mangels an Einsicht in die Quellen. 2. Nach Johannes von Salisbury und den *Glossulae super Porphyrium* sagte er, nicht das Wort als solches, das ist der Laut, die Stimme, sondern das Wort, insofern es Zeichen irgendeines Gedankens sei, die Bedeutung, die sich an den Namen knüpfe, sei das einzige wahre Universale : die *universalia* seien nicht *voces*, sondern *sermones*. 3. Der Ausdruck [stammt] von Boethius [...]. Hiernach würde er nicht minder als ROSCELIN der wohl auch nichts anderes gemeint haben wird, dem Universale alle Realität abgesprochen haben. Freilich haben wir andere Aussprüche, die mehr an den REALISMUS anklingen. Wie er aber auch immer mit Vermeidung der äußersten Extreme dem gemäßigten Realismus sich genähert haben mag, den klaren, genauen Ausdruck hat er nicht gefunden, und darum wohl auch nicht klar die richtige Lehre erfaßt. » L'allusion aux *Glossulae super Porphyrium*, et surtout à la distinction *sermo-vox* (mot vs. son vocal ou voix) montre que Brentano connaît la théorie exposée dans la *Logica Nostrorum Petitioni Sociorum* (le titre sous lequel Geyer a édité les *Glossulae super Porphyrium* ou « Gloses de Lunel »). *Cf.* P. ABAELARDI *Logica Nostrorum Petitioni Sociorum*, éd. B. GEYER, *Beiträge*, Band XXI, Heft 4, Münster, Aschendorff, 1919, p. 522, trad. J. JOLIVET, *Abélard ou la Philosophie dans le langage*, Paris, Cerf (Vestigia), 1994, p. 138-139 (modifiée) : « Il est une autre théorie des universaux qui s'accorde mieux avec la raison ; elle n'attribue la communauté ni aux choses *(res)* ni aux sons vocaux *(voces)* : selon ses tenants ce sont les mots *(sermones)* qui sont singuliers ou universels. Cela est clairement suggéré par Aristote, le prince des péripatéticiens, quand il dit en définissant l'universel : "L'universel est ce qui, par nature, s'attribue à plusieurs sujets" ; c'est-à-dire qu'il tient cela de son origine *(nativitas)*, qui est une institution. Qu'est-ce d'autre en effet, l'origine des mots ou noms, sinon une institution humaine ? Car ce qu'est le nom, ou le mot, il le tient de l'institution des hommes. Mais qu'est-ce d'autre, l'origine d'un son ou d'une chose, sinon une création de la nature, puisque le propre d'une chose ou d'un son consiste en la seule opération de la nature ? Il faut donc distinguer l'origine du son et celle du terme, bien qu'ils soient entièrement identiques quant à l'existence [...]. Nous disons donc que les mots sont universels parce qu'ils tiennent de leur origine, qui est une institution humaine, le fait qu'ils sont prédicats de plusieurs sujets ; mais les sons vocaux ou les choses ne sont nullement universels, bien qu'évidemment tous les mots soient des sons. Car si une chose était prédicat d'une pluralité de sujets elle se retrouverait identique en cette pluralité. »

35. *Cf.* A. Chrudzimski & B. Smith, « Brentano's Ontology : from Conceptualism to Reism », *in* D. Jacquette (éd.), *The Cambridge Companion to Brentano*, p. 197-219.

36. *Cf.* F. Brentano, *Psychologie vom empirischen Standpunkt*, Bd. II, *Anhang. Neue Abhandlungen aus dem Nachlasse*, Ab. XVI, *Über das Sein im uneigentlichen Sinne, abstrakte Namen und Verstandesdinge. Diktat vom 30. Januar 1917*, Hambourg, Felix Meiner, 1924, p. 234-235 ; trad. fr. *Psychologie du point de vue empirique, Nouveaux traités tirés du Nachlaß (Appendice de 1924)*, App. XVI, *Sur l'être au sens impropre, les termes abstraits et les* entia rationis. *Dictée du 30 janvier 1917*, § 3, p. 354-355. On consultera aussi l'excellente traduction anglaise : *Psychology from an empirical point of view*, English ed. by Linda L. Mcalister with a New Introduction by P. Simons. Transl. by A.C. Rancurello, D.B. Terrell & L.L. McAlister, Londres, Routledge, 1973, ici, p. 263.

37. Sur les états de choses dans la philosophie médiévale, *cf.* L. Cesalli, *Le réalisme propositionnel. Sémantique et ontologie des propositions chez Jean Duns Scot, Gauthier Burley, Richard Brinkley et Jean Wyclif*, Paris, Vrin (Sic et Non), 2007.

38. C'est également le but de l'Appendice IX, des *Remarques complémentaires (Appendice de 1911)* : *Des objets vrais et des objets fictifs*, p. 302-311, qui contient une critique drastique des « objectifs » de Meinong, sur laquelle je reviendrai l'an prochain. *Cf.* F. Brentano, *Psychologie...*, Bd. II, *Anhang, Nachträgliche Bemerkungen zur Erläuterung und Verteidigung, wie zur Berichtigung und Weiterführung der Lehre (1911)*. Ab. IX. *Von den wahren und fiktiven Objekten*, p. 158-172.

39. F. Brentano, *Psychologie...*, Bd. II, Ab. XVI, p. 235 : « So kann man vielleicht sagen, dem Satz "daß ein Ding ist, ist wahr", sei der Satz "ein Ding ist" äquivalent, und dem Satz "daß ein Zentaure sei, ist falsch" sei der Satz "einen Zentauren gibt es nicht" äquivalent. Doch zieht vielleicht einer vor zu sagen, der äquivalente Satz sei "jeder einen Zentauren Anerkennende ist ein fälschlich Anerkennender", "der einen Zentauren Anerkennende" und "der etwas fälschlich Urteilende" sind aber Namen für Dinge » ; trad. fr. p. 355 ; trad. angl. *Psychology...*, p. 263 : « ... for the proposition, "That a thing exists, is true," there is the equivalent proposition, "A thing exists," and for the proposition, "That centaurs exist, is false," the equivalent proposition, "There are no centaurs." But if someone prefers to say that "Everyone who affirms a centaur is someone affirming falsely," is the equivalent proposition, "the person affirming a centaur" and "the person judging something falsely" are names of things. »

40. La traduction anglaise est la plus élégante, cf. *Psychology...*, p. 263 : « Someone affirming something thought-of as being thought-of is really affirming someone who is thinking of it. »

41. Sur ce point, *cf.* A. Rojszczak (†), *From the Act of Judging to the Sentence. The Problem of Truth Bearers from Bolzano to Tarski*, ed. by J. Wolenski, chap. vi (Reism), Dordrecht, Springer, 2005, p. 105-106.

42. F. Brentano, *Psychologie...*, Ab. IX. *Von den wahren und fiktiven Objekten*, p. 162 ; App. IX. *Des objets vrais et des objets fictifs*, p. 305.

DAVID SIMONETTA

L'ARCHIVE DE L'ARCHÉOLOGIE DU SAVOIR LES SOURCES ANGLOPHONES (POSITIVISME LOGIQUE, LOGIQUE, PHILOSOPHIE ANALYTIQUE)

Phrases, *propositions*, *énoncés*. On sait que cette triple distinction se trouve au cœur de l'*Archéologie du Savoir* de Michel Foucault[1]. On la trouve également, et d'abord, à l'intérieur de la philosophie du langage anglophone de cette époque. Toutefois, on ne pouvait jusqu'à présent que conjecturer l'influence qu'avait eue cette littérature sur le livre de Foucault. Cette conjecture était certes renforcée par la mention d'un quatrième terme de la distinction : celui de *speech act*, que Foucault décide de laisser en anglais, indiquant ainsi « anglais » (pour l'essentiel Austin et Searle)[2] ; toutefois, on n'osait formuler cette conjecture qu'avec prudence tant on sait, d'une part, à quel point ces débats en langue anglaise étaient encore mal connus en France, et, d'autre part, la répugnance de Foucault, tout particulièrement dans *L'Archéologie du savoir*, à reconnaître ses influences, à nommer ses adversaires, à livrer ses propres archives.

La séance du 19 juin du présent séminaire évoque la théorie de la fonction énonciative dans l'*Archéologie du savoir*, en tant

1. Voir en particulier le chapitre 1 de la IIIe partie : « Définir l'énoncé », *in* M. FOUCAULT, *L'Archéologie du savoir*, Paris, Gallimard (Tel), 1969, p. 109-120.

2. En ce qui concerne cette distinction entre énoncé et *speech act*, Jocelyn BENOIST, dans un article récent, a tenté de réinscrire la réflexion de Foucault dans le contexte des débats de la philosophie du langage anglo-saxonne. Voir « Des actes de langage à l'inventaire des énoncés », *Archives de philosophie*, 2016/1, t. 79.

qu'elle engage une distinction technique (« de pure philosophie ») entre *énoncé* et *proposition*, du point de vue de leur référence. Foucault affirme qu'on ne peut traiter de l'énoncé et de son corrélat (« ce dont il parle », son objet discursif) avec les outils dont se servent les logiciens pour traiter de la proposition et de son référent. Cette question est appuyée sur l'analyse d'un exemple topique, celui de la Montagne d'Or (à l'intérieur d'énoncés comme « la Montagne d'Or est en Californie »).

La distinction de Foucault entre *énoncé* et *proposition* est rappelée par Alain de Libera ici même, p. 210, et au début de la séance du 26 juin. Elle est alors mise en parallèle avec celle de Peter Strawson dans son article de 1950, « On Referring », entre *statement* et *sentence*. Alain de Libera rappelle que cette dernière distinction strawsonienne a été reprise et défendue vingt ans plus tard par Quentin Skinner, qui en a souligné – malgré les critiques de Quine – la fécondité méthodologique pour l'historien de la philosophie (cf. *supra,* p. 222 : « La *sentence*, prise en dehors des *statements* que divers agents ont faits avec elle, n'est pas un objet d'étude pour l'historien. »). Ainsi, sur la seule foi des ressemblances textuelles, la réflexion de Foucault se trouve inscrite à l'intérieur du cadre large des débats anglais sur la philosophie du langage.

L'acquisition en 2013 du fonds Foucault par la Bibliothèque nationale de France vient apporter une lumière décisive sur le rapport de *l'Archéologie du savoir* à la philosophie anglophone de son époque (positivisme logique, logique, philosophie « analytique »). Les fiches de lecture des années 1966-1968 qu'on y trouve apportent en effet une confirmation directe de ce que l'on savait jusqu'alors indirectement, sur la foi de témoins ayant rendu visite à Foucault au cours de son exil tunisien, à savoir qu'il avait alors acquis une connaissance non pas superficielle et vague, mais extraordinairement précise et documentée de cette littérature. Rappelons d'abord les éléments connus : on savait que Foucault était venu s'installer pour deux ans (détachement de trois ans, écourté d'une année à cause des troubles politiques) en Tunisie sur l'invitation de Gérard Deledalle, qui avait créé, en 1963, à Tunis la licence de philosophie. On savait en outre que celui-ci était alors un des rares grands connaisseurs français du pragmatisme et de la philosophie du langage en langue anglaise, qu'il a mis à la disposition de Foucault sa vaste bibliothèque et qu'il eut avec lui des conversations régulières sur ce sujet (Deledalle achevait alors sa traduction de la *Logique* de John Dewey, dont il communiqua les épreuves à Foucault). On savait enfin, par quelques fragments de lettres cités par Daniel Defert dans sa chronologie qui ouvre le tome I des *Dits et écrits*, l'importance de ces lectures anglophones pour le travail préparatoire de *L'Archéologie du savoir*[3]. Ce que nous apporte aujourd'hui l'ouverture du fonds Foucault, c'est un aperçu précis de ces lectures. Nous proposons ci-dessous une description rapide de l'ensemble du contenu de la boîte XLVIII, en soulignant, le cas échéant, les éléments permettant de fonder les comparaisons faites par Alain de Libera dans son séminaire (à propos de l'exemple de la « Montagne d'Or », d'une part, et de la distinction entre phrase, proposition et énoncé, d'autre part).

[I] La première enveloppe est essentiellement consacrée à des lectures allemandes : Hegel et les hégéliens, Feuerbach, Marx, Viktor von Weizsäcker, etc. Mais elle contient, en outre, une chemise consacrée au positivisme logique. Foucault a visiblement lu de près certains textes d'Alfred Jules Ayer (*Language, Truth and Logic* de 1936 et son introduction au collectif *Logical Positivism* de 1959), qui lui servent de porte d'entrée pour aborder les œuvres de Schlick, Carnap, Neurath, Wittgenstein, etc., ainsi que certaines questions transversales (les notions de proposition atomique, d'énoncé protocolaire etc., auxquelles Foucault consacre plusieurs fiches).

[II] La seconde enveloppe, plus fournie, contient des fiches portant sur la logique, la linguistique, la philosophie analytique. On y trouve :

3. « J'ai suspendu toute écriture pour regarder d'un peu près Wittgenstein et les analystes anglais », écrit-il à Defert dans une lettre d'avril 1967. Il ajoute, à propos de ces analystes anglais : « Style et niveau d'analyse que je cherchais cet hiver en pataugeant ». Cf. *Dits et écrits* I, 1954-1988, Paris, Gallimard (Quarto), 2001, p. 40.

1° Une première chemise intitulée « Meaning »[4].

2° Une seconde consacrée à Russell : soit à ses propres ouvrages[5], soit à des commentaires de problèmes russelliens[6]. Dans ce second cas, il arrive que Foucault se serve de littérature secondaire (Christensen, Ayer, Charlesworth, Strawson, Ryle...). Il existe notamment une fiche intitulée « La théorie des descriptions chez Russell (*Principia Mathematica*, vol I. Introd., chap. III) », qui contient explicitement une référence à la « Montagne d'Or ». Vérification faite, il s'avère que le contenu correspond à une note rédigée par Joseph Ohana, dans sa traduction française de l'ouvrage d'A.J. Ayer, *Langage, vérité et logique,* qui était paru en 1956. La voici :

> La théorie des descriptions de Russell, exposée dans les *Principia Mathematica* (vol. I, Introd., chap. III), et reproduite plusieurs fois depuis sous une forme simplifiée, est considérée par l'école analytique comme un modèle du genre. Elle a été conçue par Russell pour résoudre des difficultés linguistiques où interviennent des locutions du genre de « la Montagne d'Or », le « présent roi de France ». Si je dis « la Montagne d'Or n'existe pas » et si l'on me demande : « Qu'est-ce qui n'existe pas ? »... il semble que, si je réponds que « c'est la Montagne d'Or », j'attribue une sorte d'existence à la Montagne d'Or. Il faut donc supprimer la locution responsable de cette illusion. On dira en langage symbolique : « Il

4. Elle contient une fiche de bibliographie, cinq fiches sur « The theory of meaning » (1957) de Ryle, une sur « The meaning of a word » (1940) de Austin, deux sur Quine (« The problem of Meaning in Linguistics »), une sur *La Sémantique* (1964) de Pierre Guiraud, sept sur *On the Nature of Meanings, a Philosophical Analysis* (1961) de Niels Christensen, deux sur *Langage, vérité et logique* de Ayer, deux sur l'article « On likeness of meaning » (1949) de Nelson Goodman, une sur P. Nowell Smith (« Fugitive propositions », 1950), une sur Ryle (« Ordinary Language », 1953), deux sur H. Putnam (« Dreaming and Depth Grammar », 1962).

5. Les conférences de 1940 : *An Inquiry into Meaning and Truth*, que Foucault cite dans leur traduction française, *Signification et vérité*, parue en 1959 ; *The Philosophy of Logical Atomism.*

6. Citons les titres de certaines de ces fiches : « La forme logique des propositions », « Vrai, faux et *meaningless* selon Russell », « Le menteur et la théorie russellienne des types », « Les antinomies et la théorie des types », « La théories des descriptions chez Russell », « Les descriptions définies », « L'analyse de l'existence », etc.

n'y a pas d'entité *c*, telle que *x* est d'or et montagneux est vrai, lorsque *x* est *c*, mais non autrement... » D'après cette théorie, l'existence ne peut être affirmée que des descriptions : nous pouvons dire : « L'auteur de Waverley existe », mais dire « Scot existe », c'est de la mauvaise grammaire ou plutôt de la mauvaise syntaxe » (Russell disait dans d'autres écrits : « est dépourvu de sens ». *History of Western Philosophy*, London, 1948, p. 859-860) [7].

3° Dans une troisième chemise de feuilles volantes, on trouve notamment une fiche intitulée « propositions et sentence », écrite à partir de l'article de John Searle « What is a Speech Act ? » [8]. Foucault s'intéresse à la distinction établie par Searle, dans la troisième partie de son article, entre le niveau de la *proposition* et celui de l'*acte illocutoire* – qui forme des phrases *(sentences)* différentes à partir d'un même contenu propositionnel. On trouve également une chemise de 6 fiches consacrées à la notion d'« *Avowal* » (aveu) [9], une chemise consacrée à Firth, une aux noms propres, une à la sémiotique de Charles Morris, ainsi que 2 fiches sur la notion de *speech act* chez Searle.

[III] La troisième enveloppe contient (parmi d'autres, consacrées à la théorie littéraire ou au formalisme russe) une chemise intitulée « philosophie analytique ». On y trouve 2 longues fiches bibliographiques, puis de nombreuses fiches consacrées généralement à l'« analyse » (son sens, ses différences

7. A.J. Ayer, *Langage, vérité et logique*, traduction et introduction par J. Ohana, Paris, Flammarion, 1956, note (a) p. 81-82. La fiche de Foucault est plus succincte, en voici le contenu : « Elle a été conçue par Russel *(sic)* pour résoudre les difficultés linguistiques propres à des locutions du genre « la montagne d'or n'existe pas », « l'actuel roi de France ». La théorie de Russel *(sic)* permet d'établir que « la montagne d'or n'existe pas » a pour synonyme = « Il n'y a pas d'entité C, telle que « x est d'or et montagneuse » soit vrai lorsque x est C ». D'après la théorie de Russell, on ne peut affirmer l'existence que de description : « L'auteur de Waverley existe. » La prop. « Scot existe » est de la mauvaise syntaxe. »

8. Dans M. Black (éd.), *Philosophy in America*, Londres, George Allen & Unwin, 1964, p. 225-227.

9. À partir de l'article de R.M. Gaskin, « Avowals », *in* R.J. Butler (éd) *Analytical Philosophy*, Oxford, Blackwell, 1962, et de ceux de W.P. Alston, « Expressing » ; et de B. Aune, « On the Complexity of Avowals », tous deux tirés du recueil de M. Black, *Philosophy in America*.

à l'égard de l'empirisme ou de la philosophie continentale, selon Moore ou Ryle), aux discussions qui se sont tenues lors du fameux colloque de Royaumont d'avril 1958, ou encore à l'ouvrage de Maxwell Charlesworth, *Philosophy and Linguistic Analysis* de 1959. On trouve également des chemises intitulées « Assertion et croyance », « Truth » (principalement consacrée à l'article du même nom de Strawson), « Sapir », une volumineuse chemise de 24 fiches consacrée à Wittgenstein (soit directement au *Tractatus* ou aux *Investigations*, soit à l'analyse qu'en proposent Anscombe et Charlesworth), 2 fiches consacrées à Frege, 14 à Carnap.

[IV] La quatrième enveloppe regroupe des fiches consacrées à des sujets divers. Pour ce qui nous intéresse, on trouve des chemises intitulées « Events and propositions » (débats entre Duncan Jones, Jonathan Cohen, Bernard Mayo, P. Nowell-Smith) ; « langage ordinaire » (comprenant surtout des citations de Ryle et de Strawson) ; « Strawson » (10 fiches, essentiellement tirées de « On referring ») ; « Austin » (14 fiches) ; « Langues formalisées » (2 fiches sur Beth) ; « Ayer » (12 fiches, essentiellement sur *Langage, vérité et logique*). La chemise consacrée à Strawson confirme donc bien que Foucault avait pris connaissance des distinctions que l'on trouve dans « On Referring » au moment d'écrire *L'Archéologie du savoir*. Il reviendrait à présent à une étude internaliste de déterminer dans quelle mesure ses propres distinctions entre phrase, proposition et énoncé correspondent à ou bien s'éloignent de celles de Strawson.

Le relevé que nous venons de faire ne prétend, bien entendu, pas régler la question du rapport de Foucault à la philosophie anglophone de son époque (tout au plus entend-il mettre au jour certains éléments que ceux qui chercheront dorénavant à interpréter ce rapport ne pourront plus ignorer). Mais il permet d'apporter une justification matérielle aux comparaisons proposées par Alain de Libera dans son séminaire. L'étude comparatiste rejoint ici l'analyse des sources.

Index nominum

Table

Dépôt légal : novembre 2016
IMPRIMÉ EN FRANCE

Achevé d'imprimer le 22 novembre 2016
sur les presses de l'imprimerie « La Source d'Or »
63039 Clermont-Ferrand
Imprimeur n° 19157

Dans le cadre de sa politique de développement durable,
La Source d'Or a été référencée IMPRIM'VERT®
par son organisme consulaire de tutelle.
Cet ouvrage est imprimé - pour l'intérieur -
sur papier offset « Coral Book » 80 g
provenant de la gestion durable des forêts.